내 삶의 쉼표

ⓒ YES24 블로그 축제 수상자, 2010

초판 인쇄 2010년 9월 30일
초판 발행 2010년 10월 10일

지은이 YES24 블로그 축제 수상자

펴낸이 강병선
책임편집 김민정 | **편집** 정세랑 성혜현 김고은
마케팅 신정민 서유경 정소영 강병주
온라인 마케팅 이상혁 한민아 정진아
제작 안정숙 서동관 정구현 김애진
제작처 영신사

펴낸곳 (주)문학동네
출판등록 1993년 10월 22일 제406-2003-000045호

주소 413-756 경기도 파주시 교하읍 문발리 파주출판도시 513-8
전자우편 editor@munhak.com | **대표전화** 031)955-8888 | **팩스** 031)955-8855
문의전화 031) 955-8890(마케팅) 031) 955-2656(편집)
문학동네카페 http://cafe.naver.com/mhdn

ISBN 978-89-546-1292-0 03810

이 책의 판권은 지은이와 문학동네에 있습니다.
이 책 내용의 전부 또는 일부를 재사용하려면 반드시 양측의 서면 동의를 받아야 합니다.

이 도서의 국립중앙도서관 출판시도서목록(CIP)은 e-CIP 홈페이지(http://www.nl.go.kr/ecip)에서
이용하실 수 있습니다.(CIP제어번호: CIP2010003450)

www.munhak.com

YES24 블로그 축제 수상자 서른일곱 명의
내 삶의 쉼표

제4회
YES24
블로그 축제
기념 도서

문학동네

제4회 YES24 블로그 축제 기념 도서 발간사

어제보다 더 멋진
내가 되는 일!

─제4회 YES24 블로그 축제 기획팀─

"가능한 시대를 지우고 현대 문명기기의 등장을 막으며 마음이 아닌 다른 소통기구들을 배제하고 윤이와 단이와 미루와 명서라는 네 사람의 청춘들로 하여금 걷고 쓰고 읽는 일들과 자주 대면시켰다. 풍속이 달라지고 시간이 흘러가도 인간 조건의 근원으로 걷고 쓰고 읽는 일을 생각했기 때문이다."
─『어디선가 나를 찾는 전화벨이 울리고』의 작가의 말에서

무라카미 하루키의 『1Q84』에는 315편, 황석영의 『강남몽』에는 128편, 샐린저의 『호밀밭의 파수꾼』에는 352편, 수잔 손택의 『타인의 고통』에는 26편, 발터 벤야민의 『일방통행로』에는 3편(2010년 9월 20일 현재). 각각의 숫자들은 YES24 각 도서에 있는 독자 리뷰의 수입니다. 베스트셀러 도서부터 스테디셀러 그리고 어려운 인문서까지 두루 작성된 리뷰와 그 리뷰를 쓴

닉네임을 보면서, 책을 읽고 컴퓨터를 켜고 자판을 쳐가며 자신이 읽은 것에 대하여 쓰고 있는 그들을 가만히 머릿속에 그려봅니다.

소설『어디선가 나를 찾는 전화벨이 울리고』에서 소설가 신경숙이 "풍속이 달라지고 시간이 흘러가도 인간 조건의 근원으로 걷고 쓰고 읽는 일"이라고 얘기하기도 했지만, YES24 사이트 내 여기저기에서 리뷰를 통해 만날 수 있는 그들이 바로 인간 조건의 근원을 가장 적극적으로 실천하고 있는 분들이 아닐까 합니다. 그들이 '읽고 쓴' 결과물로 이렇게 우리들과 만나고 있으니까요. 우리는 그분들을 'YES블로거'라고 부르고 있습니다.

결코 시간이 많아서는 아닐 것입니다. 또 재미가 있어서도 아닐 것 같습니다. 오히려 어렵죠. 무언가를 읽고 글을 쓴다는 건, 매우 고난이도의 정신 작업입니다. 그런데 YES블로거들은 왜 그토록 열심히 읽고 쓰는 것일까요? 궁극적으로 성장에의 바람 때문이 아닐까요? 자신의 생각과 행동을 스승과 선배들의 생각에 비추어 다시 바라보고, 또 새로운 재미, 새로운 아름다움, 새로운 생각과 만나고, 내가 접하는 세상을 더욱 넓혀나가, 어제보다는 더 멋진 내가 되는 것!

그들의 성장에 대한 순수한 열망을 응원하고 기록하고 싶어서 이렇게 매년 YES24 블로그 축제를 진행하고 있습니다. 올해에는 총 서른한 명의 YES블로거들의 글이 실렸습니다. 더불어 행사의 취지를 보다 널리 알리고자 타 블로그에서 활발히 활동하고 있는 외부 블로거 여섯 분을 더 모셨습니다. 책을 읽고, 영화를 보고, 음악을 듣고 그것을 체화하여 기록해가며 그들이 품는 세상은 얼마나 더 커졌을까요? 그들은 얼마나 더 멋져졌을까요? 멋진 그들에게 아낌없이 박수를 보냅니다. 그리고 멋진 그들이 들려주는 책, 영화, 음악 이야기에 같이 귀 기울여봅시다. 자, 이야기는 이제부터 시작입니다.

contents

4 어제보다 더 멋진 내가 되는 일! ─ 제4회 YES24 블로그 축제 기획팀

1부 : 내가 읽어주고 싶은 책 이야기

12 '시'의 힘을 믿는다 ─ 마른풀
26 이루어지지 못한 사랑은 정말 아무 의미가 없는 걸까? ─ 오래한과묵
34 시시詩詩하다! ─ 워터멜론
43 까치집을 위하여 ─ 은이후니
61 우석훈이 디자인한 한국경제 ─ 잠정暫定
74 스스로를 태워 세상을 밝히는 촛불은? ─ 처음처럼
81 不感, 백신을 찾다 ─ 한사람
95 나쓰메 소세키 「그 후」 ─ jhyong91
106 지금까지 읽은 책 중 가장 무서웠다 ─ 삼순이딸
111 세상에 없는 오리진이 되자 ─ 수퍼스타
117 詩추에이션 ─ 아르뛰르
135 모든 한국인의 필독서 ─ 최고조조
142 고갱 VS 스트릭랜드, 존재와 소유에 대하여 ─ 트레제게
147 추억이 켜켜이 쌓인 할아버지의 바닷속 집 ─ 하늘나리
151 사랑도 때론 폭력이다 ─ hephzibah

2부 내가 보여주고 싶은 영화 이야기

158 이 고통은 진짜일까? 나의 진짜 고통을 묻다 — 설국
167 누추한 일상과 아름다운 세계, 그 이종의 차원 속으로 — 개츠비
178 사랑니와 우리 생애 최고의 순간, 배우 김정은의 페르소나 읽어보기 — bohemian75
187 서정시가 사라진 시대의 서정시 — 엠제이
193 영화 〈블랙〉을 보고 느끼는 나의 벅찬 감동 — 문택이
202 내 안의 야만성 — 봉다리커피
206 인생이 담긴 한 편의 감동적인 시詩 — 서란
215 친정 엄마가 곁에 있어 행복해요 — 샨티샨티
223 로빈 후드, 새로운 전설의 시작, — 껌정드레스
234 캐릭터의 매력? 찌질하지만 귀여운 — 꽃들에게 희망을

3부 내가 들려주고 싶은 음악 이야기

240 그녀의 정원에 한 걸음 내딛다 — minihall
246 날 지켜줘서 고마워, 코리아 인디 — 유리턱
267 빛나는 선율에 감싸여 — blueruiner
272 스물한 살, 가시밭길을 걸어 선인장의 갑옷을 얻게 해준 노래 — z772kr
285 김광석, 젊음을 노래하다 — 믿음의 청년
291 나의 대중음악 연대기 — 빨간비♥

4부 내가 만나보고 싶은 블로거들의 이야기

306 내 안에 잠든 '나'를 흔들어 깨운 너 · 바람꽃
311 아메리카의 나치 문학 · smells
316 스탕달 「적과 흑」, 욕망과 혁명 사이에서 · 용짱
322 「세계명화 비밀」, 모니카 봄 두첸이 들려주는 적당한 깊이의 예술 가이드 · · · · 엘로스
326 〈타인의 삶〉—일단, 산다 · 김서늬
333 성룡이 견인한 홍콩 영화의 역사 · Mullu

심사평

344 고단한 삶에 대한 참된 위로는 효용성에서 오는 게 아니다 · · · · · · · 박범신
346 감동을 주고 블로그가 무엇인지 알게 해준 글쓴이들에게 감사를 드린다 · · · 허진호
348 자신이 사랑하는 음악에 대해 글을 쓰신 모든 분들께 박수를 보냅니다 · · · 오지은

1부

내가
읽어주고
싶은
책
이야기

블로그 축제 대상작 1

'시'의 힘을 믿는다

마른풀
http://blog.yes24.com/kalaest

『새들의 역사』 최금진 | 창비 | 2007

● ● 최금진

1970년 충북 제천에서 태어났다. 춘천교대를 졸업했다. 1997년 강원일보 신춘문예를 통해 등단했고, 2001년 제1회 '창비신인시인상'에 당선되었다.

잠이 오지 않는 밤. 시집을 연다. 불면이 찾아올 땐 늘 그렇듯 상념이 함께였다. 꼬리를 물고 늘어져가는 상념들은 쓸데없는 헛것이 대부분이었으나 나를 괴롭히기에 충분할 만큼 부풀었다. 잠이 오지 않아서 상념에 시달리는 건지, 꺼지지 않는, 사그라들지 않는 상념 때문에 불면이 이어지는 건지 알 순 없었지만 그때마다 나는 시집을 열거나 혹은 누워 누군가의 시구를 떠올렸다.

잠들지 않는 밤, 잠들지 못하는 밤, 시는 나를 덮어 내렸다. 어둠이 나를 덮기 전에 시가 먼저 나를 감쌌다. 그 밤, 나와 함께해주었다. 시가 있어 그 시간들이 무섭지 않았다.

1 | 세상이 담겨 있기에 시는 힘이 있다

시에는 힘이 있다. 세상이 담겨 있다. 세상을 노래하기에 시는 힘을 갖고, 우리에게 나에게 울림이 되어 다가온다. 그렇기에 시의 언어는 한낱 미사여구에 불과한 것이 아니다. 아름답기만 한 것이 아니다. 그 안에는 '세상'이 있기 때문이다.

플라톤은 문학을 진실되지 못한 것이기에 '거짓'에 불과하다고 했다. 플라톤이 생각하기에 문학은 이데아를 모방한 것을 다시 모방한 것으로 보였기 때문이다. 문학은 플라톤이 말하는 이데아, 진실로부터 한 번도 아니고 두 단계나 떨어져 있는 '그림자를 모방한 것'이었다. 문학의 가치를 존재론적으로 열등한 것이라고 말하며 하염없이 떨어뜨리고 있을 때, 아리스토텔레스에 와서 우리는 플라톤으로부터 문학을 구해올 수 있게 되었다. 아리스토텔레스는 문학이 'real'하지 않지만 좀더 높은 현실성^{reality}을 지닌다고 플라톤의 말을 뒤집는다. 문학은 역사처럼 '실제 일어난 일'을 다루지 않는다. 이미 일어난 일을 이야기하는 것이 아니라 일어날 수도 있는 일을 이야기한다. 그러나 이 '일어날 수 있는 일'은 역사보다 더 높은 차원의 현실을, 더 영구적인 사실을, 곧 보편성을 제시한다. 플라톤은 거짓말이라고 치부해 버렸지만 그렇지 않다. 현실을 그려내는 것이기에 오히려 이 안에는 우리 모두의 보편적인 '진실'의 세상이 담겨 있다. 소설도, 시도, 희곡도 '현실의 기록'을 뛰어넘는 '현실의 진리'를 포착하고 있다. 시는 압축적인 언어로 세상을 포착하려 한다. 이것은 매우 치밀하고 예리한 관찰을 필요로 한다. 단어 하나하나에 압축된 세상을, 진실을 담으려 하기에 시는 그 어떤 것보다 날카롭고 강렬한 힘을 갖고 우리에게 다가온다.

노파는 파리약을 타 마시고 죽었다
광목으로 지어 입은 속옷엔 뭉개진 변이 그득했다
입속에 다 털어넣고 삼키지 못한 욕설들이
다족류처럼 스멀스멀 벽지 위를 오르내렸다
어디 니들끼리, 한번 잘살아봐라……
스테인리스 밥그릇처럼 엎어진 노파의 손엔
사진 한 장이 구겨져 있었다
손아귀에 모아진 마지막 떨리는 힘으로
노파는 흙벽을 긁어댔으리라, 뒤집혀진 손톱
그 핏물을 닦아내는 여자의 완고한 표정을
노파는 허연 개거품을 물고 맞서고 있었다

호상이구만 호상, 닭뼈다귀 같은 노파의 몸을
꾹꾹 펼쳐놓으며 남자는 신경질적으로 코를 막았다
서랍장 곳곳에서 몰래 먹다 남긴
사과며 과자 부스러기들이 쏟아져나온 것 말고도
썩은 장판 밑에선 만 원짜리 몇 장이 더 나왔다
발가벗겨진 노파의 보랏빛 도는 입엔
서둘러 쌀 한 줌이 꽉 물려졌다
복날이었고
뽑힌 닭털처럼 노파의 살비듬이
안 보이게 날아다녔다

— 최금진, 「조용한 가족」

    최금진의 「조용한 가족」은 노파의 죽음을 그리고 있다. 사실, 오늘날 우리에게 이것은 새롭지 않은 것이 되어버렸다. 익숙한 것이 되었다. 텔레비전 뉴스에서, 신문 기사에서 '노파의 죽음'을 접하는 것이 아무런 충격을 가져오지 않게 된 오늘에 우리는 살고 있다. 오늘 저녁에 '혼자 살던 노인이 죽은 지 이 주가 지나서야 이웃 주민에 의해 발견되었다'는 뉴스가 나온다 할지라도, 우리는 그리 크게 놀라워하지 않을 것이다. 익숙한 '기사'일 뿐이다. 어제, 며칠 전에도 보았던 뉴스를 심드렁하게 바라볼 것이다.
    그런데 그것이 '시'에 와서 우리를 충격에 빠뜨린다. 너무나 치밀하고 세밀한 묘사가 이 광경을 낯설고 무서운 것으로 만들어버린다. '복날'과 '노파의 몸'을 나란히 열거해놓은 시인의 냉정하고 차가운 시선에, 우리는 죽은 노파를 머릿속에 한참 동안 그려보게 된다. 뉴스로는 대수롭지 않게 넘겨버렸던, 떠올려보지도 않았던 '죽은 노파'다. 흙벽을 긁어대는, 쌀 한 줌을 입에 물고 발가벗겨진 노파가 머릿속에서 오랫동안 사라지지 않는다.

  시의 힘이다. 세상을 포착하는 것은 뉴스나 기사도 마찬가지다. 그러나 그것들은 그리 오랫동안 우리 안에서 머물지 않는다. 여운을 남기고 길게 머무는 것은 시가 가져다주는 효과이고, 그 시간 동안 우리는 세상을 돌아보게 된다. 생각하게 된다.

  무심코 흘려보내는 우리 삶의 장면들을 시는 고정하고 우리에게 던져준다. 그 안에는 놓쳐서는 안 됐을 삶들이 들어 있다.

    로또가 얼마나 끔찍한 악몽인지
    로또방에서 만나는 사람들은 눈을 마주치지 않는다
    그러나 끝자리를 분석하거나 홀짝의 조합을 분석하는 일은
    여느 사무직과 다르지 않다
    왜 사느냐, 를
    왜 로또를 사느냐, 로 이해해도 무관하다
    이 늦은 밤에 왜 또 여기로 왔는가,
    자신에게 몰래 질문을 던지며
    덜덜 떨리는 손으로 번호를 찍는다
    로또를 사지 않는 10%의 고소득층은 얼마나 좋을까
    로또를 사지 않아도 천사가 지켜주니까
    하지만 얼마나 나쁜가, 빈익빈 부익부의 나라에서
    왜 사느냐, 를 묻지 않아도 되니까

오십이 더 넘은 사내는

누가 볼까봐 손을 가리고 찍는다

술 냄새에 절어 들어온 사내는 앉자마자 묵상을 한다

갓 스물을 넘은 청년은 줄을 서지 않는 자들을 무섭게 흘겨본다

순서를 어기는 것은, 누군가 자신을 앞서 가는 것은

견딜 수 없이 우울하다

번호에 대한 집념은 때 묻지 않은 종이와 같아서

어떤 검은색이든 쪽쪽 빨아들인다

예수를 부르고, 조상님께 기도하고, 아이 생일을 떠올리며

아무도 답하지 못하는 질문에 답이라도 하듯

숫자를 체크해나가는 손들

두툼한 돈 뭉치를 한 번만이라도

남의 멱살처럼 당당하게 움켜잡아보고 싶은 불쌍한 분노들

왜 사는가, 왜 로또를 사는가, 묻지 말자

다만 살 뿐이다,

그러므로 로또를 안 사는 사람들은 심각하게 죄질이 나쁘다

그게 비록 숫자일지라도

단 한 번도 뭔가에 평생을 걸어본 적이 없기 때문이다

— 최금진, 「로또를 안 사는 건 나쁘다」

이 시에서 사람들은 로또를 산다. 로또를 '사야만' 하는 사람들이 여기에 있다. 오십이 더 넘은 사내, 술냄새에 절어 있는 청년, 예수나 조상님께 기

도하는 이들 모두 로또를 산다. 덜덜 떨리는 손으로 아무 말 없이 번호를 찍는다.

'로또를 사는 모습'에서 삶을, 사람들의 서글픈 삶을 발견해내는 시인의 포착이 놀랍다. 단지 일확천금을 꿈꾸는 사람들로 치부하고 끝나는 것이 아니라, 로또를 살 수밖에 없는 그들의 삶을 끌어안고 있기에 이 시는 큰 울림을 주었다. "두툼한 돈뭉치를 한 번만이라도 남의 멱살처럼 당당하게 움켜잡아보고 싶은 불쌍한 분노들"이 어디 이 시에만 있는가. 그것은 우리들이다. 시를 읽는 우리이고, 우리 집의 가장들이고, 어머니이다. 이곳저곳에 떨어져 있던 불쌍한 분노들이 시로 들어갔다. 시에 있는 불쌍한 분노들이 우리에게로 온다. 시에 나오는 오십 넘은 사내와 술냄새에 절어 있는 청년은 단지 시에서만 머무는 것이 아니다. 그들은 우리 집에 있다. 바로 옆에 있다. 이 슬픈 분노들을 '로또를 사는 행위'로 표현하고 있는 것이다. 그렇기에 로또를 사는 것은 단순한 행위가 아니다. 쓸데없이 돈을 낭비하는 것이라고 치부할 만한 일이 아니다. 삶이 들어 있기 때문이다.

오히려 이 시는 '로또를 안 사는 것'이 나쁘다고 말한다. 그런데 그것은 들여다보면 또 진실이다. 로또를 사지 않아도 되는 삶을 사는 이들은 누구인가. 그들은 왜 그 삶을 나누어주지 않는가. 다른 이들과 함께하지 않는가. "로또를 사지 않는 10퍼센트의 고소득층은 얼마나 좋을까 로또를 사지 않아도 천사가 지켜주니까"라고 시인은 꼬집는다. 그들은 '단 한 번도 뭔가에 평생을 걸어본 적이 없는' 삶들이기에 나쁘다. 그 삶은 절실하지 않다. 우리만큼 처절하지도, 절실하지도 않다.

도무지 변할 것 같지 않은 삶이기에 로또를 사는 수밖에 없는 것이라고 말한다. 정말 그런 삶을 우리들은 살아가고 있다. 그렇기에 이 시는 '진실'

을 담고 있는 것이다. 90퍼센트의 우리들에게.

2 | 시는 나를 위로한다

　시는 삶을 담고 있다. 세상을, 또 세상을 살아가는 사람들을 그린다. 그러나 모든 삶이 시가 될 수 있는 것은 아니다. 모든 삶들이 시로 그려지는 것은 아니다. '위로'받을 필요가 없는 삶은 애써 시로 노래할 필요도 없을 것이다. 최금진의 「로또를 사지 않는 것은 나쁘다」는 90퍼센트의 사람들에게 '괜찮다'고 말해주었다. 그들의 삶을 그렸다. 10퍼센트의 로또를 사지 않는 이들을 위한 시를 쓴다면 그것이 우리에게 그처럼 큰 울림을 가져다줄 수 있을까.
　내게 있어 시는 '위로'였다. 시에서 묻어나오는 아픔과 상처들은 내 것을 대신했다. 내 아픔과 상처에 공감하는 목소리이기도 했고, 나보다 더 아파하고 신음하는 것들이기도 했다. 내가 겪었던 아픔과 상처일 때도 있었고 경험하지도 않았던 아픔들이기도 했다. 상관없이 모두 나를 위로했다. 내가 겪어 알고 있는 상처에 대해선 '공감'해주고, 경험하지 않은 것들은 '그러니 너는 괜찮다'고 위로해주는 것 같았다.
　화자의 목소리는 시에서 머물지 않고 내게로 온다. 내 목소리와 겹쳐진다. 사랑하는 사람과 이별을 했을 때 모든 노래 가사가 다 내 얘기처럼 들리더라는 것은 경험해본 모든 이들에게서 나오는 말이다. 시도 그렇다. 사랑이야기뿐만 아니라 삶의 구석구석을 시는 들여다보고 말한다. 당신의 이야기가 된다. 나의 이야기가 된다. 아름답지 않아서 차마 노래로 그려지지 않는 '삶'들까지 시는 말해준다. 그 삶들을 위로해준다. 당신을, 나를.

  일찍이 나는 아무것도 아니었다
  마른 빵에 핀 곰팡이
  벽에다 누고 또 눈 지린 오줌 자국
  아직도 구더기에 뒤덮인 천년 전에 죽은 시체

  — 최승자, 「일찍이 나는」에서

  문을 걸어 잠그고
  슬퍼하자 실컷
  첫날은 슬프고
  둘째 날도 슬프고
  셋째 날 또한 슬플 테지만
  슬픔의 첫째 날이 슬픔의 둘째 날에게 가 무너지고
  슬픔의 둘째 날이 슬픔의 셋째 날에게 가 무너지고
  슬픔의 셋째 날이 다시 쓰러지는 걸
  슬픔의 넷째 날이 되어 바라보자

  — 최정례, 「칼과 칸나꽃」에서

일찍이 내가 아무것도 아니었다고 말하는 최승자의 시나, 슬픔이 칸나꽃에게로 가 무너지는 걸 바라보자고, 그때까지 문을 걸어 잠그고 실컷 슬퍼

하자고 말하는 최정례의 시는 참으로 아프다. 이렇
게까지 내 삶에 아파할 수 있을까 싶을 정도로 그들
은 아파하고 신음한다. 내가 아무것도 아니라고 부
정하는 것이, 내가 죽어서 슬픔을 이기자는 것이 얼
마나 처절한가. 그렇게 말하게 되기까지 그들은 얼
마나 아파했을까. 그 아픔이 '위로'가 되는 것은,
그들의 시가 진정성을 띤 채 다가오기 때문이다.
그저 수식이나 미사여구로 치장한 문장으로 느껴
졌다면 최정례와 최승자의 시가 위로가 될 수 있을
리 없다. 오히려 못마땅하게 느껴졌을 것이다.
'척'하는 것만큼 거북한 게 없기 때문이다. 그러나
이들의 시 속 화자들은 '정말로' 아파한다. 시인이
함부로 글을 쓰지 않은 까닭이다. 치열하게 아픔을
바라보고 그려냈다. '오늘 저녁이 먹기 싫고 내일
아침이 살기 싫으니 이대로 쓰러져 잠들리라'(최
승자, 「오늘 저녁이 먹기 싫고」)고 말하는 다짐에는
지독한 아픔이 들어 있다. 오늘 저녁도, 내일 아침
도 의미가 없다. 차라리 이대로 쓰러져 잠들어버렸
으면 하는 삶이다. 마치 나의 아픔을 아는 것처럼
말하는 사람에게 우리는 그다지 큰 위로를 받을 수
없다. '나도 아프다'고 말하고 있기에, 각자 저마다
자신의 아픔을 말하고 있기에, 우리가 이들에게서
위로받는 것이다.

그리고 반대로 '아프지 않다'고 말하는 시들에서 나는 또 위로받게 된다. 경쾌하고 밝게 상처를 덮어버리는 시들을 읽다보면 내가 가진 상처나 아픔도 아무것도 아닌 것으로 넘길 수 있게 된다. 내 상처도 밝고 명랑하게 바라보고 그렇게 여길 수 있을 것 같아진다. 시를 통해 나는 "내 인생이 마음에 든다"(이근화, 「나는 내 인생이 마음에 들어」)고 말할 수 있다. "내 이름은 긴 여운을 남기며 싱싱하게 파닥"(박연준, 「속눈썹이 지르는 비명」)이므로, 나는 내 인생을 사랑할 수 있다. 김이듬의 「명랑하라 팜 파탈」처럼 한없이 밝고 명랑하게 내 자신에게 명령하게 된다. 징징거리지 말라고. "오, 기쁘고 기쁘도다"(김이듬, 「타블라」)라고!

3 | 사랑을 꿈꾸게 하는 '시'

누가 내 옆구리를 곡괭이로 꽉 찍었다고 해보자. 갈빗대 서너 개가 부러져서 근육을 뚫고 삐져나오고, 한때는 죽은 짐승의 시체와 죽은 식물의 잎새로 채워졌던 나의 내장이 주르르 흘러나왔다고 해보자.

그리하여 시뻘겋게 부릅뜬 내 두 눈은 튀어나올 듯이 이글거리고, 태어나서 한번도 내보지 못한 아니 내 볼 수 없었던 처음이자 마지막인 괴로운 비명을 지르고, 고통에 이글거리던 두 눈이 서서히 풀어져 갈 때, 너를 쳐다보거나 죽은 이웃을 바라보는, 아아, 부드럽거나 서러운 그 나름대로의 명백한 눈빛이 아닌, 또한 처음이자 마지막인 나의 눈빛이 지어질테고, 너를 내 가슴에 안아 입을 맞추거나 허무와 절망에 찌들려서 내뱉던 신음소리가 아닌, 그 또한 처음이자 마지막인 신음소리를 낼 것이고, 그리고 나는 처음이자 마지막인 죽음을 맞이하게 될 것이다.

누가 내 옆구리를 곡괭이로 콱 찍기 전까지는 나는 결코 옆구리를 곡괭이로 찍혔을 때의 모습을 만들어낼 수 없다.

그런 것이다. 너에 대한 나의 사랑은.

— 김영승, 「처음이자 마지막」에서

이 시를 처음 봤을 때의 전율을 기억한다. 정말 사랑에 빠진 것처럼, 누군가에게 한눈에 반한 것처럼, 이 시를 본 순간 나는 두근거렸다.
    시는 단어 하나하나에 절절함을 담을 수 있다. 시는 단어에 생명을 불어넣는다. 그리하여 단어는 부풀어 사전 밖에서도 그 자체로 '존재'할 수 있게 된다. 새롭게 태어나는 것, 새로운 단어로 태어나는 것을 '시'는 가능하게 한다. 시는 모든 언어를 '아름답게' 만들 수 있다. '중요한 것'으로 만들 수 있다.
    사랑을 어떻게 이토록 처절하게 노래할 수 있을까. "옆구리를 곡괭이로 콱 찍기 전까지는" 알 수 없는, 그런 사랑으로 표현할 수 있을까. 사실 '곡괭이, 내장, 시뻘겋게, 고통'과 같은 시어들로 이 시는 그로테스크하다. 자칫

광기 어린 사랑으로 비춰질 수 있다. 매우 강렬한 표현으로 사랑을 노래한다. 지금껏 내가 알던 사랑이 아니었다. 애절하기만 하고, 달콤하기만 하던 사랑이 아니었다. 그런데 이 시는 오히려 더욱 가슴 저릿한 사랑으로 다가왔다. 이런 사랑을, 처음이자 마지막인 사랑을 단 한 번이라도 해보고 싶다고 되뇌게 된다.

처절하고 절절한 만큼 이 시에서 말하는 사랑은 그 어떤 사랑보다 '진실'되어 보인다. 처음이자 마지막일 수밖에 없는 것이기에 '진짜 사랑'은 바로 이것이라고 생각하게 된다. 사랑을 구체적인 것으로, 그것도 보다 더 진실에 가까운 것으로 그려내고 마는 것. 그것이 시이다. 시의 힘이다.

곡괭이로 옆구리를 찍기 전에는 경험할 수 없는 것처럼, 처음이자 마지막인 것을 추구하는 것은 '사랑'뿐만이 아닐 것이다. 그런 진실하고 진중한 태도는 삶을 살아가는 데 있어서 필요한 것이다. 매 순간, 중요하지 않은 것처럼 사소하게 흘려보내고 관심 두지 않았던 것들이 이제는 다시 오지 않을 순간들이었을지 모른다. 나는 시를 읽고 생각하면서 내 삶을 더욱 진지하게 돌아보게 된다. 보다 진실된 것을 추구하게 된다. 진지하게, 조금은 더 진중하게 살게끔 만드는 것이 '시'이다.

시는 아주 작은 것들에서 삶을 포착해오기도 한다. 집요하게 파고들어 그 가운데에서 삶을 발견한다. 이 때문에 나는 세상에 귀 기울이는 법을 배운다. 아주 작은 것들, 잊혀가는 것들에 귀 기울이는 법을 배운다. 이것은 사랑이다. 사랑하는 방법이다. 살아 있는 모든 것들을 사랑하게 만드는 것. 시는 사랑을 하게 한다.

글이, 시가 세상을 구원할 수 있다고 믿지는 않는다. 어릴 때 내게 있어 문학이 하나의 거대한 환상이고 믿음의 세계였을 때, 그때에는 문학을 신앙처럼 믿었다. 문학이 세상을 구원하리라는 말에도 고개를 끄덕였다. 그러나 이제는 시를 절대적으로 신봉하지는 않는다. 내가 믿는 것들이, 진실이라고 믿는 것들이 '환상'일 수도 있음을 의심하며 살아간다. 하지만 적어도 문학의 '힘'은 믿는다. 변화시키는 것, 각자에게 와 닿는 것, 그리고 위로하는 것의 힘을 믿는다. 내가 시를 사랑하는 것은 이 때문이다. 아픔과 상처를 덮고 사랑할 수 있게 하므로.

블로그 축제 우수상 2

이루어지지 못한 사랑은
정말 아무 의미가 없는 걸까?

오래한파묵
http://blog.yes24.com/log200

『꾿빠이, 이상』 김연수 | 문학동네 | 2001

●● 김연수

경북 김천에서 태어나 성균관대 영문과를 졸업했다. 1993년 『작가세계』 여름호에 시를 발표하고, 1994년 장편소설 『가면을 가리키며 걷기』로 제3회 작가세계문학상을 수상하며 본격적인 작품활동을 시작했다. 장편소설 『꾿빠이, 이상』으로 2001년 동서문학상을, 소설집 『내가 아직 아이였을 때』로 2003년 동인문학상을, 소설집 『나는 유령작가입니다』로 2005년 대산문학상을, 단편소설 「달로 간 코미디언」으로 2007년 황순원문학상을, 단편소설 「산책하는 이들의 다섯 가지 즐거움」으로 2009년 이상문학상을 수상했다. 그 외에 장편소설 『7번 국도』 『사랑이라니, 선영아』 『네가 누구든 얼마나 외롭든』 『밤은 노래한다』, 소설집 『스무 살』, 산문집 『청춘의 문장들』 『여행할 권리』 등이 있다.

1 │ '나답게 살기'의 어려움

하고 싶은 대로 하는 일도 쉽지 않다. 예쁘게 머리를 하고 싶고, 옷을 사고 싶고, 눈에 띄게 화장을 하고 싶다! 물론 이러한 욕망은 나 스스로를 위한 것이기도 하지만, 그보다도 그, 혹은 누군가에게 잘 보이고 싶은 마음 때문이리라. 나는 지난 수 개월 동안 콩깍지를 뒤집어쓰고, 짝사랑에 빠져 허우적댔더랬다. 그 사람에게 잘 보이고 싶어서 많은 시간과 노력을 쏟았다. 나답지 않은 욕망을 내 것이라고 믿고 살았다.

"너 술 못해? 예전엔 보드카도 마셨잖아! 내가 사준 기억이 나는데!" 오랜만에 만난 지인이 내가 술을 만류하자 이렇게 되물었다. 딱히 준비한 말은 아닌데 내 입에서는 이런 말이 터져나왔다. "못해. 안 좋아해. 그땐 오빠한테 잘 보이려고 마시는 척한 거겠지!"

아주 어린 시절의 일이었다. 마냥 어린 시절의 일이라고 생각해서 농담으로 한 말이었는데, 돌이켜보니 난 아직도 그러고 있지 않은가? 잘 보이려고 아직도 좋아하지 않는 걸 좋아한다고, 원하지 않는 걸 원한다고 착각하고 있지 않던가?

그래, 결국 나도 좋잖아! 예뻐 보이고, 잘 노는 것처럼 보이고, 좋잖아! 하며 많은 경우 나를 속이는데, 이런 날, 그러니까 가끔씩 이런 것들이 내게 답답하게 느껴질 때가 있다. 그렇다면 내가 진짜 원하는 게 뭘까? 진짜를 원하는 진짜 나는 어떤 사람일까? 과연 진짜라는 게 있기나 한 것일까?

최근에 겪은 세 가지 풍경, 한 가지 심상. 이때 문득 「꼰빠이 이상」을 꺼내 들었다.

"김연 기자, 지금 이 순간 김연 기자는 정말로 자신이 김연 기자라는 사실을 논리적으로 설명할 수 있습니까?"(65쪽)

평소 김연수의 소설을 좋아하지만 사두고 한참을 서가에 꽂아두고 있었던 소설『꾿빠이 이상』. 다른 소설들을 여러 번 읽으면서도 막상 이 소설만큼은 마치 아껴두듯이 꺼내지 않고 있었다. 그런데 때가 온 것이다. 어쩐지 이 책에 어떤 답이 있을 것만 같은 확신이 들어서 다른 일을 다 팽개쳐두고 읽기 시작했다. 그러니까, 이렇게 시작하는 독서도 있다. 이렇게 책이 부를 때가 있다.

"진짜냐, 가짜냐."『꾿빠이 이상』은 이렇게 묻는다. 그러니까, 진위 여부를 확인해야 하는 것들이 좀 있다. 이상의 데드마스크, 유고작이 진짜냐 가짜냐. 천재 이상을 쫓다가 결국 이상의 삶을, 문학을 모방하게 된 사람들, 모방한 삶과 문학은 진짜냐, 가짜냐. 진짜는 무엇으로 그것이 진짜임을 확인할 수 있을까? "진짜라서 믿는 게 아니라 믿기 때문에 진짜인 것"(83쪽)은 아닐까? 행여 모방이라고 하더라도, 우리는 그것을 그저 가짜라고, 의미가 없다고 단정 지을 수 있을까? 거기에도 결국 진짜 욕망이 있을 테니 말이다.

2 | 청춘은 항상 뜨거워야만 하나?

진위 여부를 묻는 질문은 소설을 넘어 내 삶에까지 던져진다. 혹시 나는 어떤 삶을 모방하고 있는 건 아닐까?

이맘때는 마땅히 그래야 한다는 얘기들, 이를테면 20대에 꼭 해야 할 일들, 청춘의 색깔은 그렇게 한 가지여야만 할까 싶게끔 만드는 조언들, 말들. 꼭 행복하고 뜨거워야만 청춘일까 싶게 만드는 글들. 그런 것들을 나는 지금 모방하고 있는 게 아닐까, 의심이 든다. 이 때문에 많은 청춘들이 자책하고 있고, 자신의 밍밍한 삶의 온도를 부끄러워하고 있고, 나 역시 그런 청춘을 대표하는 한 사람이라고 해도 무방하기 때문이다. 가끔은 뜨겁지만 가끔은 심심하고, 우울하고, 가끔은 걷잡을 수 없이 슬프다. 이런 것들이 다 합쳐진 게 내 청춘. 헌데 나는 뜨거울 때만 내가 자랑스럽다. 그렇지 못할 때는 조금 부끄럽다. 청춘답지 않아서. 그런데 청춘답다는 건 뭔가? 꼭 청춘다워야 하는 건가? 내 청춘은 이런데? '내 것'이라는 사실만으로도 존중받을 수 없을까?

이뿐이랴. 나는 내가 욕망하는 것들마저 모방하고 있다. 좋아하는 사람의 욕망을 내 것인 양 속이고 어떻게든 잘 보이려고, 잘해보려고, 내 모든 행복이 거기에 달린 것마냥 굴기도 한다. 좋아하는 사람의 애인마저도 모방한 적이 있다. 그녀는 어떤 사람일까? 나와는 무엇이 다를까? 그 일은 이렇게 시작되었고, 제아무리 그가 좋아하는 그녀를 닮는다 해도 그는 나를 그녀처럼 좋아하지 않는다는 쓰디쓴 결말을 본다. 해보지 않아도 누구나 짐작할 수 있는 결말. 나답지 않은 내 모습으로, 누구인 척하다가 뒤돌아서는 순간, 그때만큼 쓸쓸할 때가 있을까. 그 쓸쓸함이 어쩐지 낯설지만은 않다.

3 | 그건 가짜야, 쉽게 말할 수 없는 까닭

아마 소설 속 '서혁민' 역시 삶의 많은 순간순간 그렇게 쓸쓸했을 거다.

'서혁민'은 자신의 삶에 이런 의심조차 허용하지 않은 사람이었다. 무던히도 이상을 숭상하던 그는 이상의 죽음 이후 충격을 받고, 이상과 꼭 같은 작품을 쓰기 위해 그의 남은 인생을 건다. 그러니까 "연애든 다방이든 실패한 사실만 따지면 이상 선생과 같다고 할 수 있지요."(48쪽) 서혁민의 이러한 삶을, 결국, 시 쓰기에도 실패한 삶을 어떻게 이해할 수 있을까?

그건 가짜야, 라고 쉽게 말할 수 없는 까닭은 나의 실패한 짝사랑 역시 같은 질문을 품고 있기 때문이리라. 내 취향의 주파수를 좋아하는 이에게 맞추었던 긴 시간들. 하지만 결국 짝사랑으로 물거품처럼 끝나고 말았다. 그렇다면, 이뤄지지 않은 짝사랑은 정말 아무런 의미가 없는 걸까? 한 번이라도 이런 경험이 있는 사람이라면, 결코 쉽게 "그건 무의미해. 가짜 사랑일 뿐이야."라고 말할 수 없을 터다.

그렇다면 또 이런 질문이 이어진다. 진짜란 무엇일까? '서혁민'이 모방한 시인 이상은 진짜일까? 소설은 집요하게 파고든다. 김혜경 역시 이상이라는 작품을 만들어놓고 그 뒤에 숨어버렸으니 이상은 가짜가 아닐까. "이상은 소설을 창작한 게 아니라 앞으로 쓸 소설처럼 자신의 삶을 먼저 창작했다고. 아이 김혜경이 쓴 소설이 위대한 작가 이상이라고. 위대한 작가 이상의 작품은 그 부산물에 불과하다고."(78쪽)

4 | 그보다 존재 그 자체가 중요하지

이쯤 되면 혼란스럽다. 그 와중에 이런 문장을 발견한다. "그런 뜻은 아니었습니다. 다만 무한한 어떤 것 앞에서는 존재 그 자체가 중요하지. 진짜와 가짜의 구분은 애매해진다는 말입니다." 무한한 어떤 것, 그러니까 한 시인(사람)을 향한 존경과 애정, 자신의 삶보다 더 컸던 그 마음. 그 앞에서 어떻게 진짜일 수 있고, 어떻게 가짜일 수 있을까. 존재 그 자체가 중요하지. '서혁수'의 삶까지는 미천한 경험으로 이해하지 못해, 또다시 내 상황으로 치환해 묻는다. 정말 그랬나? 비록 이뤄지지 못한 것일지라도, 진짜 사랑이 되지 못한 마음도 존재 그 자체로 중요했나?

이건 굉장히 중요한 질문이다. 열병처럼 애달픈('외' 달픈!) 마음을 끌어안고 있을 때, 나를 가장 괴롭게 한 것은, 이 마음이, 이 사랑이 의미 없이 끝나버리면 어쩌나 하는 두려움이었다. 내가 이렇게 좋아하는데 이걸 그 사람이 알지도 못하고 지나가버리면 어쩌나. 이렇게 간절한데 이뤄지지도 못하고 시간에 묻혀버리면 어쩌나. 그렇다면 나는 참 슬프겠다고, 내 마음이 비참하겠다고 미리 그때를 상상하고 그런 고통을 상상하며 잇따른 두려움을 상쇄시키는 훈련을 했더랬다. 그 모든 시간이 썰물처럼 빠져나간 지금, 그때의 일을 조금은 객관적으로 바라볼 수 있는 지금은 어떤가? 돌이켜보니 그 시간이 과연 어땠나?

그러니까, 여기서 내가 '비록 이뤄지진 않았지만, 나름 의미 있는 시간이었다'고 말하는 것처럼 재미없고 초라한 얘기도 없을 테다. 또 이런 말을 하는 걸 보면 아직 그때의 상처가 말끔히 치유되지도 못한 모양이다. 그때의 시간, 그때의 고통, 그것이 모방된 것이든, 이뤄지지 않은 것이든 그것은 내게 '진짜'였다. 그것이 나의 '지금'이었고, 그래서 '전부'였다. 하지만 무슨 의미가 있는가? 고통을 통해 성장했나?(남들에게 말하기도 부끄러운 짓을 얼마나 하고 다녔던가!) 슬픔을 겪고 성숙했나?(이런 게 성숙이라면 개나 줘버리고 싶다!)

5 | 어땠어, 좋았어?

이왕이면 이뤄진 사랑에서 성장하고 성숙하는 게 훨씬 낫지. 짝사랑은 이뤄진 사랑에서 겪을 수 있는 기쁨과 보람은 최소한으로 하고, 이뤄진 사랑에서도 겪을 법한 슬픔, 좌절을 최대화로 겪는 일이 아닐까 싶다.(다른 것은 둘째치고 나눌 수 없다는 것에서 짝사랑은, 어떠한 경우라도 어렵고 슬픈 일이다!) 고로 굳이 따지자면 그런 슬픔과 좌절을 겪으며 보상처럼 배우게 되는 것이 있긴 하지만, 이것 역시 '의미 있다'고 말하진 못하겠다. 그러니까 짝사랑 앞에 '의미 있다'는 말이, '중요하다'는 표현이 무색하다는 걸 이제 알겠다. '의미 없다'고 자조하는 것은 그저 마지막 남은 내 자존심이라는 걸 인정할 수밖에 없겠다.

"사람이 비밀이 없다는 것은 재산 없는 것처럼 가난하고 허전한 일이다."
(121쪽)

결국 간절히 원하고도 일을 이루지 못한 사람은 저 나름의 비밀을 하나씩 갖게 되는 셈이다. '서혁수'의 작품과 삶도 그렇고, 아무도 모를 내 짝사랑도 그렇고, 이상 혹은 김혜경도 마찬가지. 비밀을 갖게 되었다. 아마 그것은 누가 알아주지 않더라도 존재만으로 각자의 삶에 어떤 영향을 끼치게 되겠지. 그러니 그렇게 억울한 일만도 아니라고 나는 스스로에게 말해본다.

내 일, 내 꿈, 내 사랑, 내 삶…… 이것들이 과연 진짜냐 가짜냐. 나는 앞으로도 끊임없이 진위 여부의 의문부호를 들이대겠지. 그걸 고민하며 괴로워하거나 방황할 수도 있겠지. 하지만 그런 일에 필요 이상으로 마음을 쏟진 말아야겠다. 『꼰빠이 이상』을 보니 그런 생각이 든다. 의미 있다 혹은 없다, 이 이분법만으로는 세상일을 다 판단할 수가 없겠다고. 세상일은커녕 내게 일어나는 일도 충분히 이해하기 어렵겠다고. 결국 진짜냐 가짜냐 하는 질문보다는, "어땠어, 좋았어?"라는 게 정황을 파악하는데 훨씬 유효한 질문이 아닐는지. 말 나온 김에 즉석 미니 인터뷰.

Q. 그러니까 그때, 눈에 콩깍지 끼었을 때 말이야. 어땠어?

A. 힘들었던 기억은 많고, 기뻤던 순간은 잠시뿐이었다.

Q. 그건 김연아 올림픽 금메달 우승 소감이고! 힘든 건 그만큼 힘들었고, 기쁜 건 그만큼 기뻤단 얘기지? 연아 금메달 못지않게! 이런ㅠㅠ 안구에 습기가…… 그렇다면 지금은 어때? 그때를 생각하면?

A. 비록 원하는 결과는 아니었지만 최선을 다했기 때문에(?) 나쁘고 아픈 기억만은 아닌 듯. 오히려 지나고 나니, 즐거웠던 기억이 많이 떠오르고, 힘들었던 기억은 짧게 느껴지는군. 이 시간이 지나야 지금의 의미를 해석할 수 있겠지.

Q. 그래. 알면 됐고! 이런 식으로 나는 그때의 시간을 애도하고 있는 것 같으니 됐고! 무엇보다 지나간 일이니 됐고…… 깨끗하게 비우면 또 새롭게 차지 않더냐. 이봐, 힘내라고! 으쌰!

블로그 축제 우수상 3

시시詩詩하다!

워터멜론
http://blog.yes24.com/iamcinema

『은교』 박범신 | 문학동네 | 2010

● ● 박범신

중앙일보 신춘문예에 단편 「여름의 잔해」가 당선되며 작품활동을 시작했다. 소설집 『토끼와 잠수함』, 『흰 소가 끄는 수레』 『향기로운 우물 이야기』, 장편소설 『죽음보다 깊은 잠』 『풀잎처럼 눕다』 『불의 나라』 『더러운 책상』 『나마스테』 『촐라체』 『고산자』 등 다수가 있다. 대한민국문학상, 김동리문학상, 만해문학상, 한무숙문학상, 대산문학상 등을 수상했다. 현재 명지대 문예창작과 교수로 재직중이다.

시는 이제 시시해지고야 만 것일까. 여기저기서 시가 괴사壞死했다고들 떠들어대니 말이다. 지금은 '시를 쓰기에 너무 산문적인 시대'라는 세간의 말도 물론 옳다. 말도 많고 탈도 많은 작금의 시대에 한 줄 시를 쓰는 일이란 시대착오적인 바보짓인지도 모르니까. 그러나 세상에는 그 모든 힐난에도 불구하고 여전히 시를 사랑하는 사람들이 있다. 시를 쓰며 살아가는 시인들, 그리고 시를 읽지 않고서는 한순간도 연명할 수 없는 독자들. 그들은 매 순간, 시를 꿈꾸고 갈망하고 그리워한다. 심지어 신문을 읽고 소설을 읽는 순간에도 시라는 문학을, 음악이자 미학의 정수를 말없이 욕망하고 있는 것이다. 그리고 그런 그들 속에는, 감히 나도 있었음을 고백해본다.

이 책은 등장부터가 참 시적이었다. 출간된 책을 처음 보았을 때, 나는 빙긋이 미소했었다. 제목에서 강은교 시인의 이름이 겹쳐 보인 것이다. 전부터 강 시인의 이름이 참 시인답다고 느껴온 터였다. 마치 교교한 강물 위에 가만히 놓여, 찬연하게 빛나는 은빛 다리라도 보듯. 책은 서정적 시인의 이름처럼 깊고 고아한 느낌을 한껏 발산하고 있었다. 밤에만 읽으라던 작가의 주문도 주효했다. 부러 "밤의 연인"을 자청해 "저 달콤한 밤의 속으로" 들어가니, 거기에는 정녕 "등롱이 들어와 초롱이 켜진" 세계가 있었다. 끝없이 펼쳐지던 서사 속 시의 향연들. 그 성찬을 양껏 즐긴 다음에야 비로소, 나는 이 책이 '시'라는 아름다운 세계로의 초대였음을 알게 되었다.

시인 이적요의 "나는 2009년 이른 봄에 죽었다"는 암시적인 첫 문장으로 시작하는 이 책은, 소설로 쓴 한 편의 장대한 시였다. 소설로 쓴 시라니, 과연 임자를 제대로 만났구나 싶었던 기분. 시적인 것이란 이런 것이다, 라는 작가적 신념으로 밭갈이한 박범신만의 옥토를 밟은 듯했달까. 그의 언어는 마치 논과 밭의 경전마냥 반듯하면서도 농무의 그것처럼 유려하고 활달했다. 때문에 소설 속 탐미주의는 극도의 관능을 보여주는데도 추하지 않고 되레 순수해보였다. 아름다운 모국어의 싱싱하고도 탱탱한 속살, 그 순연한 아름다움에 숨이 다 막힐 지경이었다. 정말이지 독서라는 관음적 쾌락의 극치를 보여주는 소설이 아닐 수 없었다. 마치 시에서 태어나기라도 한 듯, 하나같이 정갈하고 빼어난 문장들. 작가는 그 문장들을 가지고 '시'라는 관념을 묘사하고 해체하며 열거해가고 있었다. 그리고 그것은 곧 시에 대한 작가의 찬사이자, 오래 묵어 맑아진 욕망인 듯 보였다.

　작가는 구석구석 다양한 시들을 배치해놓았는데, 그 때문인지 하나하나의 문장들이 자꾸만 새로운 시를 데려온다는 느낌을 받았다. 예컨대 이적요가 쓴 '시인의 노트'를 읽을 때면, 난데없이 강정 시인의 시집이 생각나는 것과 비슷했다. 『은교』의 출간 전 제목이 『살인 당나귀』였음을 모르는 바는 아니지만, 강정의 『처형 극장』이란 제목과도 썩 어울린다 싶었다. 이적요가 서지우와 그 자신을 어떻게 '처형'해가는지가 '시인의 노트'의 핵심이었기 때문이다. 이 책은 노시인 이적요와 고교생 한은교의 사랑이라는, 사회적 금기와 윤리적 수호 사이의 갈등을 여과 없이 그려나간다. 특히 늙은 남자이자 유명 시인으로서의 이적요가, 자기 안의 고통스런 '자책'을 오롯이 읽

고 기록할 때, '나의 아름다운 음악을 위해 나는 지금 죽어야 하나?'(강정, 「나의 음악이 나를」에서)라고 고뇌하던 강정의 시구가 쓰윽 떠올랐다. 자식 혹은 자신의 분신과도 같았던 제자 서지우로부터 당한 배신을, '살인'이라는 극단의 방법으로 '처형'하려 할 때도 마찬가지였다. "나의 아름다운 음악을 위해 너는 죽어야 한다"(강정, 「아름다운 적

敵」에서)던 슬프도록 결의에 찬 시구가 가슴의 어딘가를 에며 소리 없이 지나갔다. 이렇듯 책 속의 숱한 문장들이 가만가만, 또다른 시의 세계로 나를 데려가던 기묘하고 황홀했던 독서.

책을 다 읽었을 때 그런 생각이 들었다. 이 소설을 통해 작가가 그리려 했던 인간의 욕망은 결국 '자기애'가 아니었을까 하는. 오스카 와일드가 '평생 동안의 로맨스'라 이른 '자기애'. 그것은 자기로부터 출발하지만 타자로부터 인정받을 때 보다 완벽해지며, 타자가 자신을 가장 잘 아는 존재일 때 더욱 강력한 힘을 발휘한다. 일례로 구약 성서에서 아담이 그 자신을 만든 '아버지'인 하나님께 인정받고자 취한 일생의 행동들을 생각하면 이해가 쉬워진다. 인간은 자신을 만든 절대자 앞에서 고분고분하거나, 떼를 쓰며 협박하거나, 납작 엎드려 비는 유약한 존재에 불과하다. 자신을 만든 '아버지', 곧 '신'의 존재로부터 일평생 자유로울 수 없는 까닭이다. 아버지의 존재를 인정하고 사랑은 하지만, 결국 아버지를 뛰어넘고 싶은 존재. 그것이 아들 된 모든 인간의 본성인 것이다. 그런 점에서 보자면 이 소설은, '아버지 된 자'(이적요), '아버지를 가졌으나 아버지를 뛰어넘지 못한 자'(서지우, 얼), 그리고 아버지를 가지지 못한 자(은교)의 이야기로도 읽혀질 수 있다.

시인 이적요에게 생물학적 아들인 '얼'과 심리학적 아들인 '서지우'가 있었던 것을 생각해보자. 특이하게도, 그는 얼에게보다 서지우에게 의지하며 살아간다. '혈연'이라는 생래적 피의 논리를 거부하고, '관계'라는 '창조적' 사회의 논리를 따른 것이다. 직업적으로도 그는 시인이라는 '창조자'의 위치에 있었다. 그에게는 서지우에겐 없는 빛나는 재능(창조성)이 있었고, 창조성의 탁월함은 서지우로부터 그를 신격화, 아버지화 하게 만드는 가장 중요한 요소로 작용한다. 그러므로 이적요는, '아버지'다운 '신'의 자리, 곧 '창조자'의 자리에 가장 가까운 인물로 보아도 무방하다. 반면 서지우는 자신에게 없는 이적요의 창조성을 차용하고 도용해 명성을 얻지만, 거짓과 허위는 결국 그를 고통스런 파국으로 치닫게 한다. 그가 이적요라는 '아버지'적 존재를 뛰어넘기 위해 안간힘을 쓰는 과정에서 '은교'라는 새로운 인물이 등장한 것은, 그들 사이의 미묘한 갈등을 보다 극적으로 드러내기 위한 소설적 장치였을 것이다. 일련의 사건들 속에서, 이적요가 욕망하는 것이 자신이 아니라 은교임을 알아챈 서지우. 그는 은교를 취하는 극단의 방법으로 '아버지'와의 대결에서 이기고자 한다. 허나 결국, 아버지'를 뛰어넘지도, '아버지'에게 인정받지도 못한 채, 비참하게 버려지는 가련한 '아들'로 전락해버린다. "어떤 의미에서 선생님은 여전히 은교 이상"이라 고백하던 서지우, 그는 신분 상승에의 욕망과 열정은 있으나 재능과 지혜가 없는, 우리들 대부분의 서글픈 자화상에 다름 아니다. 한편 은교는, 아버지가 부재하는 인물로 그려진다. 그러므로 그녀가 이적요와 서지우로부터 '아버지'라는 존재를 욕망했으리란 사실을 짐작키란 어렵지 않다. 은교 역시 자신이 가지지 못한 진정한 '아버지' 상을 찾아 두 남자 사이를 오갔던 것이다.

　인간은 누구나 자기 안의 결핍이 채워지기를 욕망한다. 결핍된 것을 욕망해 보다 완벽한 존재, 곧 '신'의 영역에 서고 싶어 하는 것이다. 무언가를 창조하는 자는 더욱 그렇다. '작가'란 본래 신의 자리를 욕망하는 자이기도 하다. 자신을 '신'의 존재까지 도달시키고자 하는 욕망이야말로, 가장 높은 차원의 '자기애'일 것이기 때문이다. 바로 그 '자기애'가 작가라는 '창조자'의 본성이 된다. 그런 점에서 이적요와 서지우와 은교 역시 '신'을 욕망하는 '창조자'로서의 면모를 보이고 있다. 단지 이적요는 '창조에 성공한 사람'

이었고, 서지우는 '창조에 성공한 듯 위장되었으나 실패한 사람'이었으며, 은교는 '새로운 창조자로 탄생하는 사람'이었을 뿐. 그들은 모두 같은 욕망을 가진 '인간'이었다. 다만 그 욕망의 성취가 달랐기에 서사 속 층위가 달라졌을 뿐이다. 그러므로 이 세 명의 '창조자'들에게 투영된 '신'의 모습을 읽어내기란 어렵지 않았다. 이적요에게서는 오르페우스의 슬픔이, 서지우에게서는 에로스의 비애가, 은교에게서는 아프로디테의 숙명이 보였다. 시와 음악의 신 오르페우스는 지옥에서 나와 생명과 빛의 세상으로 돌아가려 할 때, 귀환의 기쁨을 나누려 뒤를 돌아본 순간, 사랑하는 여인을 잃어버린다. 돌아보면 안 된다는 금기를 건드렸기 때문이다. "금기를 건드린 자는 그 자신이 금기가 된다"던 폴 리쾨르의 말처럼 이적요 역시도 금기로부터 자유롭지 못했다. 그가 말년에 '사랑'이라는 금기로 고민하다가, '살인'이라는 금기를 선택한 것을 보라. 반면 서지우의 모습은 에로스의 그것을 닮아 있었다. 에로스가 포로스(방책의 신)와 페니아(결핍의 신)의 아들임을 생각하면 더욱 그랬다. 그는 문학적으로 멍청하고 재능이 없었다. 그러나 살아서 사랑받기 위해 갖은 '방책'을 마련하는 모습을 보였고, 그럼에도 늘 무언가가 '결핍'된 범박한 인간으로서의 운명을 피하지 못했다. 그런가 하면, 은교는 미의 여신인 아프로디테의 숙명을 살았다. 젊음과 아름다움을 대변하지만 그것이 정숙함으로 연결되지는 않았던 은교. 그녀는 외려 아름다움이 축복인 동시에 형벌일 수도 있음을 가장 자명하게 보여주는 인물이었다. 문학이란 아름다움이, 문학을 욕망하고 문학을 사랑하며 산다는 것이, 가장 큰 축복이면서 형벌일 수도 있는 것처럼.

    생각해본다. 오랜 세월, 끈덕진 애증으로 얽히게 된 이적요와 서지우. 그들 사이에서 '은교'의 존재란 어떤 의미였을까. 그저 눈부시게 싱싱한 젊음에 대한 시샘이고 욕망이기만 했을까. 아니면 사랑이었을까. 욕망과 사랑은 완벽하게 구별될 수 있는 이성일까. 아직도 잘 모르겠다. 다만 은교가 자신과 몸을 섞은 서지우가 아닌, 자신을 욕망하되 취하지 않는 "할아부지" 이적요를 사랑하게 된 것과, 이적요가 은교와 서지우라는 육체적 결합을 목도하고도 끝끝내 은교를 사랑할 수밖에 없었던 것은, 본능과 사랑이 명백히 구분될 수도 있는 것임을 여실히 보여주는 증거가 아니었을지…… 이적요의 사랑은 때때로 충동적이었지만 욕망하는 대상을 위해 충동을 다스릴 수 있는 것이기도 했다는 점에서 금기를 건드렸음에도 불구하고 아름답게 기억될 수 있었다. 반면 서지우는 본능과 충동을 사랑으로 오해하는 모습만 보이다 끝내 자멸했다는 점에서 안타까웠다. 슬프게도 인간인 우리의 사랑이 대개 그러한 것이듯 말이다.

이적요와 서지우. 이 두 사람은 실은 서로를 사랑했지만 결국 소통에 실패한 채 죽음을 맞았다. 롤랑바르트가 "우리는 우리가 사랑하는 것에 대해 말하기를 항상 실패한다"고 말한 것처럼 말이다. 그러나 그들은 오히려 죽은 후에 각각의 기록들로 소통되며 진실의 향방을 밝혀낸다. 그것은 Q변호사와 은교라는 각각의 독자가 있었기에 가능한 일이었을 것이다. 이는 기록으로서의 문학의 힘이 얼마나 대단한 것인가를 보여주는 증거이기도 하다. 하지만 결국, 그들의 노트와 일기장은 '은교'에 의해 불태워진다. 이 장면에서 '언어를 태워 소멸'시키려 했다던 바타이유가 떠올랐는데, 은교가 시를 쓰고 있다는 고백에 가장 의미심장한 힘을 실어주는 부분이라는 생각이 들어서였다. 결국 시의 질료란 추악하든 아름답든 간에 일상 속에 존재하는 '진실'일 수밖에 없다는 것. 그것이 작가가 은교라는 존재를 통해 하고 싶었던 말이 아니었을까. 관능과 욕망의 불길 속에서 진실의 시간은 죽음 같은 한줌의 재로만 남았을 뿐이다. 그러나 모든 것이 다 불타고 남은 그 자리에, '끈' 하나가 남았다는 사실. 그것에 나는 주목하고 싶다. 끈의 속성은 이어진다는 것이다. 그러므로 그 '끈'은, 시를 쓰는 은교인 동시에, '시'로 대변되는 인간의 문학을 의미하는, 슬프도록 아름다운 상징이었을지 모르기에.

시에 대한 인간의 목마름을 이 한 권의 책보다 더 압축해서 드러낼 수 있을까. 이 책은 세 인간 속 욕망과 시심詩心을 통해 인간 실존의 심연을 열어젖힌다. 이적요 시인이 일상 속에 놓인 은교의 마지막 모습을 바라보며 "너를 너무 몰랐구나" 고백할 때, 은교는 '시'라는 "영원불멸한 진실의 아름다움"을 획득한 하나의 관념으로 승화한다. 하여 작가는 이 소설을 통해, 시에 대해 말하지 않고도 시를 말하는 데 성공하는 것이다. 시란, 일상에서 발견해낼 때 가장 아름다운 정수가 된다고, 그때의 시야말로 '적요'인 동시에 '은교'일 수 있다고, 그리고 그것만이 인생이란 적요寂寥 속에서 우리가 이어갈 수 있는 가장 은밀한 가교隱橋일 것이라고 이 책은 이야기하고 있다. 알고 보면, 시는 기실 모든 인간의 내부에 있다는 것이다. 시심이라는 하나의 숨은 다리隱橋로 세상과 인간이, 어제와 오늘이, 인간과 인간이 연결되어 있다는 것. 그 하늘하늘한 문학의 연결성을 두고 작가는 '은교'라 칭한 것인지도 모르겠다.

나아가 이 책은 윤리가 아름다움이 아니라, '진실'이 곧 아름다움이라고 이야기하고 있다. 윤리적으로 몰락해버린 인간 군상들을 데려와, 인간의 진실과 허위, 그 복잡다단한 아름다움을 보여주고 있는 것이다. 문학이란 윤리를 위해 존재하는 것이 아니라, '진실'을 위해 존재하는 것이라는 자명한 울림. 그 울림이 오랜 시간, 문학을 사랑하고 욕망해온 내 가슴을 깊숙하게 파고든다. 그렇다. 진실이 있기에 아름다운 동네, 그것이 곧 문학이어야 할 것이다. 이 책을 읽으며 인간과 진실의 아름다움을 쓰다가 죽어갔을 수많은 시인과 소설가의 맑은 눈동자들을 떠올려보았다. 그들의 존재와, 안 보이는 곳에서 가만히 이어졌을 질깃질깃한 문학의 힘에 일순 가슴이 뭉클해졌다. 문득 궁금하다. 뽀드득뽀드득, 시어의 창을 닦는 '은교'가 아직 내 안에도 살아 있을까. 책 속의 그들처럼, 나도 '진실'이라는 문학 속을 살다가 그 속에서 늙어 죽고 싶다. 문학을 '사랑하는 긴긴 지속'이 이 소설이 보여준 시시詩詩한 세계의 끝까지 무사히 당도할 수 있기를…

이 밤, '적요' 속에서 나도, 시시詩詩하게, '갈망'해본다.

아름다움을 위해 나는 죽었지—그런데 무덤에
적응되자마자, 진실을 위해 죽은 사람이
바로 옆방에 눕혀졌지—
그는 내게 '왜 실패했냐?'고 속삭이며 물었지
'아름다움을 위해', 나는 대답했지—
'그래 나는—진실을 추구하느라—그것들은 한 몸이니—
우리는 형제로군' 그는 말했지—
그래서, 우리는 가까운 친척들을 밤에 만나—
무덤의 방을 사이에 두고 이야기를 나누었지—
이끼가 번성하여 우리의 입술에 닿을 때까지—
그래서 우리의 이름을 덮어버릴 때까지—

—에밀리 디킨슨, 「아름다움을 위해 나는 죽었지」

블로그 축제 우수상 4

까치집을 위하여

은이후니
http://blog.yes24.com/ccypoet

『무인도를 위하여』 신대철 | 문학과지성사 | 1998
『개마고원에서 온 친구에게』 신대철 | 문학과지성사 | 2000
『누구인지 몰라도 그대를 사랑한다』 신대철 | 창비 | 2005

●● 신대철

1945년 충남 홍성에서 출생, 공주사대부속고등학교와 연세대 국문과, 동대학원 국문과를 졸업했다. 1968년 「강설(降雪)의 아침에서 해빙(解氷)의 저녁까지」로 조선일보 신춘문예에 당선되어 시단에 등장했다. 위의 시집들 외에 『바이칼 키스』가 있다. 백석문학상을 수상했다. 현재 국민대 교수로 재직중이다.

1 산山 : 돌아보면 깊은 山, 싸락눈이 그쳐 있다

脈

그해엔 첫눈이 많이 내렸지
미치지 않을 수가 없었어
山속에 살면서
글쎄, 그들은 인간의 피를 받았다니까 (20쪽)

그래, 기억난다. 첫눈이 많이 내렸던 1985년 겨울. 우린 스물두 살 동갑내기 대학교 3학년생이었고, 그해 봄에 시작된 만남이 한창 사랑으로 피어나고 있던 연인이었다. 우리가 만나기 전 내게는 장 그르니에의 『섬』이 있었고 그녀에겐 볼프강 보르헤르트의 『이별 없는 세대』가 있었다. 하지만 우리가 만나 서로를 알아보기 시작하면서, 내가 즐기곤 했던 '혼자서, 아무것도

가진 것 없이, 낯선 도시에 도착하는 공상'은 빛을 잃게 되었다. 그녀 역시 쓸쓸한 날이면 대상 없는 사랑에게 속삭이곤 했던 '여기 있어줘요, 기린 아저씨'라는 혼잣말을 멈추게 되었다.

고독한 낭만주의자와 지독한 허무주의자의 만남이라니! 이 둘의 만남이 사랑으로 그리고 마침내 결혼으로까지 이어지기란 쉽지 않은 일인데, 우리는 결국 그렇게 됐다. 무슨 힘이 작용한 걸까? 아내는 운명이라고 말하고 나는 행운이라고 말한다. 운

명이든 행운이든, 이 모든 일이 시詩로부터 비롯되었다는 사실만큼은 서로 이견이 없다. 시 창작 동아리를 통해서 처음 만났고, 또 그 모임의 합평회에 제출한 자작시들을 통해서 서로를 알아가기 시작했으니 말이다.

  당시 이미 상당한 문학적 수련을 거쳤던 그녀의 작품에 비한다면 내 시는 시라고 부르기가 차마 부끄러운 수준이었다. 중고등학교 시절 교지에 몇 번 실리곤 했던 유치한 시의 수준에서 별로 나아가지 못한 내 시들은 이미 대학신문에도 실린 적이 있는 그녀의 시들에 비교할 게 못 되었다. 그런데도 그녀는 내 시들을 꼼꼼하게 읽고 비평해주었다. 몇몇 빛나는 구절들은 아낌없이 칭찬했다. 많이 쓰는 것도 좋지만 내게는 우선 많이 읽는 게 더 중요하다고 조언해주었다.

  그녀의 추천으로 내가 사 보게 된 시집들은 대부분 문학과지성사에서 나온 것들이었다. 그녀도 그랬지만 나 역시 창비 쪽 시인들보다 문지 쪽 시인들의 시집에 더 마음이 끌렸는데, 그때 나를 사로잡은 시집들로는 황지우, 이성복, 최승자, 황동규 시인의 시집 등을 손꼽을 수 있다. 중고등학교 시절 교과서에서 배운 시가 전부였던 내게는 모두 경이로운 신세계였다. 하지만 그 어느 것도 신대철 시인의 첫 시집 **『무인도를 위하여』**가 내게 미친 영향력에는 견주지 못한다. 내게 막연하게나마 글쓰기의 꿈을 키워주었던 것이 『섬』이라면, 『무인도를 위하여』는 그 꿈을 좀더 구체화하여 시인이라는 이름으로 내게 보여주었던 것이다.

  그해에 내린 풍성한 첫눈처럼 내게 다가온 시집 『무인도를 위하여』를 읽으면서 나는 미치지 않을 수가 없었다. 어릴 때부터 동네 뒷산 오르내리기를 꽤나 즐기면서 살아왔으니, 나 역시 시인의 피를 받은 게 아니겠는가! 나는 위에 인용한 시의 제목 '맥脈'을 '맥貊, 상고시대의 북방종족' 또는 '맥貘, 맥과의 포유동물'으로 고쳐 읽으면서, 시집 제목과는 달리 산을, 그것도 주로 겨울산을 배경으로 해서 그가 펼쳐놓은 너무나 아름다운 시의 나라를, 뒤늦게 야생의 피를 자각한 야만인처럼, 아니 한 마리 짐승처럼 마구 헤집고 다녔다.

  신대철 시인이 대학교 1학년 때 휴학하고 칠갑산에서 1년여 동안 홀로 움막 생활을 하면서 느낀 산 체험을 고스란히 이 시집 속에 풀어놓은 것처럼, 나 역시 시를 쓰기 위하여 틈만 나면 집 가까이 있는 고덕동 뒷산을 오르내리곤 했다. 폭설이 내린 어느 날인가는 그녀를 불러내어 함께 눈 내린 산길을 뛰어다니기도 했다. 그렇게 산을 오르내리는 동안에 무슨 계시처럼 내게 전해진 맥脈을 붙잡아서 시를 쓰는 시간들은 황홀했다. 지금도 내가 몹시 아끼는 작품들은 그렇게 해서 씌어진 것들이 많은데, 그중에서 다음 작품은 졸업을 앞두고 있던 내게 대학문학상 시 부문 당선의 영광을 안겨주었다.

    겨울산 1

  눈 내려 고요해진 山, 겨울만 앙상하게 드러난 나무들이 잠들어 있다. 손이 따스한 사람들의 발자국은 길 끝으로 모이고 바람 없는 山 위에 허리 꺾인 억새풀 몇. 우리가 서로의 입김을 맞바꾸어 시린 등뼈를 녹일 수 있다면 저 나무들의 잠을 깨울 수 있을까. 허리 꺾인 억새풀들을 일으킬 수 있을까.

  지는 노을 속, 아침에 날려보낸 새가 돌아오고 빈 가지에 걸린 방패연에 환하게 불이 붙는다. 人間을 떠나보내고 새를 품어 비로소 깨어나는 산. 우리가 서로의 산이 되려면 얼마나 많은 人間을 떠나보내야 하나.

  얼레를 품고 잠드는 밤, 꿈속에서 아이가 풀어놓은 연실 같은 산길을 빈 발자

국들이 밤새도록 뛰어다닌다. 겨울산 방패연에 별 하나 찍힌다.

지금 읽어보아도 신대철 풍이 확연하게 느껴지니 그에게 수상의 영광을 돌려야 마땅했겠으나, 나는 수상의 기쁨을 '내 시의 제일독자이며 무명 시인이기도 한, 눈이 맑은 나의 애인에게 곧 내릴 첫눈과 함께' 헌정했다. 거의 공개적인 구혼이나 마찬가지인 내 수상소감에 그녀는 더없이 기뻐했으나, 수상소감에서 스승을 내쳐버리고 애인을 선택한 대가(?)는 혹독했다. 그로부터 20년이 지난 지금까지도 아직 시인의 이름을 얻지 못한 채, 이루지 못한 시인의 꿈을 천형처럼 앓고 있으니 말이다.

다른 책들은 거들떠보지도 않고 시집들만 읽을 정도로 시에 미쳐 몰두하던 그 시절 거의 매일 나를 찾아왔던 뮤즈의 발길은, 졸업을 하고 직장인으로서 사회생활을 시작하면서 차츰 뜸해졌다. 열렬했던 시에 대한 열정과 시인의 꿈은 조금씩 마모되어갔다. 그 자리를 대신 차지한 생활의 냄새는 깔끔하고 안온했으나 너무나 건조하고 인공적이어서 숨이 막혔다. 그 막힌 숨을 뚫어주기 위해서 내가 가끔씩 뱉어낸 시들은 조화造花처럼 향기 없는 것들이 대부분이었다. 몇 차례 응모한 일간지 신춘문예의 본심에도 오르지 못하는 보잘것없는 시들이었다.

물론 기회가 전혀 없었던 것은 아니다. 내가 정기구독하고 있던 한 문예월간지의 정기공모에서 최종심에 오른 적도 있었고, 모 문학 웹진에서 공모한 사이버 신춘문예에서는 우수상을 받기도 했다. 하지만 거기까지였다. 내 시는 정식 등단으로 인정되는 당선작이나 대상으로는 한 번도 뽑히지 못했다. 신대철 시인이 첫 시집을 내고 20년 넘게 침묵했듯이(물론 그 사이에 산문집을 한 권 내기는 했다), 나 역시 첫 대상 수상 이후 20년 동안은 침묵해야 하는 운명일지도 모른다는 불길한 예감에 사로잡혔다. 이제 하산下山할 시간이었다.

2 섬島 : 물거품 버릴 데를 찾아 無人島로 가고 있다

無人島

수평선이 축 늘어지게 몰려 앉은 바닷새가 떼를 풀어 흐린 하늘로 날아오른다. 발 헛디딘 새는 발을 잃고, 다시 허공에 떠도는 바닷새, 영원히 앉을 자리를 만들어 허공에 수평선을 이루는 바닷새,

인간을 만나고 온 바다,
물거품 버릴 데를 찾아 無人島로 가고 있다. (24쪽)

하산하는 마음은 쓸쓸했다. 개나 소나 시인입네 떠드는 이 땅에서 시를 쓰기보다는 차라리 시를 살고 싶다면서 대학 졸업과 동시에 일찌감치 시를 포기한 아내가 부럽기조차 했다. 어쩌면 아내의 선택이 현명한 것인지도 모르겠다는 생각이 들었다. 훗날 누구도 기억해주지 않을 보잘것없는 시 몇 편을 써서 시인을 개나 소와 동격으로 만드는 일에 한몫 거들기보다는 깨끗하게 시 쓰기를 포기하고 오히려 시적인 삶을 살아가는 게 더 바람직한 일이 아닐까?
하지만 "돌아보면 뒤에서 언제나 뒤에서 부르는"(「그는 뒤에서」, 17쪽)

목소리가 있었다. 하산하는 길에 불쑥불쑥 들려오곤 하는 시詩의 부름은 끈질긴 데가 있었다. "날 가두고 오래 내 괴로움을 받지 않는 山이여"(「處刑 1」, 31쪽)라고 울부짖으며 비통한 심정으로 하산했던 신대철 시인이 바다 쪽으로 꿈의 위치를 바꿔 놓고 물거품 버릴 데를 찾아 무인도로 갔던 것처럼, 나도 하산은 하되 포기는 할 수 없었다. 새로운 삶의 방식 또는 새로운 삶의 터전으로 방향 전환을 한다면 발길을 끊었던 시의 뮤즈가 다시 나를 찾아오리라는 희망을 새롭게 품었다. 그렇지만 어떻게? 어디서?

그 의문의 끝에 섬이 하나 떠올랐다. 내겐 무인도가 아니라 섬나라 뉴질랜드였다. 바야흐로 새로운 천년이 시작되는 해였고, 뉴질랜드는 새천년의 해가 가장 먼저 떠오른 나라였다. 그해 1월, 아내와 어린 딸을 데리고 뉴질랜드 여행을 다녀오고 나서 몇 달 후 우리는 마음을 정했다. 이민 수속을 밟고 있던 그해 가을, 신대철 시인은 23년 만에 두번째 시집 **『개마고원에서 온 친구에게』**를 출간했다. 애타게 기다렸던 그의 두번째 시집을 사들고 그 이듬해 봄 우리는 남반구의 작은 섬나라로 다시 떠났다. 이번에는 편도 티켓만 쥐고서.

그런 우리를 두고 사람들은 참 용감하다고 했다. 문화도 언어도 다르고 더군다나 아무 연고도 생계의 보장도 없는 낯선 곳으로 이주하는 것이었으니까. 아마도 속으로는 무모하다고 생각한 이들도 제법 있었을 것이다. 하지만 『개마고원에서 온 친구에게』에도 나오는 것처럼, 그 머나먼 황량한 극지 알래스카의 최북단에도 식당을 운영하면서 살아가는 한국인들이 있지 않은가! 거기에 비하면 교민들로 우글우글한 뉴질랜드의 대도시 오클랜드를 새로운 삶의 터전으로 선택해 이주한 우리는 용기 있는 자의 축에도 들지 못할 것이다.

그래도 한국과는 여러 면에서 다른 곳이라 어느 정도 적응하는 데만 3년이라는 짧지 않은 시간이 걸렸다. 차이만 유난히 도드라져 보이던 그 시기를 지나자, 가만히 들여다보면 사람 살아가는 이치라는 게 어디서나 별반 다를 바 없다는 사실을 조금씩 깨치게 되었다. 그러자 날을 세우고 있던 신경이 가라앉으면서 그 자리를 그동안 잠자고 있던 욕망이 깨어나 채우기 시작했다. 그 욕망을 가다듬어 시로 끌어내기 위하여 나는 신대철의 첫 시집 『무인도를 위하여』를 다시 꺼내 읽었다.

오래 기다렸으나 실망스러웠던 그의 두번째 시집도 다시 꺼내어 찬찬히 함께 읽으면서, 나는 그가 하산할 수밖에 없었던 이유를 보다 분명하게 알게 되었다. 첫 시집의 여러 시편들에 나타나 있는 것처럼, 생활인으로서 견디어낼 수밖에 없는 각박한 도시적 삶과 비무장지대에서 무장한 채 긴장된 하루하루를 보내야 했던 군대 체험이 그가 하산한 이유의 전부가 아니었다. 그에게는 산, 즉 자연과의 친화와 합일을 가로막는 보다 근원적인 상처가 있었던 것이다. 그건 유년 시절, 그가 가족들과 함께 산에서 겪은 6·25 전쟁의 상처였다. 『개마고원에서 온 친구에게』는 그 상처를 보다 분명하고 구체적으로 보여주고 있었다.

그가 하산한 이유가 한층 분명해지자, 전에는 온통 산의 시편들만 보였던 『무인도를 위하여』가 조금 달리 보였다. 이제는 오히려 몇 안 되는 무인도 시편들에 더 오래 눈길이 머물렀고 문득 깨닫게 되었다. 그가 하산해서 바다 쪽으로, 무인도를 향해 걸어가면서도 "바닷가를 끼고 흘러도 이젠 山에 둘러싸인다"(「處刑 1」, 30쪽)라고 말한 이유가 무엇 때문이었는지를. 섬의 한자말 '島'에 분명하게 나타나 있듯이 섬 또한 산이었던 것이다. 섬이란,

말하자면 바다의 산이지 않는가! 따라서 "세상에 山 아닌 것은 무엇인가?" (「혼을 빼앗기면」, 68쪽)라고 그가 물었을 때, 그건 질문이 아니라 이 세상 모든 것이 산이라는 사실을 말하고 있는 진술일지도 모르겠다는 생각이 들었다.

그렇다면 그의 하산은 하산이 아니었던 셈이고, 나의 하산 역시 하산이 아닌 것이다. 그가 23년 만에 두번째 시집으로 다시 돌아온 것이 그걸 증명하고 있었고 이제는 내가 증명할 차례였다. 나는 용기백배했다. 이곳에서는 어디를 둘러봐도 서울에서 보던 것 같은 산들은 하나도 보이지 않고 온통 바다와 섬들뿐이었지만 아무 문제가 없었다. 내 일상이 산이었다. 나는 새로 발견한 그 산을 시로 옮겨 적기만 하면 되었다. 2년 정도 그렇게 쓴 시들 중 몇 편을 골라 재외동포재단이 주최한 2006년 재외동포문학상 공모전에 응모했다. 결과는? 대상이었다. 비록 등단으로 인정되는 것은 아니었지만, 나로서는 실로 21년 만에 시로써 다시 수상한 대상이었기에 큰 의미로 다가왔다.

늙은 직녀
– 거미 우화 1

이른 새벽에 홀로 깨어나
할머니는 바느질을 했다

커다란 궁둥이에서 실오리 한 가닥 뽑아내
가는귀먹은 바늘귀에 꿰어놓고

장롱 서랍들을 죄다 뒤져
방안 가득 옷들을 헤쳐 놓으면

잠귀 밝은 어머니는 깨어
할머니의 방문을 열어 젖혔다

— 에미야, 헤진 옷들이 많구나. 이 속곳 좀 보렴.
— 어머니, 그건 어머니 수의잖아요!

할머니의 잠은
당신의 커다란 궁둥이처럼
초저녁 쪽으로만 자꾸 뭉쳤다가

이른 새벽이면 실타래에서 풀려 나와
부엌과 마루와 뒷간의
어두컴컴한 구석만 찾아다니며
거미줄을 걸쳐놓았다

이른 새벽에 눈을 뜬
아버지의 목마른 취기가
가끔씩 그 거미줄에 걸려들면
— 애비야, 내 바늘이 보이지 않는구나. 네가 숨겼느냐?
— 어머니, 실꾸리는 이제 그만 치우세요. 집안이 온통 실밥투성이예요!

바늘겨레처럼 자식들을 품어주었던
할머니의 커다란 궁둥이는
새벽 어둠 속에 혼자 남겨졌다

늙은 직녀의 커다란 궁둥이에
아프게 박힌 바늘 몇 개가 반짝 빛났다

　이 시를 쓸 즈음, 나는 우리 동네에 사는 백인 할머니 한 분을 우연히 알게 되어 아내와 함께 매주 한 번씩 방문해서 말벗 노릇을 하고 있었다. 할머니는 팔십이 넘으셨지만 아직도 호기심이 왕성해서 한국 문화와 역사에 대해서 깊은 관심을 보이셨다. 기억력도 몹시 정확해서 자신의 지나간 삶들에 대해 흥미로운 이야기들을 많이 들려주셨다. 친절하고 다정한 빅토리아 할머니는 큰 딸 내외와 함께 살고 있었는데, 뜨개질 솜씨가 좋아서 털실로 담요와 인형과 양말 따위를 손수 떠서 우리에게 선물로 주기도 하셨다.
　이 시는 그렇게 나이가 들어서도 뜨개질하기를 즐기시는 빅토리아 할머니의 삶에서 착안한 것이었다. 예전에 생활이 어려웠을 때, 우리 어머니들은 바느질로 생계를 도모하곤 했다. 할머니가 되어서도 그 버릇을 어쩌지 못해 바늘과 실을 놓지 못한다. 그런데 함께 사는 이제 장성한 자식들은 늙은 직녀의 바느질을 마치 거미가 집안에 거미줄을 잔뜩 쳐놓는 것처럼 못마땅해한다. 자기가 평생 해온 일도 거부당하는 노년의 삶이란 얼마나 쓸쓸한 것인가! 이처럼 노인문제가 점점 더 심각한 사회문제로 부각되고 있는 한국의 현실을 생각하면서 상상력을 조금 발휘해본 것인데, 뜻밖에도 대상이라는 행운을 가져다준 것이다.

그해 9월, 재외동포재단의 초청을 받아 시상식 등 행사에 참석하기 위해 한국을 방문했다. 심사위원 중 한 분이 마침 내가 좋아하는 시인이라, 시상식 때 그분께 보여드리고 기회가 된다면 시집 출판도 부탁해볼 속셈으로 대학 시절부터 써놓았던 시들을 모두 프린트해서 가지고 갔다. 안타깝게도 그 시인은 몹시 바빠서 시상식에 참석하지 못했다. 나 역시 체류 일정이 넉넉하지 못해 따로 약속을 잡지 못하고 그저 그분께 전화상으로만 인사를 드리고 돌아올 수밖에 없었다.

3 | 새鳥 : 날고 싶은 대로 다 날아버린 날개를 달고

自序

새벽부터 까치가 아카시아 나무 사이를 들락날락한다. 한 마리는 땅바닥에 흩어져 있는 마른 가지를 물어 집터인 나무 꼭대기에 올려놓고, 다른 한 마리는 꼭대기에 붙어 앉아 얼기설기 집을 짓는다. 이상하다, 이 까치들은 가까이의 다른 많은 나무들을 두고 아카시아 잔가지로만 집을 짓고 있다.

집을 짓기 시작한 지 3일째 되는 날, 나무 밑은 어느새 지푸라기 하나 보이지 않는다. 까치들은 나뭇가지 끝에 아슬아슬하게 앉아 삭정이를 꺾어 내고 있다. 그 순간 삭정이를 문 채 허공 속에 뚝 떨어졌다가는 간신히 꼭대기에 날아 앉는다. 하루 종일 같은 일만 계속한다. 5일째, 집은 거의 완성되고 있다. 아침에 얼핏 보이던 까치들은 오후 늦게까지 돌아오지 않고 있다. 어디 갔을까?

까치집이 다 완성되는 날, 아카시아 나무엔 잎이 트고 머지않아 하늘 저편에 선 뭉게구름이 뭉클뭉클 피어오르리라. 저 까치집에 날아들어 밀리고 밀린 잠을 자고 싶다. 그리고 인간으로 깨어나 인간에게 〈미래의 말〉을 걸고 싶다.

큰 기대를 걸었으나 고국 방문은 결국 아쉬움으로 끝났다. 하지만 나는 이제부터 시작이라고 생각하며 시작詩作에 몰두했다. 귀국할 때 사온 스무 권이 넘는 시집들을 찬찬히 읽었다. 그중에는 신대철 시인이 2005년에 펴낸 세번째 시집 『누구인지 몰라도 그대를 사랑한다』도 있었다. 이 시집은 내게 충격이었다. 여기 실린 시들이 그토록 뛰어났다는 말이 아니다. 사실을 말하자면, 몽골의 초원으로, 고비사막으로, 시베리아로 그의 발길이 닿는 곳은 더욱 넓어지고 있었지만 이 시집 역시 첫 시집에서 보여주었던 칠갑산의 세계를 결코 넘어서지 못하고 있었다.

나를 놀라게 한 것은 이 시집에서 그가 거의 30년 만에 세상에 내놓은 충격적인 고백이었다. 그는 북파공작원을 넘기고 받는 비무장지대 최일선 GP장교로 군대 생활을 했다는 것이다. 2003년 말 영화 〈실미도〉의 개봉과 함께 북파공작원들의 숨겨진 진실이 햇빛을 보게 되면서 신대철 시인도 오랫동안 자신을 따라다녔던 그 끔찍한 기억들을 비로소 고백할 수 있게 된 것이다. 그에 따르면 비무장지대의 험준한 산과 계곡을 가로지르는 분계선을 넘나들며 비밀스런 작전을 펼치는 과정에서 몇몇은 지뢰 폭파로 죽었고, 몇몇은 북으로 무사히 넘어갔으나 끝내 돌아오지 못했으며, 또 몇몇은 실성한 이가 되어 돌아왔다.

하지만 그들은 우리 땅 어디에도 없었던 존재들로 치부되었다. 신대철 시인이 직접 말을 나누었고 강을 건너게 했고 또 몇몇의 경우엔 죽음까지도 목격했으나 결코 입 밖으로는 발설할 수 없었던 그들에 대한 기억은 악몽이 되어 그를 괴롭혔다. 그가 하산할 수밖에 없었던 가장 큰 이유가 여기에 있었던 것이다. 섬을, 그것도 실미도 같은 무인도를 찾아 떠돌고, 그것도 모자라서 알래스카와 시베리아 같은 오지로 자신을 내몬 이유도 바로 여기에 있었던 것이다.

나는 그의 첫 시집 『무인도를 위하여』를 다시 꺼내 읽었다. 그동안 보지 못했던 떠도는 유령들이 곳곳에서 보였다. "죽은 사람은 죽은 사람"(「흰나비를 잡으러 간 소년은 흰나비로 날아와 앉고」, 11쪽), "無名氏, 내 땅의 말로는/ 도저히 부를 수 없는 그대……"(「사람이 그리운 날 1」, 27쪽), "실성한 사람의 시체"(「사람이 그리운 날 2」, 28쪽), "죽어서 지뢰표지판 하날 남긴 사람들/ 죽어서 오래오래 잠들 수 있고 오래오래 무사한 사람들"(「우리들의 땅」, 57쪽)이 모두 그들이었다. 어디를 보든지 어디를 가든지, 신대철 시인의 몸속에는 떠도는 젊은 영혼들이 함께 따라다녔다. 그 영혼들을 위무할 시들을 쓰고 싶었으나 그게 용납이 되지 않는 현실이었기에 그는 침묵할 수밖에 없었다. 그를 옥죄는 그 어둡고 깊고 무거운 침묵 속에서 그는 편히 잠들 수도 없었다.

그가 첫 시집 앞머리에 부친 자서 自序에서 "저 까치집에 날아들어 밀리고 밀린 잠을 자고 싶다"고 말한 이유가 비로소 분명하게 이해됐다. 하지만 그렇게 밀린 잠을 자고 다시 깨어나면 악몽은 사라질 것인가? 그렇지 않다는 것을 그는 알고 있었다. 그건 그 이후에 그가 결행한 숱한 오지 여행들이 잘 말해주고 있거니와, 첫 시집에서도 이미 분명하게 드러나 있다. 맨 끝에 실려 있는 시에서 그는 말한다.

"꿈틀거려야지, 꿈틀거리지 않으면 시간은 모두 까마귀가 된다"(「까욱,

까아욱」, 74쪽)고. 망각은 악몽을 견디는 것보다 훨씬 더 나쁘다는 사실을 그는 누구보다도 잘 알고 있었다.

결국 그는 깨어 있기로 한다. 지금은 자유롭게 말할 수 없으니 다만 때가 올 때까지 기다리기로 한다. 시집 뒤표지 글에서 그가 밝히고 있는 새가 되고 싶다는 소망이 너무나 아름답게 읽히는 것은 바로 이 때문이다. 그는 말한다.

"해질 무렵이 되면 나는 아무 데라도 가고 싶다. 날고 싶은 대로 다 날아버린 날개를 달고 이 세상에 오래 살아 본 미래 기억자가 되어 돌아오고 싶다. 이끼 긴 나무 위의 동네에 집 하나 지을 때까지 몇 번이고 돌아오고 싶다"고.

새鳥라는 짐승은 그 한자말에서도 볼 수 있듯이 산山과 섬島을 이어주는 거의 유일한 짐승이다. 따라서 칠갑산과 실미도를 연결하고 또한 극복하는 하나의 상징으로서 새보다 더 적합한 것은 없어 보인다. 산과 무인도에 바쳐진 그의 첫 시집에 온갖 새들, 즉 명새, 굴뚝새, 산비둘기, 잡새, 때까치, 바람새, 까투리, 까마귀 따위가 곳곳에 등장하고 있는 것이 결코 우연으로 여겨지지 않는다. 그러한 새들의 날개를 빌려 알래스카로, 몽골로, 시베리아로 날아다녔기에 그는 마침내 자신이 살던 집으로 다시 돌아올 수 있었던 것이리라. 그가 '까치집' 또는 '나무 위의 동네'라고 부르고 있는 그 집의 이름이 시詩, 또는 시집詩集이라는 것은 두말하면 잔소리가 되겠다.

이렇게 신대철 시인의 첫 시집 『무인도를 위하여』를 거의 이십 년에 걸쳐 반복해서 읽는 동안, 나는 시가 그저 뮤즈가 가져다준 영감이나 일상에서 끌어낸 상상력으로만 이루어지지는 않는다는 사실을 깨닫게 되었다. 아름다운 시는 항상 치열한 삶의 경험에서 나오고 진정한 시인은 자신의 삶을 시로 바꾸어내는데 결코 조급해하지 않는다는 것도 알게 되었다. 내 시도 마땅히 그러해야 되리라. 내가 오래 소망했던 시인의 꿈도 좀더 기다리기로 하자. 그렇게 마음먹은 나는 신대철 시인이 오래도록 바라보았던 그 까치집을 바라보면서 시 한 편을 썼다.

까치집

지붕 없는 집이다
해와 구름과 별과 달이
하늘을 가다가 지치면
잠시 쉬었다 가는 집이다
따스한 봄이면
동그란 알이 몇 개
햇볕에 익어가는 집이다
가끔씩 소나기가 내려
갓 태어난 어린 것들의
목마름을 적셔주는 집이다
여름으로 접어들면서
모습은 보이지 않고
빽빽한 나뭇잎 사이에서
소리만 흘러나오는 집이다
오늘은 반가운 손님이 온다고
그리운 편지가 온다고

이른 아침부터

식구들의 잠을 깨우는 집이다

기다리던 손님과 편지 대신

사납고 심술궂은 태풍이 몰려와

가로수들 여럿 넘어뜨렸어도

끄떡없이 버티는 집이다

퍼붓는 장맛비에도 넘치지 않고

지붕까지 차오른 홍수에도 떠내려가지 않고

짙푸른 가을 하늘에 남겨놓은 까치밥처럼

나무 꼭대기 우듬지 근처에

끝까지 매달려 있는 집이다

가랑잎들도 다 떨어진 초겨울

가지만 앙상하게 드러난 나무에게

겨울잠 잘 자라고

자장가를 불러주다가

먼저 잠이 들어 고요해진 집이다

잠이 든 사이에

대륙을 건너가던

북서계절풍이 잠시 머물기도 하고

한밤중에 내려 쌓인 눈이

모처럼 환한 겨울 햇살에 속아

봄까지 기다리지 못한 채

뛰어내리기도 하는 집이다

그렇게 모두 떠나고
이제는 아무도 없는 빈 집이다
그 밑에서 서성거리며
가끔씩 고개 들어
위를 올려다보던 사내가
시린 두 발을 가지런히 모으고
떠나간 모든 이들을 대신해서
깊이 잠들어 있는 집이다
머지않아
사내의 오랜 잠 속에
떠나간 꿈들을 다시 불러들여
함께 깨어날 집이다
이별 없는 집이다

 내가 지은 이 까치집에서 알 하나 깨어나려면 어쩌면 아직도 무수히 많은 날들이 지나야 하고 숱한 계절이 바뀌어야 할지도 모른다. 하지만 나는 그 시간이 얼마나 길어지든 다시는 시와 이별하지 않기로 했다. 스물두 살에 처음 만난 그녀와 헤어지기를 숱하게 반복했으나 끝내는 결혼해서 지금까지도 함께 살고 있는 것처럼 말이다. 그리고 아직 알이 깨어나지 않아서 비어있는 그 까치집을 위하여 꿈을 계속 낳기로 했다. 까치집을 위하여, 시를 위하여 스물두 살 때 꾸었던 꿈을 계속 꾸기로 했다

우석훈이 디자인한 한국경제
: '탈포디즘'으로 많은 것을 희망하다

잠정暫定
http://blog.yes24.com/comma99

『88만 원 세대』 우석훈·박권일 | 레디앙 | 2007
『조직의 재발견』 우석훈 | 개마고원 | 2008
『촌놈들의 제국주의』 우석훈 | 개마고원 | 2008
『괴물의 탄생』 우석훈 | 개마고원 | 2008

●● 우석훈

연세대 경영학과를 졸업했고, 프랑스 파리 10대학에서 생태경제학을 공부했다. 이제는 보통 명사화된 저서 『88만 원 세대』를 통해 세대론과 경제학을 결합시켰고, 생태적인 관점으로 경제학을 얘기하는 생태경제학 시리즈 등 한국 경제 대안 시리즈 12권의 완간을 앞두고 있다. 지은 책으로 이 지면에 소개된 네 권의 책 외에 『아픈 아이들의 세대』, 『음식국부론』, 『한미FTA 폭주를 멈춰라』, 『명랑이 너희를 자유케 하리라』, 『직선들의 대한민국』, 『생태요괴전』, 『생태페다고지』 등이 있다.

1

'대안'이라는 말은 참 어렵다. 한국 사회에 대한 예리한 분석과 비판, 전망은 접하기 쉽지만 '대안'은 드물다. 분석과 비판, 전망을 평가절하하는 것은 아니다. 날카로운 분석은 반드시 좋은 대안에 선행한다는 점에서, 대안은 분석에 기대고 있다. 하지만 이미 존재하는 것을 자기 영역으로 삼는 '분석'과 달리 '대안'은 존재하지 않는 영역을 대상으로 삼는 독자성을 지닌다. 그래서 좋은 분석에도 좋은 대안은 쉽지 않다. 자신의 제안을 대안으로 내세우기 전, 누구에게나 망설임의 순간이 찾아온다.

우석훈은 이 네 권의 책 앞에 '한국 경제 대안 시리즈'라는 이름을 붙였다. 감히 대안을 자처했다. 나는 이 대안들이 얼마나 현실성이 있는지, 얼마나 훌륭하게 디자인된 것인지 아직 잘 모른다(어쩌면 이것이야말로 대안의 존재론적 본질일지도 모른다). 아무튼 우석훈은 국민경제를 위해서는 해고가 자연스러워야 하고, 멀쩡한 강바닥을 파헤쳐야 하며, 생계가 어려워도 국민들이 꾹 참아야 하는 '현실'의 반대편에서 '대안'을 정초한 듯하다. 책 속에 펼쳐진 세상은 보다 삶이 평화롭고, 그 평화가 지속가능한 사회이며, '갖고 싶은 사회'의 모습이다. 고로 내가 살고 있는 사회와는 근본이 다르다. 그것만으로도 우리는 그의 대안에 주목할 만한데, 그는 한국 사회의 제조품으로 보기에는 너무나 참신한 시각과 두터운 지식, 간결한 글솜씨로 자신의 '대안'을 믿음직스럽게 소개한다. 혹 완전하지 못하더라도 우리가 좀 다듬고 보태면 왠지 좋은 결과로 이어질 것 같은 느낌이다.

2

오늘날의 세계 상황을 이해하기 위해 '신자유주의'라는 말이 많이 사용된다. 2차 대전 이후 기업 이익의 많은 부분이 노동자에게 분배되고, 이것이 다시 소비로 이어지는 '대량생산-대량소비' 모델(포디즘)이 붕괴되면서 맞은 상황을 말한다. 1970년대 들어 포디즘 모델이 이전처럼 이윤을 낳지 못하면서 기업들은 더이상 많은 몫을 노동자에게 분배하지 않으려 하였다. 기업들을 일정 정도 규제하면서 세금을 걷어 분배하던 정부도 기업에 대한 규제와 고임금, 높은 세금을 통한 경제 시스템을 폐기하였다(이른바 케인스주의의 폐기). 그리고 국가간-기업간 무한경쟁에 기반한 시스템이 등장했는데, 기업의 규제를 최소화하여 이윤을 위한 활동을 가급적 최대한 보장하려는 시스템으로 금융화-개방화-노동 유연화 등의 특징을 보였다.

물론 이러한 변화는 미국, 영국 등 일부 중심부 국가에서 시작되었는데, 이들이 세계경제에서 지닌 지위로 인해 전 세계로 확대되었다. IMF 경제 위기 이후의 한국 사회가 겪은 구조조정도 바로 이들의 요구에 의한 것이었고, 역시나 한국 경제도 금융화-개방화-노동 유연화가 이루어졌다. 그리고 신자유주의의 전면화 이후 세계적으로 양극화(정규직-비정규직, 1세계-3세계), 위기의 세계화(뉴욕발 금융 위기의 세계적 전파), 국민경제의 불안정화(외국 자본의 이탈에 따른 국민경제 붕괴 시나리오) 등의 결과가 나타났는데, 이로 인해 고용안정, 평생직장, 안정된 노후, 안정된 국민경제라는 말은 이상적인 구호가 되어버렸다. 충분치는 않지만 이 정도가 '신자유주의'에 대한 대략적인 이해인데, 때문에 '사람'과 '안정된 삶'을 중요시하는 사람들은 신자유주의를 비판해왔다.

3

그런데 우석훈은 오늘날을 규정하면서 '탈포디즘 사회'라는 말을 많이 사용한다. 이 인식은 시리즈 전반에서 아주 중요한 지위를 지닌다. 사실 이 단어가 가리키는 사회의 모습은 신자유주의라는 말의 그것과 비슷하다. 하지만 탈포디즘이라는 말 속에는 '자본-기업'의 영역이 존재한다. 포디즘 체제의 대량생산-대량소비 방식과 제조업 중심의 경제구조에서는 더이상 이윤이 나지 않는 만큼 '다품종 소량생산방식', '지식-서비스 산업 중심의 경제구조' 등으로 대표되는 탈포디즘 방향으로 자본-기업이 변화해야 한다는 의미가 담겨 있다. 그리고 사회 역시 이를 위한 방향으로 재구조화 되어야 한다는 것이 바로 탈포디즘을 앞세운 우석훈의 주장이다. 때문에 신자유주의-反신자유주의, 포디즘-탈포디즘이라는 두 구도에는 거부와 전환이라는 뉘앙스 차이가 있다. '신자유주의 반대'가 자본의 공세로부터 지켜야 할 것들을 강조한다면, '탈포디즘'은 자본 또한 새롭게 바뀌어야 함을 강조하는 것이다. 그래서 이 시리즈에는 대안이라는 말이 어울린다. 지키는 것보다는 바꾸는 것이 대안에 가깝지 않을까(물론 '신자유주의 반대'라는 말 역시 '탈포디즘 사회'와는 또다른 전환을 포함하는 구호이지만, 아직은 그 모습이 선명하지 않다. 역시나 대안은 어렵고, 탈포디즘 사회보다 더 근본적인 변화를 꿈꾸기에-진정한 反신자유주의는 필연적으로 反자본주의다!-디자인하기 더 어려운 측면이 있다. 한편 우석훈 역시 탈포디즘 자체가 목적이라기보다는 탈포디즘으로의 전환 과정에서 우리 경제구조의 많은 문제를 해결할 수 있다는 의미로 보이며, 두 접근이 문제로 삼는 '사회경제 현상' 사이에 공통분모가 많아서 굳이 두 가지를 대립하는 것으로 볼 필요는 없을 것 같다).

88만 원 세대

『88만 원 세대』라는 이 시리즈의 첫째 권 역시 탈포디즘 사회라는 전제 위에서 읽어야 한다. 단지 "이십대의 경제적 처지가 매우 어렵다"는 문장으로 이 책을 요약할 수는 없다. 이윤율의 저하로 탈포디즘으로의 전환이 요청되지만, 준비가 되어 있지 않은 한국 사회. 그래서 인력 감축으로 비용을 절감하는 걸 혁신이라 일컫는 오늘날의 상황 속에서 이십대의 비정규직화가 일어난다는 내용이며, 부실한 사회복지로 인해 학자금 대출을 받고 높은 집값을 부담하느라 이십대는 미래에도 허리 펴기 힘들 거라 말한다. 비용 절감이 굳이 이십대의 몫이 되는 것은 이미 자리를 잡은 앞세대가 자신의 몫에서는 가급적 절감하려 하지 않고, 이들은 분배 정책—복지 시스템을 위한 세금 인상을 지지하지도 않기 때문이며, 오늘의 이십대는 정치적 경험이나 자신들의 대변인을 가지지 못했기 때문이란 설명도 뒤따른다.

탈포디즘으로의 전환이 지체되어 이런 일이 발생했다는 인식은 당연히 탈포디즘으로의 전환이라는 대안을 불러온다. 사교육 해체—교육의 다양성 회복을 골자로 하는 교육 개혁과 이십대에게 안정된 직장을 주기 위한 제안들은 안타까운 이십대를 위한 도덕적 요구이기도 하면서, 탈포디즘 사회를 향한 전략적 요구이기도 하다. 획일화된 교육은 사고의 다양성을 잠식해 탈포디즘의 핵심인 혁신을 불가능하게 하며, 비정규직의 삶은 숙련될 기회를 제거해 탈포디즘을 위한 혁신의 기회를 제거한다는 것이다(우석훈은 혁신은 연구소뿐만 아니라 노동 과정 속 숙련 노동자에게서 나온다고 말한다). 그래서 다양성—안정성, 이른바 다안성의 회복이 이 책의 핵심 주장이다.

그리고 유신세대, 386세대, 88만 원 세대, 십대의 세대 간 특징을 비교하고 태권도 국가대표단에서 공무원 조직에 이르기까지 다양한 조직 내에서의 세대 문제를 살피는 참신한 분석은 이 책의 백미다. 이 책이 사회적으로 주목받고, '88만 원 세대'라는 호명이 사회화된 이유는 분명 내용만으론 설명하기 힘들다. 우석훈의 글쓰기는 분명 특별하다는 것, 그것이 『88만 원 세대』의 강점이다.

조직의 재발견

이 시리즈가 일반적인 사회비판서와 다르며 신자유주의보다는 탈포디즘이라는 단어를 선호한다는 사실은 둘째 권 『조직의 재발견』에서 잘 드러난다. 우석훈을 읽는 이들은 그의 기대와 달리 십대가 아닌 '사회비판서' 수요자들일 텐데, 그런 의미에서 이 책이 가장 인기가 없는 것은 당연하다. 일반적으로 사회문제의 발원지로 여겨지는 자본가들에 대한 조언을 담고 있기 때문이다. 하지만 이 책을 읽지 않고서는 우석훈의 명확한 입장을 이해할 수 없다는 것이 내 생각이다. 미래에 우리가 가져야 할 새로운 시스템에서도 기업의 역할이 중요하다는 그의 입장은 '주식회사라는 기업 형식이 혁신에 용이하다는 의미 부여'에서 드러나며, 이것은 의외로 신선한 제기이다.

이 같은 관점에서 우석훈은 탈포디즘 시대에는 창조적 파괴가 가능한 조직 구조를 갖추어야 한다고 조언한다. 이것은 기업 내외로 모두 적용되는 그의 중심 주장인데, 이 책에서는 기업, 특히 재벌 대기업을 강조한다. 오늘날 한국의 대기업들은 인원 감축 및 비정규직화를 한 축으로, 인수 합병 및 자영업-중소기업의 영역 침범을 통한 독과점화를 한 축으로 움직이는데,

이것이 '창조적 파괴'의 발생 가능성을 낮춘다는 것이다. 신규 창업이 쉽고, 많은 중소기업이 살아남는 방향이 되어야 사회에서 다양한 실험이 가능하며 창조가 이루어질 수 있는데, 대기업의 독점은 혁신의 출현을 저지한다는 말이다. 그리고 불안한 고용은 기업 내적으로도 직원들에게 안정된 자리를 보장하지 못함으로써 동기 및 혁신을 위해 골몰할 여유를 창출하지 못하고, 비정규직화는 숙련도를 떨어뜨려 생산 과정에서의 창조를 봉쇄한다는 뜻이다.

그러므로 대기업은 임금을 낮추더라도 안정된 일자리를 보장하고, 혁신이 등장할 수 있도록 숙련될 기회를 보장해야 한다고 조언한다. 또한 다양한 출신의 이십대를 고용하고, 여성의 일자리를 보장하여 조직 구성원의 다양화를 꾀하라고 충고한다. 조직 내의 다양한 그룹들이 협업할 수 있는 구조를 갖추고 중소기업과는 협력 관계를 구축하라는 것 역시 중요한 제기이다. 이를 위해 정부의 역할도 필요한데, 기업이 임금은 낮지만 안정된 고용을 보장할 수 있도록 낮은 임금으로도 행복할 수 있는 사회복지 체제를 구축해야 한다는 것이다. 이 책은 이 같은 조건들이 탈포디즘에 필요함을 역설하며, 정부와 기업의 적극적인 대처를 촉구한다. 그 외 '경쟁에서 이기기 위해선 조직 내의 경쟁은 억제하고 협동적 관계를 구축해야 한다', '조직 내 소그룹 관리가 중요하다' 등의 원론적 조언도 그가 하니 신선했다.

촌놈들의 제국주의

탈포디즘으로의 전환이 이십대에게도, 기업에도, 한국 경제 전체에도 도움이 된다고 설파한 우석훈은 셋째 권에 와서는 조금 더 넓은 이야기를 한다. 이 책의 요지는 대한민국의 경제는 내부의 문제를 내부에서 해결할 수 없는 불균형 상태에 있어서, 외부 식민지(혹은 경제 영토)를 욕망하는 동인을 지니고 있다는 것이다. 수도권 중심의 경제구조 속에서 내부 식민지가 되어왔던 지방은 이제 그 효용이 줄었고, 외부 식민지를 향한 욕망은 더욱 절실해졌다는 내용. 외부로부터의 자원 수입에 의존하고 건설 자본 위주인 경제구조상 외부의 자원 시장 – 해외 건축 시장에 대한 수요가 높다는 내용이다. 이에 따르면 햇볕정책은 북한을 외부 식민지 혹은 위성 경제화하려는 하나의 전략으로 자리매김하며, '생각이 유전이다'라며 지구 반대편에서 유전을 시추하는 기업들은 해외 자원 시장을 가지려는 열망의 증거로 제시된다. 해외 선교단, 한류, 파병 등도 외부를 향한 에너지의 중요한 징후이다.

그런데 문제는 한국은 식민지를 가질 능력도 없고, 한국에 식민지가 될 만한 나라도 없다는 것이다. 이것이 바로 『촌놈들의 제국주의』라는 명명으로 드러나며, 식민지 대신 각종 FTA를 발 벗고 나서서 체결하려는 이유이다. 그리고 촌놈들의 이 같은 행보는 한중일 사이의 충돌 가능성을 높이는데, 세 나라 모두 많은 자원을 소비하는 구조인 이상, 역외 자원 시장과 자원 수송로를 둘러싸고 충돌이 일어날 가능성이 높다는 것이다. 더구나 신자유주의로 양극화가 심화되는 오늘날, 체제 내에서 높아지는 증오를 외부로 돌리려는 파시즘적 특성이 나타날 수 있는데, 가뜩이나 과거사 문제 – 북한 문제 등의 불씨를 지닌 한중일 사이에 군비 확장 – 전쟁의 시나리오는 충분히 상정할 만하다. 저자의 말마따나 최전선은 휴전선이 아니라, 광주 – 제주도 라인이 될 수도 있으며, 아프리카에서 세 나라가 충돌할 수도 있다.

이 같은 시나리오를 현실화하지 않기 위해 그는 경제구조의 전환이 필수적이라 말한다. 외부로부터의 자원에 의존하는 구조가 아니라 내적 균형을 지닌 구조로 바뀌어야 하며, 곧 '지속가능성'을 중요하게 고려하는 생태경제로의 전환이 요구된다는 것이다. 또한 양극화를 제어함으로써 사회적으로 안정된 시스템(파시즘을 억제하는 시스템)을 디자인해야 하며, 전쟁보다는 평화로 이익을 보는 산업의 비중을 높여야 한다고 조언한다. 물론 이 같은 전환들은 다소 장기적인 과정이 될 텐데, 이를 준비하는 동시에 안전책으로 삼국 사이에 다양한 '전쟁 억제 장치'를 마련해야 한다는 설명도 귀 기울일 만하다. 역내 경제통합-공동의 평화 프로그램, 북한 통일시의 프로그램 마련 등에 대한 꽤 구체적인 그림들이 제시되기 때문이다. 그의 '대안'이 국민경제뿐만 아니라 국제정치 등 넓은 시야 속에서 그려졌다는 점이 이 책을 통해 드러난다.

괴 물 의 탄 생

시리즈의 넷째 권은 경제학의 고전적인 구도 속에서 논지를 전개한다. 자본주의 경제의 역사에서 '완전시장'을 상정할 수는 없으며 항상 국가의 자리가 존재했다는 얘기로 시작하며, 자본주의에서 기업과 국가의 역할 분배가 항상 중요한 과제였음을 말한다. 그리고 자본주의가 두 번의 큰 위기를 겪으면서, 시장을 국가에 포함시킨 모델(사회주의), 시장에 대한 국가의 개입을 강화한 모델(케인스주의)이 등장했다는 관점에서 자본주의사를 살짝 요약하며, 포디즘 시대의 '영광의 30년'이 종료되고 동구권이 붕괴하면서 다시 시장의 역할을 강조한 모델(신자유주의)이 득세하고 있다는 현실 진단을 짚어본다.

이어서 이 같은 시장-국가의 관점에서 대한민국 경제를 살펴보는데, 애초 국가 주도의 계획경제로 시작된 경제가 70년대 후반 과잉생산 공황으로 유신이 붕괴하며 위기를 맞았지만, 전두환이-재계 위 국제그룹을 해체시키는 등-보다 강력하게 시장에 개입함으로써 고성장을 이어갔다고 분석한다. 이후 노태우, 김영삼에 이르러서 국가의 통제가 약화되면서 시장의 역할이 증가하다 IMF를 맞았으며, 김대중 정부 초기 구조조정으로 잠시 국가의 영향력이 높아졌지만 이후 대한민국 경제는 줄곧 시장의 역할을 높여갔다는 것이 대한민국 경제사이다(그렇다고 정부자체가 '작은 정부'였던 적은 없다. 거대한 명박산성을 쌓은 정부를 보라. 언론사-국가기관-종교까지 장악하려는 정부를 보라).

어쨌든 국가에서 시장으로의 전반적 변화 속에서도 해방 이후 대한민국 경제는 중앙집중형 경제였으며 토건경제-땅값경제였다는 것이 중요한 포인트다. 특히 (국민경제의 인프라를 구축하던 시절은 애써 참아준다 하더라도) 탈포디즘 사회를 위한 지식경제에는 투자되지 않은 채 건설 사업을 일으켜 국민경제를 부양하려 하며, 땅을 가진 중앙 토호와 지방 토호에게 투기 이익-개발 이익이 집중되는 오늘의 현실을 비판한다(그런 점에서 노무현 정부는 '토건 공화국'으로 규탄된다). 이는 신자유주의 구조조정과 함께 양극화를 심화시키는 효과를 낳았으며, 부동산 재벌의 자녀가 상위권 학교로 가고, 고위직도 되고, 다시 부자가 되는 '부의 재생산' 현상을 낳고 있다. 타워 팰리스로 상징되듯이 상류층끼리 그들만의 세상을 구축하며 그들끼리 나라를 좌지우지하는 '중남미형 이중 국가-요새 도시'는 남의 얘기가 아닐 것이다. 괜히 이 책이 한국 경제를 괴물로 칭하는 것이 아니다. 앞에서 살펴봤듯 이 같은 토건-개발 중심의 경제구조는 내부의 불균형과 외부지향성을 낳으며, 사회의 양극화를 심화시켜 탈포디즘 경제구조, 평화경제로의 이행을 가로막는다.

　이 같은 상황에서 우석훈은 탈포디즘으로의 전환, 사회 안정을 위한 전략으로써 제3부문의 육성을 요청한다. 그가 말하는 제3부문은 소비자 운동이든, 시민-사회단체 운동이든, 종교적 활동이든 이익이 아닌 가치에 따라 움직이는 부문을 경제 영역으로 활성화하여 생태산업, 평화산업, 복지산업을 국민경제 속에 높은 비중으로 자리잡게 하자는 것이다. 정부의 재정 지원을 통해 '낮은 임금으로도 생활이 안정된 고용'을 창출하면서, 탈포디즘에 적합한 경제 영역을 키워내자는 제안이다. 곧 새로운 경제구조를 위한 영역을 육성하자는 것인데, 이 영역은 시장이나 국가의 실패 속에서 만들어지는 실업자, 비정규직 등을 흡수하는 완충지대이면서 시장과 국가의 이해와 일정 정도 무관하게 꾸준히 보장되어야 한다는 점에서 '제3부문'으로 명명된다.

4

　이처럼 우석훈은 신자유주의가 낳는 세계적 경쟁 속에서 '탈포디즘으로의 전환'이라는 방향 제시로 많은 것을 해결하고자 한다. 기업에 고용안정-고용다양화-중소기업 및 이십대와의 협력을 요구하며 기업 경쟁력 강화라는 비전을 제시하고, 정부의 사회 안전망 강화와 제3부문 육성이 국민경제의 지속 전략이라 얘기한다. 이 같은 경제구조-사회 시스템의 변화는 국민경제의 내적 균형을 회복하고, 평화산업-생태경제의 육성을 가능케 하여 동북아 평화에도 기여할 것이라는 게 그의 구상이다. 물론 안정된 경제와 사회 안정망, 동북아 평화 속에 삶은 당연히 안정될 것이다. 우리는 보다

행복해질 것이다.

하지만 과연 이 아름다운 전환은 국민경제의 안정성이 취약한 신자유주의 시대에 실행 가능할 것인가? 신자유주의 시대에 한 나라가 전환한다는 것은 그 나라의 의지만으로 가능한 것일까? 그 같은 구상이 시도되면서 금융자본의 이탈로 실행 자체가 궤도에 오르지 못할 가능성은? 혹 그런 경우에 어려운 상황을 극복하면서 구상을 성공적으로 수행하기 위한 조건은 무엇인가? 대안이라는 것이 원래 존재론적으로 의심의 대상이므로, 이 질문들이 그의 대안을 훼손하지는 않는다. 하지만 그의 구상은 이 같은 질문에 답을 할 때 실행이 가능해질 것이다. 한국경제는 외부의 눈치를 보지 않고는 홀로 설 수 없는 '신자유주의형 국민경제'이기 때문이다.

한편, 보다 근본적인 질문도 있는데, 종속이론에서 제기하듯 이런 전환이 성공적으로 이루어지더라도 이는 주변부를 착취한 대가로 누리는 것은 아닐까? 신자유주의 속에서도 탈포디즘으로 성공적인 전환을 해서 우리 경제가 선진국의 대열에 끼고, 우리의 생활이 풍족해지더라도 이는 부도덕하지 않은가? 세계적으로 증오를 키워내는 방식은 아닐까? 국내 양극화는 해소하되, 세계적 양극화를 키워내는 역설이라는 의심은 과도한 것일까. 영원한 착취가 불가능하다면 탈포디즘 복지국가 모델도 지속가능한 모델은 아니지 않을까? 결국 착취가 어려워지면 자본가들은 이 모델을 버리지 않을까? 우석훈이 이 모델로 기업-자본과 서민-민중을 모두 설득하려 하지만, 그의 모델은 자본의 이윤에 기대고 있다는 점에서 민주주의적 기반이 취약하지는 않은가!

종속이론에 대한 언급은 있지만, 이에 대한 답변은 없는 이 시리즈를 읽고, 나는 더욱 궁금하다(자신이 꺼낸 질문에 대답을 꼭 하고 넘어가는 그의 성향상 종속이론에 대한 무응답은 아무래도 이례적이다). 우석훈의 구상은 분명 아귀가 딱딱 맞아떨어지는 '자기 완결적' 대안이다. 현재의 경제 주체들을 모두 동참시키려는 합리적인 발상이며, 국내적, 국제적 조건을 두루 검토한 수작이고, 구체적인 정책 모델을 제시한 현실적인 조언이다. 하지만 신자유주의와 국민경제의 관계에 대한 추가적인 검토(또는 설명), 자본주의 내의 개혁(혹은 자본의 이윤에 기반한 개혁)에 대한 그의 대답을 듣고 싶다. 박노자가 소개하는 북구형 복지자본주의에 대한 나의 질문 – 복지국가란 착취와 무관한가! 혹은 착취의 근절에 기여하는가! – 은 우석훈에게도 유효한 것 같다.

블로그 축제 우수상

6

스스로를 태워
세상을 밝히는 촛불은?

처음처럼
http://blog.yes24.com/yang412

『촛불의 미학』 가스통 바슐라르 | 문예출판사 | 2001

● ● 가스통 바슐라르

철학자, 인식론자, 과학철학 및 과학사 교수, 문학 비평가, 시인 등 다양한 면모의 활동으로 프랑스 현대 사상사에서 독보적인 존재로 평가받고 있는 작가이자 프랑스의 철학자로, 1927년 「근사적近似的 인식에 관한 시론」으로 학위를 취득하고, 디종 대학 교수를 거쳐 1940년 파리 대학에 초빙되어 과학사·과학철학을 강의했고, 동 대학의 과학사·기술사연구소장을 지냈으며, 1954년 명예교수가 되었다.

2008년 촛불 집회가 한창일 때 우연히 책장에서 발견하고 읽게 된 책입니다. 책의 안쪽 표지에서 "83.4.2. 토요일 저녁, 낯선 서점에서"라고 적은 아내의 단정한 글씨를 발견합니다. 그렇다면 결혼하면서 아내가 가져온 책인데, 지금에야 눈에 띈 이유를 모르겠습니다. 1983년 중판된 책이고 2001년에 다시 출판한 것은 촛불집회의 영향 때문이 아니었나 싶습니다. 누렇게 바랜 책갈피와 좌우가 아니라 상하로 되어 있는 편집이 읽기에 불편한 느낌이 듭니다만, 제목이 주는 강렬한 느낌으로 상쇄하게 됩니다.

번역하신 이가림 교수의 설명에 따르면 저자는 '시인 가운데서 가장 훌륭한 철학자이며, 철학자 가운데 가장 훌륭한 시인'이라는 위치에 있는 사상가로 평가되는 가스통 바슐라르입니다. 물리학과 화학을 강의하면서 철학사 학위를 취득하여 철학 교수 자격을 취득하여 소르본느 대학에서 과학사와 과학철학을 강의한 그는 『불의 정신분석』『물의 꿈』『공기의 꿈』등의 저술을 통하여 그의 철학 세계를 엿볼 수 있다고 합니다.

"『촛불의 미학』은 언뜻 보기에는 모든 지식의 요소를 벗겨버린, 즉 엄격하게 정돈된 과학인식론의 철학으로부터 멀리 떨어져 있는 시적 몽상의 세계처럼 보인다. 그러나 이러한 내밀성의 배후에는 저 놀라운 과학 철학자, 물리학자, 사상가로서의 바슐라르의 모습이 숨어 있는 것이다. 과학의 결함을 시로 메우고 시의 결함을 과학으로 메워야 한다고 말한 그의 탐구의 전 무게가 걸려 있는 이 간결한 몽상의 책 『촛불의 미학』도 시와 과학의 접점에 놓여 있는 바슐라르 적 바탕 위에서 볼 때 비로소 '항상 살아 있는 뜻'을 읽을 수 있을 것이다"라고 적은 이가림 교수의 해설은 촛불에 대한 바슐라르의 생각을 요약하고 있습니다.

요즘에는 촛불을 켜는 경우가 거의 없습니다만, 어렸을 때만 해도 전기

사정이 별로 좋지 않았던 탓에 촛불을 켜는 경우가 적지 않았습니다. 어둠을 물리치고 있던 전등이 깜박이다가 꺼지면 순식간에 사방이 어둠으로 뒤덮이기 마련입니다. 준비해두었던 초의 심지에 성냥을 당겨 불씨를 옮기면 어둠이 조금 물러나게 됩니다. 어둠을 겨우 물리치고 있는 촛불이 너무 안쓰럽다는 생각에 불꽃을 지켜보던 생각이 납니다.

촛불을 지켜보다보면 어느새 생각이 안으로 향하고 있는 것을 발견하게 됩니다. 무엇인가 생각거리를 끄집어내어 그것에 집착하게 됩니다. "불꽃은 우리들에게 상상할 것을 강요한다. 불꽃 앞에서 꿈꿀 때, 사람이 상상한 것에 견주어본다면 사람이 인지한 것은 아무것도 아니다. 불꽃은 그 은유와 오마주의 가치를 매우 다양한 명상의 영역 안에 두고 있다. 어느 것이라도 삶을 나타내는 동사의 주어로서 불꽃을 취해보라. 촛불은 그 동사에 한층 생기를 주는 것임을 알 수 있다"는 바슐라르의 말대로 촛불은 꿈을 꾸게 만드는 마력이 있습니다. 촛불은 몽상가를 만드는 탁월한 힘을 가지고 있습니다.

촛불은 방안에 고즈넉하게 켜져 있을 때가 가장 편안합니다. 촛불이 방에서 나와 밖으로 나서게 되면 위기를 맞을 수도 있습니다. 바람은 촛불의 커다란 적입니다. 풍전등화라는 말은 위기 상황을 제대로 묘사하는 단어입니다. 연인들이 촛불을 밝혀 사랑을 뜨겁게 만들기도 합니다만, 촛불을 혼자서 지켜보면서 스스로의 마음 안에서 무엇인가를 일구는 행위 또한 의미 있는 일입니다. 사랑하는 사람들이 촛불을 합치는 행위를 한다는 말을 들어본

적이 없는 것 같습니다.

　그런 연유에서인지 바슐라르는 "18세기 말엽 어떤 불꽃의 물리학자는 두 개의 촛불의 불꽃을 합치시키려고 헛되이 시도했었다. 그는 심지에 심지를 맞대어 촛불을 놓았던 것이다. 그러나 두 개의 고독한 불꽃은 다만 더 커지고 상승하는 일에만 취하여 합일되는 것 따위에는 전혀 관계하지 않고 각각 그 뾰족함의 미묘함을 그 꼭대기에 지키면서 수직성의 에네르기를 유지했던 것이다. 이 물리학자의 실험 속에서 볼 수 있는 서로 힘을 합쳐 불태우려고 헛되이 노력하는 두 개의 정열적인 마음은 얼마나 불행한 상징인가! 적어도 불꽃은 몽상가에 있어서 스스로의 생성에 마음을 빼앗기고 있는 존재의 상징인 것이다! 불꽃은 생성으로서의 존재, 존재로서의 생성이다"라고 적고 있습니다.

　이가림 교수는 이런 부분을 "일반적으로 불이 다른 것과 융합하려고 하는데 반해 촛불은 결코 합치려고 하지 않는다. 혼자 타면서 혼자 꿈꾸는 것, 이것은 인간 본래의 모습 그 자체이다. 속으로 애태우면서 절망과 체념을 되씹는 남녀의 마음이나 짝사랑의 그리움은 혼자 조용히 타는 촛불의 오마주에 다름 아닌 것이다"라고 해석하고 있습니다.

　2008년 100회나 이어져온 집회에서 중요한 의사 표현의 수단으로 등장한 촛불의 의미는 과연 무엇일까 생각해봅니다. 과장된 과학적 사실로 인하여 만들어진 허상을, 촛불을 지켜보면서 키운 몽상을 누군가 다른 사람과 공유하기 위한 수단으로써 촛불을 켜들고 광장으로 모여든 것은 아니었던가? 5월 2일 촛불 집회를 처음 제안한 것은 어느 고등학생이었고, 그 모임에는 여학생들이 많았다고 합니다. 왜곡되고 균형이 잡히지 않은 정보 제공으로 지나치게 부풀려진 공포를 해결하기 위하여 거리로 모인 그들은 해답을 구했을까요? 촛불은 방안에서 고요하게 타오를 때 그 최고의 가치를 보이는 것입니다. 거리에서 바람을 맞게 된 촛불은 자신을 위태롭게 만들기 마련입니다.

처음 순수한 뜻에서 시작된 촛불 문화제를 들불로 만들고자 한 세력이 있었습니다. 바슐라르가 분류하는 세 가지 형태의 불 가운데 자연의 불은 그야말로 자연스럽게 불이 제대로 타는 것을 말하는데, 불이 계속해서 강렬하게 타기 위해서는 꾸준한 연료의 공급이 필요합니다. 하지만 '자연에 반하는 불'은 자기에게 맞붙으려고 하는 것을 태워서 재로 만들어버린다고 합니다. 가령 라신느Racine의 경우에 있어서 작중 인물들이 보여주는 지나친 정열은 이러한 불을 상징한 것으로 볼 수 있다고 하는데 자기와 남을 태워버리려는 이 불은 대개 타인을 위하기보다는 해치기 쉬운 수단으로 사용된다고 합니다. 촛불 문화제를 마친 시위대가 거리로 나서는 광경은 거대한 불의 흐름으로 나타납니다. 그것은 이미 촛불이 아니라 들불이 된 것입니다. 자기와 남을 태우고 말게 될 운명을 타고난 들불은 결국은 과격한 시위로 변모되어 처음 촛불을 손에 든 가냘픈 손들을 어리둥절하게 만들고 말았습니다.

바슐라르는 "불꽃은 그에게 있어서는 하나의 생성을 향해 긴장되어 있는 세계이다. 몽상가는 거기에서 그 자신의 존재와 그 자신의 생성을 보는 것이다. 불꽃 속에서 공간은 움직이며, 시간은 출렁거린다. 빛이 떨면 모든 것이 떤다. 불의 생성은 모든 생성 가운데 가장 극적이며 가장 생생한 것이 아닐까? 불에서 그것을 상상한다면 세계의 걸음은 빠르다. 그리하여 철학자가 촛불 앞에서 세계에 대해 꿈꿀 때는 모든 것을 – 폭력이나 평화까지도 – 꿈꿀 수 있는 것이다"라고 적고 있고,

이가림 교수의 해설에서는 "촛불은 그 자체의 모습만을 놓고 관찰해보면, 불꽃이 붉은빛과 흰빛으로 이루어져 있음을 발견할 수 있다. 흰빛은 뿌리 쪽의 파란빛과 연결되어 있는 사회의 부패와 권력을 일소하려는 것으로 볼 수 있으며, 붉은빛은 심지와 연결되어 있는 모든 불순물과 더러움으로 볼 수 있다. 그리하여 이 두 개의 투쟁이 하나의 변증법을 이루면서 탄다. 즉 촛불은 흰빛의 상승과 붉은빛의 하강, 가치와 반가치가 싸우는 결투장인 것이다"라는 구절을 발견할 수 있습니다. 촛불 안에서 일어나고 있는 부딪힘은 촛불을 지켜보는 몽상가의 마음속에서 일어나고 있는 치열한 사고의 부딪힘으로 해석해야 하지 않을까요? 사회적 이슈에 대한 투쟁의 수단으로써의 촛불은 너무 어울리지 않습니다.

지금까지 촛불이 가져온 다양한 의미를 상실하고 있는 시대입니다. 바슐라르 역시 이런 점을 예견하였던지 이 책의 서론에서 "세계는 급속도로 진보하고, 시대의 흐름은 점점 빨라지고 있다. 이제 희미한 빛이나 타다 남은 촛불의 시대는 지났다. 쓰이게 되지 않게 된 사물에 집착한다는 것은 시대에 뒤떨어진 꿈일 뿐이다(…)전등은, 기름으로 빛을 내는 저 살아 있는 램프의 몽상을 우리들에게 결코 주지 못할 것이다. 우리들은 관리를 받는 빛의 시대에 들어왔다. 우리들의 유일한 역할은 전등의 스위치를 돌리는 일뿐이다. 우리들은 기계적인 동작의 기계적인 주체 이외의 다른 아무것도 아니다. 정당한 긍지를 가지고 점화한다는 동사의 주어가 되기 위하여 그 행위를 이롭게 할 수 없다"고 적고 있습니다.

촛불이 거리로 나섰을 때의 느낌은 바슐라르가 인용하고 있는 스트린드베리의 『지옥』에서의 한 구절 "독서로 시간을 보내기 위해 나는 촛불을 켠다. 불길한 침묵이 지배하고, 나는 심장의 고동이 뛰는 것을 듣는다. 그때 조그맣고 메마른 소리가 전기의 불꽃처럼 나에게 충격을 준다. 이것은 무엇인가? 그것은 초의 스테아린의 큰 덩어리가 막 떨어진 것이다. 오직 그것뿐, 그러나 그것은 우리나라에서는 죽음의 흉조인 것이다"와 같은 것이었다고 한다면 지나친 것일까요?

 이제는 촛불을 켜들었을 때를 냉정하게 되돌아볼 필요가 있다고 생각합니다. 하지만 촛불을 켜든 사람들은 촛불이 꺼지는 것에 대한 두려움이 있는 것은 아닌가 싶습니다. 바슐라르를 마지막으로 인용하겠습니다. "촛불의 몽상가의 마음에 '꺼진다'란 말은 어떤 울림을 갖는 것일까! 말은 아마도 그 어원을 저버리고 낯선 생명, 단순한 비교의 우연에서 빌린 생명을 다시 붙잡는 것이다. 꺼진다, 라는 동사의 가장 큰 주어는 무엇일까? 생명일까, 아니면 촛불일까? 은유성을 갖는 동사는 어떠한 불규칙하게 변화하는 주어라도 움직이게 할 수 있다. 꺼진다, 라는 동사는 마음과 마찬가지로 소리, 노여움과 마찬가지로 사랑 등 무엇이든지 죽일 수 있다. 그러나 참다운 뜻, 원초적인 뜻을 바라는 자는 촛불의 죽음을 상기할 것이다. 꺼지는 촛불은 죽어가는 태양이다. 촛불은 하늘의 별보다도 더 천천히 죽는다. 심지가 구부러지고, 심지가 까맣게 된다. 불꽃은 그것을 둘러싸고 있는 어둠 속에서 자기의 아편을 먹는다. 그리고 불꽃은 아무 말 없이 죽는다. 그것은 잠들면서 죽는다."

 촛불은 찬반을 논하기 위해서 쳐들기에는 적절하지 않은 도구입니다. 스스로를 돌아보면서 새로운 나를 창조해내기에 더 적합한 도구입니다. 바슐라르가 이 시대를 살고 있어, 광화문에서 백 일 동안 이어져 있는 촛불을 보았다면 새로 쓰게 될 『촛불의 미학』에서는 이를 어떻게 표현할까 궁금해집니다.

不惑, 백신을 찾다

한사람
http://blog.yes24.com/jrevo

『어디선가 나를 찾는 전화벨이 울리고』 신경숙 | 문학동네 | 2010

●● 신경숙

서울예술대학 문예창작과를 졸업하고 스물두 살 되던 해에 중편 「겨울우화」로 『문예중앙』 신인문학상을 받으며 소설가로 첫발을 내디뎠다. 이후 『풍금이 있던 자리』, 『깊은슬픔』, 『외딴방』 등 한국문학의 주요작품들을 잇달아 출간, 신경숙 신드롬을 불러일으켰다. 인간의 내면을 향한 깊고 유니크한 시선, 상징과 은유가 다채롭게 박혀 빛을 발하는 울림이 큰 문체로 존재의 미세한 기미를 포착해내던 그는 삶의 시련과 고통에서 길어낸 정교하고 감동적인 서사로 작품세계를 넓혀가 평단과 독자의 관심을 지속적으로 받아왔다. 최근 몇 년 동안 『리진』, 『엄마를 부탁해』, 『어디선가 나를 찾는 전화벨이 울리고』 등 장편에 집중하며 한국문학의 대표작가로 자리를 굳힌 그는 오늘의 젊은 예술가상, 한국일보문학상, 현대문학상, 만해문학상, 동인문학상, 이상문학상, 오영수문학상을 수상했고, 2009년에는 『외딴방』 프랑스어 판이, 주목받지 못한 뛰어난 작품을 대상으로 선정하는 "리나페르쉬 상(Prix de l'naperCu)"을 수상하여 화제를 모았다. 밀리언셀러인 『엄마를 부탁해』가 미국과 유럽 아시아 등 19개국에 판권이 수출되어 세계 독자들과 만날 예정이다. 위에 언급된 작품 외에도 소설집 『강물이 될 때까지』, 『감자 먹는 사람들』, 『딸기밭』, 『종소리』, 장편소설 『기차는 7시에 떠나네』, 『바이올렛』, 짧은 소설을 모은 『J이야기』, 산문집 『아름다운 그늘』, 『자거라, 네 슬픔아』 『산이 있는 집 우물이 있는 집』 등이 있다.

단 한 권에 꺾이다

 2010년 6월 현재, 나는 초여름의 들뜬 기대를 안고 다시 한여름을 준비한다. 마흔이라는 나이를 살아오면서 나를 변화시킨 책이 있었던가. 적지 않은 책을 읽었다 생각하지만 단 한 권도 자신 있게 내세우며 이 책은 이러저러한 이유로 나의 삶에, 나의 정체성에 결정적인 영향을 주었다 말하지 못하겠다. 이십대엔 필요와 경쟁에 의해, 삼십대는 불안과 강박을 이기려 늘 책에 쫓기며 책을 좇는 독서를 해온 탓도 있지만 무엇보다 '변화'라는 단어가 아마도 지나온 내 인생에 대한 회고적 통찰의 의미나 긍정적인 결과로서의 지금 이루어진 것들을 떠올려야 하기에 그 상징적인 아젠다에서 이미 한풀 꺾였다 말해야 더욱 솔직한 대답일 것이다. 즉, 나라는 사람에게 '나를 변화시킨 책'이라 함은 그리 쉽거나 신나는 이야기는 아니라는 것이다.
 나는 이미 책 한 권 읽었다고 그것에 흥분하여 삶의 중요한 기로에서 선택에의 방향성을 찾았다든가 그로 인한 감동으로 내 삶의 가치관을 바꾸었다든가 하는 꿈과 열정의 시기는 지났다고 판단된다. 그렇다고 이미 10년 전, 혹은 20년 전, 아니, 그보다 더 오래전 밤을 새며 읽곤 했던 불멸의 세계명작이나 가슴을 짓이기던 감성소설, 혹은 유명 인사의 촌철 같던 에세이들을 다시 기억 속에서 끄집어내어 당시의 감동을 최대한 재현하기도 어려울 듯하다. 분명 당시 나의 상황에는 어떠한 심리적인 변화를 가져왔을 테지만 지금의 나는 그때의 내가 아니고 오히려 만약 내 인생을 지탱해줄 수 있었던 한 권의 책이 있었더라면 지금의 내 모습은 어떠했을까 하는 밑도 끝도 없는 질투나 아쉬움, 부러움만 남을 뿐이다.
 그래서, 그럼에도, 최근 석 달 동안 독서로 인해 내게 일어났던 그 아득하고도 유현했던 변화에 대해서는 굳이 예의를 갖추어 감사의 기회를 가지고 싶다. 그것은 치열했던 청춘을 포기하지 않고 살아낸 보통의 한 인간으로서 마흔을 맞으며 자연스레 찾아오는 '나'라는 인간이 앞으로 가야 할 길을 자문하는 것과 결코 무관하지 않을 것이다.

숨 막히는 5월에……

올봄엔 유난히도 그 끝자락이 길었던 4월까지 열 손가락이 모자랄 만큼의 책을 읽었고 그중 나를 울리지 않았던 책은 단 한 권도 없었을 정도로 감수성이 극도로 예민한 상태였다. 마치 이 봄이 지나가고 나면 영원히 돌아오지 않을 것 같은 절박한 심정으로 꽃이 지기 전에 읽고 또 읽어댔다. 보통 책 한 권을 마치고 나면 거의 강박적으로 우선 다른 책을 집어 들고는 있어야 마음이 편안해지곤 했다. 그러나 마침내 봄이 보이지 않던 지난 5월 한 달간은 그렇지 않았다. 아니, 그렇게 못하였다가 더 정확할 것이다.

계절의 여왕인 5월 어느 날, 나는 지인으로부터 신경숙의 **「어디선가 나를 찾는 전화벨이 울리고」**(이하 『어.나.벨』)를 기쁘게 선물받는 것으로 가는 봄을 보상받고 싶었다. 미처 다른 독자들의 후기나 평을 접할 사이도 없이 예판으로 만나는 바람에 그 설렘은 더할 수밖에 없었다. 그런데 책을 읽고 근 일주일은—읽는 중에도 이미 힘겨웠지만—마음의 몸살과 실제 육체적 몸살이 같이 오는 바람에 다른 책은 거의 손에 대지도 못하고 눈앞에 숙제처럼 책이 쌓여가는 걸 한숨 쉬며 바라볼 수밖에 없었다.

16세기 철학자 베이컨은 "어떤 책은 맛만 보고, 어떤 책은 삼켜버리고, 어떤 책은 잘 씹어서 소화시켜야 한다"고 말했다. 즉, 베이컨이 묘사한 맛보기, 삼키기, 소화하기는 책을 이해하는 세 단계이며 독서를 하는 전통적인 방법이라 할 것이다. 그런 면에서 본다면 나는 분명 책을 통해 많은 것을 삼키기는 하였으나 온전한 내 것으로 받아들이지는 못했다고 볼 수 있겠다. 이를테면 독서로 인한 심각한 체증 상태였다고나 할까. 양적으로 질적으로 숨이 목까지 차올라 죽을 것 같은 생명에의 위협을 생생하게 느꼈다면 누가 공감해줄 수 있을까. 차라리 귀신을 봤다고 하는 게 이해를 구하기 쉽지 않을까. 그랬다. 나를 그 지경으로까지 몰고 간 책은 신경숙 작가의 신작 『어.나.벨』이었다. 그 책을 덮고 나는 비로소 체증의 끝에서 쓰러지고 말았다. 개인적인 독서의 취향이겠지만 어느 한 구절이라도 청춘연애소설이라고 표방하는 소설들은 정작 들끓던 내 청춘의 시기 이후엔 거의 절독했다고 할 만큼 거리를 두고 사양해왔다. 지금 생각해보니 너무나 이 책에 대한 정보가 없었고 그저 『엄마를 부탁해』의 후광효과만 떠올리고선 들뜬 마음에 제대로 독서를 할 준비도 돼 있지 않았던 것 같다.

 이 책의 글쓴이는 내가 무엇을 하기를 바랐을까. 알고는 있지만 그럴 때가 있다. 나는 할 수 없을 것 같은, 이번엔 힘들 것 같은. 청춘을 내 멋대로 스무 살이라 가정해놓고 그렇다면 그 후 스무 번의 봄을 더 지나온 내가 청춘연애소설에 한번 깊게 빠졌다고 새삼 신열에 어쩔 줄 몰라하는 건 아니겠지. 작품을 읽는 내내 오래된 듯하면서도 무언가 알 수 없는 갑갑함은 깊이 있는 감동이나 깨달음, 혹은 공감이나 연민 이런 감정들과는 사뭇 달랐다. 급기야 이 알 수 없는 감정에서 뛰쳐나가고픈 마음에 나는 읽던 책을 다 덮기

도 전에 또다른 책을 집어드는, 웬만해선 하지 않는 일을 저지르고 말았다. 안개 속을 헤매고 다니면서 무던히도 그 속을 빠져나오려 안간힘을 썼던 것 같다.

달리기로 도망치다……

 몸살을 뿌리치듯 간절한 탈출을 원했던 그즈음 우연히 신문에서 논술을 준비하는 학생이라면 꼭 필수적으로 읽어야 할 책으로 하루키의 **『달리기를 말할 때 내가 하고 싶은 이야기』**를 강력하게 소개하는 기사를 접하곤 나는 맘속으로 도피처를 정하였던 것이다. 무엇보다 차분하게 전개해가는 논리적이면서도 담백한 글이라는 문구에 본능적으로 끌렸다.
 이 책은 분명 하루키가 달리기를 하게 된 이야기다. 왜 달리기를 선택하게 되었고, 어떻게 달리기를 해나갔으며 그로 인해 무엇을 얻었는지, 그 의미는 자신에게 있어 어떤 것인지를 이야기하고 있다. 그러나 나는 신기하게도 그가 '달리기'를 주어로 혹은 목적어, 서술어 상에 삽입하여 문장을 만들어나갈 때 '달리기'라는 단어가 점점 반사적으로 자연스럽게 '소설'로 읽히기 시작하는 것이다. 물론, 나는 하루키처럼 위대하지 않으므로 절대로 달리기를 할 것 같지는 않다. 혹시 만에 하나 소설을 쓰게 될지라도 소설을 좀 더 오래 효율적으로 쓰기 위해 자신에 대한 많은 분석 끝에 달리기를 선택하지는 않을 것이다. 차라리 달리기라면 얼마나 좋을까. 이처럼 훌륭한 매뉴얼이 또 있지는 않을 텐데. 나는 이러한 생각들로 다시 마음이 차분해지며 꼭 소설가가 아니라도, 달리기를 하지 않았어도 무릎을 탁 치며 그래 하는 글들을 곳곳에서 만날 수 있었다.

　　나는 지는 것을 싫어하는 성격은 아니다. 진다는 것은 어느 정도 피하기 어려운 것이라고 생각한다. 사람은 누구든 영원히 이기기만 할 수 없다. 인생이라는 고속도로에서 추월차선만을 계속해서 달려갈 수는 없다. 그러나 그와는 별개로 똑같은 실패를 몇 번이나 되풀이하고 싶지는 않다. 하나의 실패에서 뭔가를 배워서 다음 기회에 그 교훈을 살리고 싶다. 적어도 그러한 생활방식을 계속하는 것이 능력적으로 허용되는 동안은 그렇게 하고 싶다.(『어.나.벨』, 88쪽)

　하나의 책을 읽고 떠오르는 생각은 이토록 주관적이고 이기적이다. 나는 다시 『어.나.벨』의 안개 속으로 정면을 향하여 천천히 달려가고픈 용기를 얻고 말았다. 나는 이미 세계적 작가의 반열에 올라 있는 작가로서의 그의 역량이나 글에 대한 사적인 평가를 새삼 이 책에서도 뒤따르고 싶지는 않다. 분명한 건, 그의 논리를 좇아 천천히 달리기를 하듯 따라가보았더니 『어.나.벨』로 시작된 체증은 사라지고 머리도 다시 예전처럼 명쾌해지는 느낌을 받았다는 것이다. 원인을 정확히 알 수는 없으나 『어.나.벨』의 힘겨움을 신기하게도 전혀 상관이 없는 하루키가 시원하게 덜어주었다는 것이다.

　　　　이 책을 덮고 일었던 마음과 마찬가지로 나중에 『어.나.벨』의 힘겨움에 대해 이야기하고픈 순간이 올 것이라는 것을 알고 있었지만 잠시라도 체증으로 인한 숨막힘은 멈출 수 있었기에 한숨은 돌렸다고 자위했다. 그렇다면, 하루키의 『달리기를 말할 때 내가 하고 싶은 이야기』는 『어.나.벨』의 몸살 바

이러스를 퇴치시켜준 시원한 주사 한 방이었을까. 계속 풀지 못한 숙제처럼 테이블 한 켠에 놓여 있는 『어.나.벨』은 이제는 다시 제대로 끝내야 할 차례임을 묵묵히 알려주고 있었다.

하루키 덕분에 그래도 처음의 낯설음과는 달리 다행히 『어.나.벨』을 그런대로 잘 끝낼 수 있었다. 마치 마라톤을 하듯 피곤하고 힘겨웠지만 끝까지 레이스를 포기하지 않은 러너의 심정이었다. 하지만 책을 덮고도 앞이 보이지 않는 안개 속을 걷는 듯한 느낌은 깨끗이 사라지지 않았다. 안개 저편에서 누군가 이쪽을 향해 걸어오고 있는 듯한데, 분명 내가 아는 사람 같기는 한데 도무지 누구인지 알 수 없는 답답함, 내가 다가가지 않으면 결국 언젠가는 내 앞으로 다가올 텐데. 어찌해야 하는지에 대한 막연한 두려움은 좀처럼 다른 책을 집어들지 못하도록 만들었다. 아, 우연의 일치일까 〈봄날은 간다〉의 가수도 마침 생을 다했고 이제 꽃은 다 지고 바로 눈앞에서 봄은 사라져 다음 계절을 준비하고 있었다.

나는 지금 어디에……

이토록 앞이 보이지 않는 그곳은 어디인가. 분명 실존하는 '나'는 여기, 이곳에 있는데 그곳에도 '나'는 언뜻 희미하게 유령처럼 보였다가 사라지곤 했다. 나는 어디에 있는 걸까. 그때 전광석화처럼 '나는 지금 어디에 있는가?' 이 복받치는 한마디가 가슴을 뚫고 목구멍을 뛰쳐나와 나도 모르게 탄식처럼 흐르고 말았다. 맞았다. 그 한마디는 바로 내가 『어.나.벨』의 주인공과 나이가 같았던 시기에 별 뜻 없이 시간을 소모하며 페이지를 넘겼던

하루키의 『상실의 시대』 마지막 장면이었던 것이다. 지금도 생생히 기억나는 주인공이 어딘지도 모르는 장소에서 전화 너머 자신의 애인의 이름을 불러대던 그 치명적 순간. 나는 비로소 구원의 빛과도 같은 섬광이 그제야 지나감을 뼛속 깊이 깨달았다. 달리기는 괜히 한 것이 아니었다.

'하루키 읽어봤어?' 이 질문이 우리끼리 하나의 아이콘이기도 했던 당시의 책 『상실의 시대』는 또 거짓말처럼 『어.나.벨』과 같은 시기에 지인이 선물한 것이었다. 20년 전 내 손에 들려 있던 『상실의 시대』는 한창 유행하던 백이나 액세서리와 같았다. 나 역시 독서조차 감각적인 소비 현상의 하나로 치부했기에 한동안 백처럼 들고 다녔던 학생이었다. 나는 왜 갑자기 『어.나.벨』의 안개 속에서 『상실의 시대』의 한 장면을 떠올리며 마치 살인사건의 단서라도 찾은 듯이 흥분을 감추지 못했단 말인가. 지나온 내 청춘의 한 장면들이 머릿속에서 빠르게 휙휙 지나가고 있었다. 결국 나는 내가 청춘을 빠져나온 지금까지도 스테디셀러로 자리를 굳힌 그 책을 다시 제대로 읽어보고 혹시나 찾지 못한 숙제를 해결하지는 않을까 하는 기대를 가지게 되었다. 하지만 신기하고도 나조차 이해할 수 없었던 건 『상실의 시대』를 떠올리자 20년 전 당시의 소설 속 몇 장면들은 영구사진으로 남은 화질 좋은 작품처럼 바로 눈앞에서 생생하게 떠오르는 반면 『어.나.벨』은 바로 손을 놓은 책임에도 불구하고 인물과 배경 모두 자꾸 저 멀리 어느 깊은 산속으로 점점 더 멀어지는 느낌을 받았다. 다시 돌아가보고 싶었다. 그때, 스물의 내가 만나보았던 청춘의 페이지로.

스무 살과 다시 만나다…

『어.나.벨』에는 윤, 단, 명서, 미루라는 네 젊은이가 등장한다. 여기서 윤의 어린 시절 반쪽이었던 단과 명서의 반쪽이었던 미루는 자살을 택한다. 사람이 살아가는 동안에 꽃 같은 청춘의 시기에 자신의 반쪽과도 같은 사랑이나 친구를 잃는 것은 어느 정도 그 사람의 운명이 순탄치 못할 것이라는 예고편을 아주 친절하게 상영해주는 것과도 같다. 마찬가지로『상실의 시대』에서는 나오코의 반쪽이었던 기즈키가, 그 후 와타나베의 반쪽과도 같았던 나오코가 자살을 선택한다. 미루는 자신의 반쪽이었던 언니의 죽음으로 인한 상실감에서, 나오코는 기즈키의 죽음으로 인한 상처에서 빠져나오지 못했다. 그런데 여기서 신기한 건『상실의 시대』에서는 아무리 등장인물이 자살을 하거나 주인공의 심적인 고통을 겪어도 적당한 거리감을 가지고 바라볼 수 있었는데『어.나.벨』에서는 아주 작은 에피소드마저 쉽게 넘기지 못해 힘들었다는 것이다. 문체나 감동의 종류는 다르지만 같은 청춘연애소설이고 신경숙 작가도 외국어로 쓰인 소설이 아니라 모국어로 세대를 막론한 그 깊은 울림을 전하고 싶다는 의지를 밝혔기에, 나는 처음엔『어.나.벨』은 모국어로 잘 표현된 서정적인 문체이고『상실의 시대』는 감각적인 문체인데다가 아무래도 번역된 한계가 있으므로 다를 것이라는 섣부른 결론을 내리려 한 적도 있다.

그런데『상실의 시대』를 다시 꼼꼼히 읽어나가면서 이는 무지막지한 오해였다는 사실을 온몸으로 절감할 수 있었다. 나는 신기하게도 당시의 나이로 돌아가 지금보다 가깝게 분명히 실존했던 내 청춘과 다시 만날 수 있었는데『상실의 시대』를 읽을 즈음의 나는 우습게도 별다른 상처나 실연, 이별의 경험이 전혀 없었던 상태였다. 찬찬히 기억을 더듬어보아도 스무 살이었던 나에게 『상실의 시대』는 적당히 슬프고 감미롭고 애절한 연애소설이긴 했으나 시대와 장소가 변해도 변할 수 없는 '상실'과 '재생'과 같은 감동적인 메시지는 전달되지 않았던 것이다. 무언가를 알지 못하면 아무런 질문도 할 수 없다는 것과 같은 이치일 것이며, 아마도 당시는 내가 뭘 모르는지조차도 몰랐던 시기일 것이다. 하지만 아이러니하게도 그러한 상실의 시대를 폭풍처럼 지나쳐온 내게 이제와 맞닥뜨려지는 청춘의 상실감은 진짜 청춘이었던 당시의 몇백 배로 나를 혼미하게 만들었다. 헤어진 모든 연인은 더 아름답고 죽어간 모든 시인은 더 위대한 것처럼 지나간 청춘의 상실감은 언제나 지금 내 모든 상실감보다 큰 것이었다. 『어.나.벨』은 불행히도 나에게 청춘에 대한 헌사를 채워준 것이 아니라 그동안 내가 잊고 있었거나 부러 확인하지 않았던 '상실'을 더 또렷이 기억하게 함으로써 상처로부터의 영원한 회피를 끝내 도와주지 않았다.

어쩌면 이것은 나에게 청춘을 똑바로 반추하는 절박한 마지막 기회임을 예감할 수 있었고, 상처 없이 마주했던 『상실의 시대』와 다시 조우하자 애써 거슬러 돌아간 시간만큼 노력의 결과는 얻을 수 있었다.

『상실의 시대』의 주인공 와타나베가 버스와 지하철을 오가며 아르바이트를 하고 기숙사를 오가던 당시의 외로움은 『어.나.벨』에서 스무 살에 다시 돌아온 도시에서 윤이 '이 도시를 하루에 두 시간 이상씩 걸을 것'이라 약속했던 외로움을 미처 알고 손 내밀 수 있었다. 와타나베가 의식적, 무의식적으로 요양원에 있던 나오코에게 보냈던 그리움의 편지는 제대할 때까지 바깥세상 누구에게도 편지하지 않겠다던 다짐을 소용없게 한 단이 윤에게 보낸 편지를 이해해줄 수 있었다. 나오코의 나비모양 머리핀은 미루의 플레어스커트와도 잘 어울렸고, 와타나베가 연극사를 공부하면서 혹은 선배 나가사와의 영향으로 읽었던 책들은 윤과 명서가 윤교수의 강의를 들으며 공부했던 책들과 함께 내 서재에 나란히 꽂히기도 했다. 윤과 명서, 미루가 옥탑방 같은 밥상에서 서로에게 한 장씩 얹어 주었던 깻잎과 아욱국, 미도리가 자신의 집에서 와타나베에게 차려준 간사이식 식단은 내 식탁 위에 푸짐하게 차려지는 듯했다. 불구경과 같은 비일상적 상황에서 와타나베와 미도리가 나눈 입맞춤은 시위로 정신없던 시내 한복판에서 윤과 명서가 운명처럼 재회한 눈맞춤처럼 어쩌면 내 사랑과의 첫 키스를 다시 기억해내는 달콤함도 맛볼 수 있었다.

걸어다니던 지도와도 같았던 건축학도 '낙수장'은 와타나베의 고지식한 룸메이트 '돌격대'와 함께 당시 지하철 노선과 시간표를 외우며 아침 운동을 빠지지 않고 강박적으로 자신을 괴롭히던 내 친구 K의 얼굴을 무척 그리워하도록 만들었다. 처음이자 마지막으로 면회 간 윤이가 마치 각자 서로의 갈 길이라도 암시하듯 단이와 잠 못 이룬 그 밤은, 사랑에 대한 확신이 없어 미도리와 청교도와도 같은 시간을 보낸 와타나베의 고뇌의 밤은, 아직 사랑이 무엇이고 사람이 사람을 사랑한다는 일이 어떤 의미를 가지는지 넘쳐나는 사람들과 분출되는 에너지들로 종잡을 수 없기만 했던 그 시절 내 청춘의 어느 날 밤으로 시계를 되돌리기도 했다.

나는 미도리처럼 오랜 지병으로 병실을 지키던 아버지를 간호하던 청춘이기도 했고, 형제가 없던 나에게 윤의 사촌언니처럼 버팀목이 되어준 선배를 미루 언니의 그 사람처럼 영영 찾을 수 없었던 청춘이기도 했다. 『어.나.벨』을 읽을 때 자꾸 깊은 숲속에서 길을 잃은 듯한 고립감이 들었던 건 『상실의 시대』에서 나오코가 〈노르웨이의 숲〉을 들을 때 느꼈던 그 감정이었음을 쉽게 확인할 수 있었고, 부러 돌아가보니 내가 『어.나.벨』에서 온몸으로 느꼈던 감정은 『상실의 시대』에서 눈으로 확인한 소름 끼치는 문장들이었다. 그래서 나는 자꾸 외롭고 춥고 어두운 곳에 홀로 남겨진 느낌으로 아무도 구해주는 사람이 없다고 느낀 것이었다. 누군가에게 이해시켜주고 싶고 이해받고 싶었다. 느슨해진 나사가 조여지고 엉킨 실이 풀려지는 느낌, 저 멀리 사라진 것 같던 내 청춘이 비로소 나에게 돌아오는 벅찬 느낌을.

그렇게 스무 살에 곁눈질하며 맛보기로 넘기었던 모든 장면들이 꼬리에 꼬리를 물고 기억의 홍수를 터뜨렸고 다 잊었고 모두 버렸다고 생각된 마흔이 된 내 속으로 꿀꺽 삼켜진 느낌이 들 무렵, 결국 마지막으로 살아내라는 윤교수의 유언은 레이코의 행복하라는 인사와 함께 내가 그들을 살아가는 내내 잊어서도 안 되고 잊을 수도 없을 것 같은 신신당부로 오롯이 각인되고 있었다.

두번째 스물을 위한 의식……

그것은 두번째 스물을 맞은 나에게 일종의 다시없을 축하 인사와도 같은 것이었다. 『상실의 시대』를 스쳐 지나간 스무 살의 '나'와 『어.나.벨』을 덮고는 안개 속을 헤어 나오지 못했던 마흔살의 '나'와 두 작품 속에서도 같은 고민을 안고 청춘과 맞닥뜨린 또다른 '나'가 꼭꼭 숨어 있다가 드디어 한자리에 만난 듯한 벅차오르는 재회의 감동을 나는 말로는 다하지 못하겠다. 희한하게도 한 작품은 내가 청춘과 멀어진 꼭 그 거리만큼 저만치 아득한 곳에서, 또 한 작품은 내가 불 같은 청춘의 바로 그 현장 코앞에 있는 것처럼 아주 가깝게 느껴지는 이 카메라 망원렌즈와도 같은 줌인아웃 현상, 그것은 내가 청춘을 잃어버렸다는 상실감과 그래도 결국은 상처를 극복해 내고 마흔을 맞이했다는 성취감 사이의 많은 시간들과 아픔과 눈물 꼭 그만큼의 거리였을 것이다. 이제 비로소 옅은 색 먼 풍경으로만 인식되었던 『어.나.벨』 속의 이야기도 화질 좋은 사진으로만 기억되었던 『상실의 시대』의 인물들도 시간과 공간이 주는 괴리감 없이 잘 정돈되어 온전한 '나' 한 사람의 청춘으로 자리매김할 수 있었다.

하루키는 20세 때 20년 후에 자신이 40세가 된다는 평범한 진리를 깨닫지 못했다고 했다. 많은 작가가 자신의 소설을 통해 과거의 상처와 절망을 씻어내는 것처럼 나 역시 지난시절 미처 씻어내지 못한 내 청춘의 생채기들을 어떻게든지 해원하여, 더이상 빚을 안고 두번째의 스무 살을 맞이해선 안 된다는 무의식적인 절박함이 그토록 필사의 사투로 내몰았던 것 같다. 이해하지 않고 넘어갔던 상처들, 보듬지 않고 용서하지 않고 잊었던 모든 것들에 대한 대가가 결국 마흔의 고지서로 부활하여 돌아온 것이다. 한 번은 내 청춘에 대한 예의 깊은 성찰과 위로가 필요했던 것이다. 그리고 그것을 위한 씻김굿 같은 나만의 의식이 있어야 했던 것이다.

물리적으로 다시는 돌아가지 못할 시간을 거슬러 꽃다운 내 청춘을 만나고 온 후 비로소 무당 없이 스스로 벌인 씻김굿이 막을 내리고 구경꾼 없이도 무사히 굿판을 지켜낸 내 모습에 혼자 눈물짓는다. 『어.나.벨』과 『달리기를 말할 때 내가 하고 싶은 이야기』와 『상실의 시대』가 전혀 앞뒤 맥락도 없이 순전히 주관적인 내 의식의 흐름에 따른 선택이었는지 모르지만 내가 벌여놓은 굿판에서 그들은 훌륭한 제수 음식이었던 것이다.

누구든 힘차게 달려온 걸음을 잠시 멈출 때가 있다.
마흔이라면 마땅히 그럴 만하지 않은가.
이 백신이 얼마나 유효할지는 모르겠다.
하지만 이제 다시 달려도 될 것 같다.
세번째 스무 살과 또 지금보다 찬란할 5월을 기다려본다.

나쓰메 소세키 『그 후』

jhyong91
http://blog.yes24.com/jhyong91

『그 후』 나쓰메 소세키 | 민음사 | 2003

●● 나쓰메 소세키

일본의 셰익스피어라 불릴 정도로 확고한 문학적 위치에 있는 일본의 국민 작가다. 1867년 일본 도쿄 출생이며 본명은 나쓰메 긴노스케로, 도쿄 대학교 영문과를 졸업했다. 영국에서의 유학 생활은 그에게 예민하고 우울한 자아를 남겼으며, 이는 귀국 후에도 쉽게 회복되지 않았다. 그는 치유의 한 방편으로 『고양이전』을 썼고, 이 작품은 1905년 『호토토기스』에 「나는 고양이로소이다」(1905~1906)라는 제목으로 발표되어 큰 호평을 받았다. 1907년에 교직을 사임하였으며 아사히신문사에 입사하여 『우미인초』를 연재하고 『도련님』(1906) 『풀베개』(1906) 등을 발표하였다.

처음 일본소설을 접한 건 1991년 하루키를 읽으면서부터다. 신문 광고란에서 그 유명한 문구, '봄날의 아기 곰을 껴안고 뒹구는 만큼 너를 사랑해(오래돼서 기억이 가물가물하다)'라는 구절을 보고 일본문학의 세계에 빠져들게 되었다. 광고 속에 인용된 책의 표현들은 그때까지 한 번도 접한 적이 없던 문장들이었다. 그리고 언어란, 인간의 감정을 이렇게 손에 느껴지도록 할 수도 있는 거구나, 하고 느꼈다.

분명 책도 인간처럼 나와의 인연이라는 게 있다고 생각한다. 누군가의 소개로, 혹은 우연치 않게, 더러는 낯선 사람과 이야기를 나누다가 운명처럼 친해지는 경우가 있듯, 책 역시 그러하다.

지금은 빛이 많이 바랬지만, 내게 있어 하루키는 그런 면에서 운명에 가까운 만남이었다. 이십대의 그 시절, 나의 감수성을 현실과 타협하지 않게 만들어주었으며, 글을 쓰고 싶다는 꿈을 처음 주었고, 어떤 식으로든 청춘(청춘의 생물학적 나이를 이십대로 봤을 때)의 끝을 함께한 책이기 때문이다.

『오후의 마지막 잔디밭』『세계의 끝과 하드보일드 원더랜드』『노르웨이의 숲』『댄스 댄스 댄스』『양을 둘러싼 모험』『스푸트니크의 연인』『렉싱턴의 유령』『국경의 남쪽 태양의 서쪽』『태엽 감는 새』『먼 북소리』등, 소설부터 수필집까지 닥치는 대로 읽으면서 나는 이십대의 대부분을 보냈다(지금이야 하루키가 보통명사가 됐지만, 20년 전만 해도 그렇게 유명한 작가가 아니었다. 좋아하는 사람만 알고 있는 그런 작가였다. 해서 하루키를 좋아한다면 묘하게 동류의식 같은 것도 느낄 수 있었다).

그의 소설에는 공감이 있었다. 세상에 상처 받으며 살아가는 인간은 너뿐만이 아니라고, 역경을 헤쳐나가 강한 인간이 되라는 것이 아니라, 상처받지만 자신만의 방식으로 살아가는 인간도 충분히 멋지다고 위로해줬기 때문이었다. 젊었었고, 젊은 만큼 상처받던 시절이었으니까 위로만큼 인생에 힘이 되는 것도 없었다.

하지만 이제 그의 책은 거의 읽지 않는다. 지금도 그의 신간이 나오면 사기는 하지만 예전만큼 감동하지도 않는다. 공감만으로 위로받기에는 세상을 조금 알아버린 탓일 게다. 나이가 들수록 공감보다는 구원이 더 절실한 법이니까(물론 어디까지나 나의 경우가 그렇다는 얘기다).

아무튼 그렇게 시작된 나의 일본소설 섭렵기는 아베 코보, 오에 겐자부로(너무 어려워서 읽어낸 자신이 대견스러울 뿐이다), 미시마 유키오, 마루야마 겐지(그나마 낭장미는 소설 구조라도 가지고 있었다), 미야베 미유키, 마츠모토 세이초, 아사다 지로, 다니자키 준이치로, 다자이 오사무 등 장르를 불문하고 읽게 되었다. 하지만 그 많은 작가들의 작품을 읽으면서도 여태껏 읽지 않은 작가가 있었으니 그가 바로 나쓰메 소세키다(언제나처럼 오늘도 서두가 길었다).

만약 강상중의 『고민하는 힘』을 읽지 않았다면, 소세키의 책은 평생 읽지 않았을지도 모르겠다(『고민하는 힘』을 읽으면 소세키의 소설을 읽고 싶다는 생각이 든다). 예전에 도서관이나 웹서핑에서 대충 훑어보고 지나가기는 했지만 한 번도 읽고 싶다는 생각을 해본 적이 없기 때문이다.

일단 일본의 국민 작가라는 타이틀도 부담스럽고(도대체 그런 호칭은 누가, 어떤 자격으로 붙이는 거냐?) 백 년 전의 작가라 꼭 춘원 이광수의 느낌이 나서 왠지 읽고 싶은 생각이 들지 않았기 때문이다. 한마디로 선입관이 있었다. 그것도 아주 많이(이래서 인간은 죽을 때까지 편견과 선입관을 깨면서 살아야 한다).

하지만 강상중의 책이 워낙 좋았던 탓에, 또 자신의 생각이 소세키의 영향을 많이 받았다기에 작심하고 소세키를 읽기 시작했다. 『길 위의 생』 『그후』 『도련님』 『마음』 『나는 고양이로소이다』의 순이었다(『문』 『몽십야』 『유리문 안에서』는 아직 읽지 않았다). 그러고는 생각했다. 흐음, 이거 정말 국민 작가라 할 만한걸.

 소세키는 짧은 활동 기간에 비해서는 꾸준히 작품을 썼다고 생각되는데, 아마도 신문 연재를 주로 썼기 때문일 것이다. 소세키 소설의 특징은 묘사가 많지 않고 지극히 담담한 서술, 그리고 문학적 기교를 버리고 쓴 게 아닐까 싶을 정도로 쉬운 문체여서 오히려 감동이 있었다. 그리고 무엇보다 인간의 본질에 대한 묘사와 근대사회의 인간의 삶을 꿰뚫어보는 혜안에 놀라게 된다. 무려 백 년 전, 근대사회가 시작될 때 이미 인간의 고독과 소외를 예측했다는 점, 그리고 현대의 시점에서도 전혀 그 관점이 낡아 보이지 않고 충분히 수긍이 간다는 점에, 문학이란 단순히 허구를 쓰는 것이 아니라 삶의 본질을 관통하는 것이라는 사실을 깨닫게 한다. 감동했거나 수긍했던 문장들은 아래와 같다.

 부르주아 청년 다이스케가 친구의 아내인 미치요를 선택하면서 얘기는 끝난다. 하지만 연애소설의 틀을 빌렸을 뿐, 인간과 사회의 메울 수 없는 거리를 얘기하는 것 같았다.

> 일본은 서양에 빚을 얻지 않으면 도저히 꾸려갈 수 없는 나라야. 그러면서도 선진국이라고 자처하고 있지. 그러고는 어떻게든 선진국 대열에 끼려고 하고 있어. 그러니 모든 방면에 걸쳐서 깊이보다는 넓이를 확장해 선진국처럼 벌여놓은 거야. 무리하게 벌여놓았기 때문에 더욱 비참한 거야. 소와 경쟁을 하는 개구리처럼 이제 곧 배가 터지고 말 거야. 그 영향은 전부 우리들 개인에게 미치게 될 터이니 두고 보거나. 이렇게 서양의 압박을 받고 있는 국민은 정신적으

로 여유가 없으니 알다운 일을 할 수가 없지. 모두 빡빡하게 짜인 교육을 받고, 그러고 나면 눈 돌릴 틈도 없을 정도로 혹사를 당하니 너나 나나 할 것 없이 신경 쇠약에 걸리게 되지. 한번 이야기를 시켜 보게나. 모두 바보일 터이니. 자신의 일과 자신의 현재, 아니 눈앞의 일 외에는 아무 생각도 없지. 생각할 수 없을 정도로 피곤한 상태이니 어쩔 수 없긴 해. 정신적인 피로와 신체적인 쇠약은 불행하게도 항상 붙어다니는 법이니까.

(한국어로 단어를 바꿔도 전혀 어색하지가 않다)

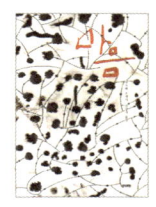

나는 고등학교가 정말 싫었다. 주위의 친구들 중 몇몇은 고등학교가 제일 재밌었다고 말들 하지만 나는 지금도 꿈에 고등학교가 나오면 식은땀부터 흘린다. 3년 내내 찾지 못했던 것이, '도대체 왜, 도시락을 두 개나 싸서 새벽부터 밤까지 학교에 있어야 하지?'라는 질문에 대한 답이었다. 도대체 누구를 위해서? 물론 선생들은(직업이 선생이나 목사, 신부, 스님이라는 이유로 내가 존중해야 될 이유가 뭐 있는가? 인간은 자신의 위치와 상관없이 그 자신의 인격으로 존경받아야 하는 것이다) 너희 자신을 위해서라고 했다. 현실적으로 말해 좋은 대학, 좋은 직장, 좋은 차, 예쁜 마누라, 뭐 이런 것들. 그

러니까 3년만 고생하면 다른 건 다 가질 수 있다는 식으로 학생들을 몰아갔었다. 마치 양치기 개 한 마리가 수백 마리의 양을 우리에 넣듯이.

우리나라의 교육이 어쩌고저쩌고 할 생각은 없다. 단지 나는 그런 생활이 싫었다. 사인, 코사인 따위는 관심도 없었고, 미국 애들이 쓰는 언어도 별로 알고 싶지 않았다. 하지만 무엇보다 참을 수 없었던 건 학교에서 강제로 시간을 보내야 한다는 것이었다.

왜냐고? 아마 동물원 원숭이의 출퇴근 시간도 나보다는 나았을 테니까.

그래서 줄곧 수업 시간엔 공상만 했더랬다. 빨간머리 앤처럼 아마 별의별 상상은 다했을 거다. 심지어는 스머프가 지구를 정복해서 고등학교 따위는 없애고 스머프 딸기나 따러 다니는 상상까지.

그리고 야자시간이면 엉뚱한 책만 읽었다. 쇼펜하우어, 소크라테스, 공자, 불경, 성경, 고전, 역사, 철학 등등. 시험과는 아무런 상관도 없는 책이었다. 하지만 나의 인생에는 중요한 책들이었다. 내가 여태껏 어떤 식으로든 삶에서 버텨왔다면 그것은 전부 그 시절 읽은 책 때문이었지, 절대 사인, 코사인이나 미국 애들 언어 때문은 아니었다(쓸모없다까지는 아니지만 중요성이 과장됐다고는 생각한다).

물론 사회적으로 나는 낙오자다. 명문대도 나오지 않았고, 대기업에 다닌 적도 없으며(허! 파트타임으로 일한 적이 있다. 영광스러워 몸 둘 바를 모르겠다) 강남에 큰 평수의 아파트도 없으니까. 그런데 그게 어쨌단 말인가?

무슨무슨 아파트에 살아야만 다른 사람 앞에서 어깨를 펼 수 있는 빈약한 사고를 가지고 있지도 않고, 친구가 외제차나 명품을 샀다고 해서 부러워하는 사람도 아니다. 정치를 터부시하는 것이 지식인인 양 착각하는 바보도 아니고, 대학에서 전공 공부 좀 한 것으로 단순 지식인과 교양인(혹은 인텔리)을 구별 못하는 우를 범하지도 않는다. 언론도 기자나 데스크의 사견일 뿐이라 생각하며, 보도되거나 방송되는 것을 비판할 만한 능력은 된다고 생각한다. 하지만 그런 나의 모든 방식 중에 기성 교육이 나에게 준 게 있었던가?

설마? 공부 안 한다고 매 맞은 게 전부다. 아마 서커스단의 불곰도 나만큼 맞지는 않았을 거다. 혹은 불곰도 그만큼 맞았으면 서울대를 갔을지도 모르고(맞다. 나 바보다).

그렇게 사회는 끊임없이, 모난 돌이 정 맞는다고, 공부 열심히 해서 좋은 직장이나 가라고 했다. 당연하다. 근대사회(우리나라는 현대사회가 되려면 아직 한참 멀었다)에서는 머슴을 생산해내는 것이 목표지 시민을 생산하는 게 목표가 아니니까.

그런 의미에서 소세키는 사람과 일이 어떤 관계로 진행될지 예측한다.

요컨대 먹고살기 위한 직업에는 성실하게 매달리기가 어렵다는 얘기지.

내 생각과는 정반대로구만. 먹고살기 위해서니까 맹렬하게 일할 생각이 일지 않을까?

맹렬히 일할 수 있을지는 몰라도 성실히 일하기는 힘들지. 먹고살기 위해 일한다면 먹고사는 것과 일하는 것 중 어느 쪽이 목적이라고 생각하나?

물론 먹고사는 쪽이지

그것 봐. 먹고사는 것이 목적이고 일하는 것이 방편이라면, 먹고살기 쉽게 일하는 방법을 맞추어갈 것이 뻔하지 않겠나? 그러면 무슨 일을 하든 개의치 않고 그저 빵을 얻을 수만 있으면 된다는 생각을 하게 되지 않을까? 노동의 내용이나 방향 내지는 순서가 다른 것이 간섭을 받게 된다면 그러한 노동은 타락한 노동이라 할 수 있지.

『그 후』에 대한 소감은 강상중과 좀 다른 생각이었다. 삼각관계에 대한 소설이 아니라는 데는 나도 공감이다. 절대 삼각관계 따위를 이야기하려고 쓴 소설 같지는 않다. 중요한 내용도 아니고. 하지만 그래도 일은 할 수밖에 없는 것이라는 강상중의 결론에는 찬성할 수 없었다.

나는, 일은 하지 않는 인생이 제대로 된 인생이나, 현대의 삶 자체가 그것이 돈 때문이건, 사랑 때문이건, 이유야 어찌되었건, 인간이 일을 할 수밖에 없는 구조라는 것, 그리고 그것이 틀렸다고 생각하면서도 앞의 이유들 때문에 일을 할 수밖에 없는 삶의 모순을 한탄하는 거라고 생각한다.

아마 소세키도 생계를 위한 일 따위는 하고 싶지 않았을 것이다. 그래서 교수 자리도 물리치고 소설가가 됐겠지.

현대는 샐러리맨의 시대다. 물론 샐러리맨은 좋은 것이다. 자신의 정당한 노동 행위로 대가를 받아 삶을 영위하니까. 하지만 지금의 샐러리맨이 진정한 샐러리맨일까? 쥐꼬리만한 안정에 무한한 자유를 팔아서 무한한 잉여생산에 무한히 소모되고 있지는 않는가? 쓸모가 다하면 구조조정이란 이름으로 정리하고, 또 그 비슷한 교육을 받은(도대체 공장에서 찍어내는 나사와 뭐가 다른가?) 다른 누군가로 대체하는 사회.

우리는 기업의 목적이 이윤 추구라고 배웠다. 그러면 그 이윤 추구의 목적은 어디에 있는가? 사장과 이사진, 주주들의 배를 더 불리며 그네들의 무한한 향락을 위한 것인가? 아니면 직장인과 사회를 위해 보다 나은 복지사회가 목표인 이윤추구인가? 적어도 지금은, 후자는 아닐 것이다(아마 앞으로도. 고양이에게 생선을 맡겨두고 먹지 말라고 하면 배가 불러터져 죽을 지경인 놈을 제외하고 먹지 않을 놈이 있겠는가? 하물며 자본은 절대 배가 불러터지지도 않는다).

소세키는 『그 후』의 다이스케를 통해 근대사회의 맹점을 예측했다. 무한 생산과 무한소비, 그 자본주의 사회에서 개인이 한도 끝도 없이 희생되어 갈 거라는 걸. 1퍼센트도 되지 않는 성공 확률에 대다수의 인간이 자신만큼은 올라가리라는 착각 속에서 끊임없이 소모되어갈 것임을. 그리고 속물 같은 인간들이 대량생산되어 나오리라는 것도.

예전에 회장님 말씀 한마디에 아침형 인간이 유행할 때가 있었다. 일찍 출근하고(그 회사 사람들, 아침밥이나 제대로 먹고 다녔을까?) 일찍 퇴근해서 자기계발한다고 대개가 영어 학원을 다니거나 혹은 다녀야 했던 그 시절. 한참 그런 열풍이 불고 있을 때 그 회사 부장급과 술을 마신 적이 있었다. 술자리에서 회사 사가(혼자만 그 회사 사람이었다)를 부르며 자기는 ○○맨이라고 자랑스러워하던 모습을 보면서 나는 생각했다.

제길! ○○이 네 거야!? ○○○ 거지.

그런 아침형 인간 열풍을 보면서 나는 생각했다. 그 회사 사람들의 공부가 정말 자신을 위한 공부일까 하고. 회장님도 말씀하시지 않았던가? 경쟁력을 가지기 위해 자기계발을 하라고. 아니, 도대체 누구를 위한 자기계발인 걸까? 결국 인당 생산성을 높이기 위한 인간을 만들겠다는 건데, 그러기 위해 말이 좋아 퇴근이지 여가 시간까지 회사에 바치라는 것 아닌가? 결국 회사원이란 그런 것이다. 좀더 나은 삶을 살기 위해 또 가족을 위해 일한다는 것이 결국에는 가족이 볼모가 되어, 돈과 휴가 일수에, 자신의 삶이 회사에 뺏기고 있다는 것을 애써 외면하며 사는 것이다. 그러니 네이버 검색 순위 상위는 항상 스포츠 기사가 대부분이고(스포츠를 폄하하려는 의도는 아니다. 즐길 게 스포츠밖에 없다는 것이 이상하다는 것뿐) 소세키의 말마따나 입만 열면 바보들이 천지로 양산되는 것이다.

그렇지 않은가? 인간이 외적인 것으로 자신을 나타낸다는 것은 그만큼 사회가 후진적이라는 반증이라고 생각한다. ○○학교를 나오고 ○○회사를 다니며 ○○아파트에 산다는 식으로 자신의 인생을 평가하는 건 자유다. 우리 사회의 교육이 그런 식의 인간으로 크게끔 만들어져 있으며, 우리 사회의 의식이 돈만을 숭배하게끔 흘러가고 있으니까. 그 사람들이 나쁜 것도 아니다. 인간은 속물로 살 권리도 분명 있는 거고 속물로 사는 것이 좋다면 속물로 살아도 된다. 단지 속물이라는 사실만큼은 부정할 수 없다는 것뿐.

아무튼 이런 내용들을 포함해 쓰여 있는 것이 이 책이다. 예전 같으면 좋은 교육을 받고 일도 안 하면(다이스케 같은) 인간 말종이라고 생각했을 텐데 요즘은 이전의 사고들을 처음부터 다시 점검해보게 된다(내가 생각하는 게 반드시 나만의 생각이 아니라, 교육이라는 세뇌의 결과일 수도 있다는 생각이다. 홍세화의 말처럼).

노동은 신성하다고 알고 있었는데 정말 노동은 신성한 걸까? 그렇게 신성하고 좋은 거면 왜 부자들은 노동을 하지 않는 거지? 정말 노동은 밥벌이 외에 자아발견이나 성취에 도움을 주는 것일까? 사실 노동은 그냥 힘든 거잖아. 피할 수 있으면 피하고 싶은 것이지 않는가? 돈과 상관없는 노동이야말로(레저, 유흥, 쾌락, 예술 등 물질적 생산을 목적으로 하지 않는 것) 신성한 것 아닐까? 우리는 노동이 신성하다는 명목 하에 끊임없이 일하라는 요구만 받아왔다. 잉여 생산을 위해 가족과, 시간과, 육체를 해쳐가면서. 정말 직장이 좋아 죽을 것 같아서 다니는 인간이 얼마나 될까? 내 삶을 사는 것이 아니라 교육과 자본이 만들어낸 허상을 좇고 있는 것은 아닐까? 회사에 모든 시간을 희생해가며(혹은 강요받으며) 살다가 며칠 외국에 휴가 다녀오는 것으로 자신의 인생에 만족하는 그런 인생, 지배 계급에 받은 스트레스를 직급 낮은 이들에게, 그리고 나보다 외형적으로 못사는 친구들에게 풀며 차와 아파트와 명품에 자신의 가치를 표현하는 껍데기 인생을 살고 있는 것은 아닐까?(그 반대의 경우는 스트레스를 받으면서)

  그냥 그렇다는 얘기다. 흔히 말하듯 그게 인생이지 않겠는가? 뭐 나도 완전한 복지사회 말고는 대안도 없다(혹은 어느 날 엄청난 부자가 사실은 내가 네 아비다, 라며 찾아오는 것 외에는).

  아무튼 소세키는 현대인이 그렇게 소외되고 사회로부터 강요받으며 살게 되리라는 것을 아주 실감나게 소설에 적고 있는 것이다(물론 소설 내용의 일부일 뿐이고 훨씬 다양한 인간군상과 사고관이 소설 전반에 걸쳐 펼쳐진다).

지금까지 읽은 책 중 가장 무서웠다

삼순이딸
http://blog.yes24.com/egoist2718

『워킹푸어』 NHK스페셜 〈워킹푸어〉 취재팀 | 열음사 | 2010

●●NHK 취재팀

2006년 7월에 첫 방영된 NHK스페셜 〈워킹푸어〉는, 1억 중산층 국가라는 이름 뒤에 가려진 신빈곤 현상 '워킹푸어'의 실상을 영상화한 작품이다. 크게는 경기 불황과 세계화의 영향으로, 작게는 가족의 질병이나 파산과 해고로 빈곤의 늪에 빠진 '워킹푸어'의 모습은 일본 사회에 큰 충격을 주었고, 일본 국회에서는 신조어 '워킹푸어'를 이용해 논의를 벌일 만큼 뜨거운 감자로 떠올랐다.

'워킹푸어'라는 新빈곤층을 아는가?

2006년 일본 NHK에서 2부작으로 방영한 한 편의 다큐멘터리는 일본 사회에 센세이션을 일으키며, 신자유주의 경제정책이 양산한 새로운 차원의 빈곤 문제를 부각시켰다. 죽도록 일해도 국가에서 보장한 최저임금도 벌지 못하는 사람들, 그들을 취재한 NHK 다큐멘터리 취재팀은 이 새로운 빈곤층을 '워킹푸어'라 명명했다.

'워킹푸어'는 단순히 돈을 적게 버는 사람을 말하는 것이 아니다. 이들의 특징은 일할수록 가난해진다는 것에 있다.

일순 이해가 안 됐다. 기본적으로 자본주의는 생산에 필요한 노동의 대가를 지불하는 것에서 소비와 이윤을 창출하는 구조를 가지고 있기 때문이다. 달리 말해, 몸을 움직일수록(노동량의 증가) 수익도 그에 비례해 증대된다는 말이다. 물론 이론적으로는 말이다. 신자유주의 경제정책은 현재 이론적으로 결코 설명될 수 없는 모순과 폐단을 양산하며 그 한계성을 명백하게 드러내고 있다. 신자유주의의 대표적인 문제가 바로 빈곤이다. 여기서 말하는 빈곤은 유구한 역사를 자랑하는 빈부격차 문제와는 그 질을 달리하는 문제다. 이 새로운 형태의 가난은 사회의 기본적인 구조를 파멸시킨다는 점에서 그 심각성을 더한다.

NHK에서 방영한 다큐멘터리 〈워킹푸어〉를 책으로 엮은 『워킹푸어 : 왜 일할수록 가난해지는가』(이하 『워킹푸어』)는 귀동냥으로 들었던 '워킹푸어'의 현주소를 정말로 끔찍하고 처참하게 그리고 슬프게 기록하고 있는 책이다. 페이지를 넘길 때마다 치밀어오르는 분노와 공포 그리고 눈물을, 크게 한숨 쉬며 속으로 삭혀야 했을 정도다. 이 책이 일본에서 발간됐기 때문에

'워킹푸어'는 이웃나라 일본의 문제라고 지적하는 사람도 있을 것이다. 그것은 우물 안 개구리 같은 사고방식이다. 일본의 경제성장을 모델로 삼은 한국의 경제정책은 많은 부분 일본을 닮아 있고 최근 몇 년간 이어진 경제 불황은 사회 곳곳에서 가난으로 신음하는 이들을 속출시키고 있다. 앞으로 다가올 2년 안에 '워킹푸어' 문제는 한국 사회에서 가장 뜨거운 이슈로 대두될 것이다.

이 책을 엮은 NHK〈워킹푸어〉취재팀도 처음에는 워킹푸어라는 개념이 없었다고 한다. 그저 니트족, 프리터 등 일하지 않으려는 일본의 젊은 세대들의 문제를 모라토리움 신드롬이라 치부하며 그에 맞춰 취재의 방향을 잡았다고 한다. 그러나 상황은 예기치 않게 흘러갔다. 그들 중 일부는 니트족, 프리터가 맞았으나 대다수는 회사에 취직하고 싶어도 일자리가 없어 일용직 또는 아르바이트를 전전하고 있다는 것이었다. 그중 운이 좋아 파견사원으로 일자리를 얻어도 정직원에 비해 턱없이 낮은 임금으로 인해 세금을 납부하고 나면 생활비가 없는 이들이 대부분이었다고 한다. 이런 이들에게 저축, 재테크는 사치에 겨운 경제활동이었으며 주거 형태가 월세가 주를 이루는 일본 사회 특징 때문에 월세를 지불하기도 빠듯하다고.

그렇다고 모든 이들이 미래에 '워킹푸어'로 전락하는가? 그렇지는 않다. 문제는 여기에 신자유주의 경제정책이 끼어들면서 발생한다. 사회복지정책과 공공사업의 축소, 완전고용제도의 철폐, 노동조합 규제강화와 탄압 등, 신자유주의 정책이 펼치는 정부의 경제정책 개편이 '워킹푸어'를 탄생시키는 직접적인 배경이 되고 있다. 이는 노동자의 권리보다 기업의 이익을 우선하는 경제정책이 불러들인 피할 수 없는 비극적 결과물이다. 즉, 중산층 계급이 사라진다는 말과 같다.

　『워킹푸어』에는 하루에 18시간 일해도 우리 돈으로 1년 총소득이 5백~6백만 원을 넘지 못하는 이들의 구구절절한 사연이 줄줄이 소개되고 있다. 병든 아버지를 모시며 힘들게 급식회사의 파견사원으로 일하는 한 여성의 사연과 두 아들을 키우기 위해 낮에는 일용직 파견사원으로 밤에는 도시락 회사에서 야간 근무를 하는 여성의 사연 등, 뼈가 녹아나도록 열심히 일하는데도 날이 갈수록 더 가난해지기만 하는 그들의 이야기는 결코 남의 일이 아니었다. 회사의 폐업으로 일자리를 잃은 후, 주유소 아르바이트로 아이들을 키우고 있는 한 가장의 사연을 보면서 가난은 이제 단순히 개인의 문제가 아님을 절실히 깨달았다. 어떻게든 안정된 직장을 얻기 위해 수많은 회사에 이력서를 넣어봤지만 취직이 안 돼서 아이들을 대학에 보낼 수 있을지 밤마다 고민하는 그에게, 개인의 능력과 노력이 부족해 가난하다고 그 누가 비난할 수 있을까. 이 책에 소개된 단 한 사람도 손에서 일을 놓아본 적이 없는 사람들뿐이었다.

　그들은 미래를 꿈꾸지 못한다. 이 사회가 그들이 꿈을 꿀 수 없도록 만들고 있다. 오늘 하루 어떻게 먹고살 것인가가 인생의 가장 큰 고민이자 목표가 돼버린 사람들. '워킹푸어' 문제는, 다시 한번 강조하지만 가난은, 개인의 문제가 아닌 모순된 사회구조가 양산한 사회문제다.

　그 심각성은 '워킹푸어'가 도미노 현상을 일으키며 **빠른 속도로** 새로운 '워킹푸어'를 양산한다는 데 있다. FTA로 인한 농촌사회의 몰락과 값싼 중국산 수입품의 저가 공격으로 인한 중소기업의 몰락은 부분적으로는 특정 지역사회를 몰락시킨다. 여기서 멈추면 좋으련만 이 몰락은, 도미노 현상을 타고, 도시로부터 가장 멀리 떨어진 곳에서 출발해 점점 도시를 향해 전진

하고 있다는 것이다. 결국 '워킹푸어' 문제는 국가의 몰락을 불러올 수도 있으며 더 나아가 내전과 국가 간의 전쟁을 유발하는 결정적 원인이 될 수도 있다.

현재 실직자인 내 입장에서『워킹푸어』는 지금까지 읽은 책들 중에서 가장 무서운 책이었다. 집세를 못내 만화방이나 거리로 내몰린 사람들. 그들의 이야기가 결코 내 이야기가 되지 않으리라는 보장이 없기 때문이다. 하지만 무섭다고 이 문제를 모르는 척할 배짱도 나에게 없었다. 알아야 한다. 적어도 내 미래가 어떤 모습이든지 간에, 내가 왜 이렇게 됐는지 그 이유를 알 권리가 나에게는 있다.

혹시라도 지금 자신만은 '워킹푸어'라는 이 새로운 빈곤층에 결코 편승하지 않을 것이라고 자신하고 있는가. 내 일천한 지식과 경험에서 보자면, 신자유주의의 병폐가 전면 수정, 해결되지 않는 이상 그 누구도 '워킹푸어'의 공포에서 자유로울 수 없다.

블로그 축제 인기상

10

세상에 없는 오리진이 되자

수퍼스타
http://blog.yes24.com/loveasj

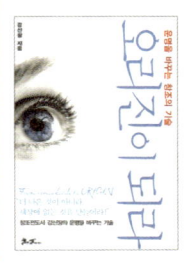

「오리진이 되라」 강신장 | 쌤앤파커스 | 2010

● ● 강신장

한양대에서 학부(경제학)를, 연세대에서 석사(경영학)를, 그리고 성균관대에서 박사과정을 수료했다. 첫 직장 삼성에 입사하여 '너무 훌륭한 선배들'을 만난 덕분에 삼성인력개발원, 회장비서실, 구조조정본부, 삼성경제연구소 등에서 26년간 즐겁게 일했다. 그를 키워준 회사와 선배, 동료들을 여전히 사랑하고 감사해하지만 2010년 1월, 새로운 도전을 위해 용감하게 첫 직장을 뛰쳐나왔다. 현재 수출 비중 98퍼센트, 70개국에서 3천 개의 대리점과 함께 일하는 헬스케어 컴퍼니 (주)세라젬의 사장으로 일하고 있다.

'Time flies'란 말이 실감나는 요즘이다. 주5일 근무를 하게 되면서 한 주가 시작되고 돌아서면 목요일이고 금요일이다. 금요일이 되면 어김없이 직원들과 나누는 말이 한 주가 너무도 빨리 지나간다는 하소연이다. 이러다 정말 빨리 늙어 죽을 것 같다는 농담 아닌 농담도 섞는다. 그 말은 이렇게 살다가 죽을지도 모른다는 불안함을 표현한 말일 수도 있다. 뭔가 변화가 있어야 하겠는데 똑같은 일상을 보내고 있고 앞으로도 계속 그럴 거란 불안감이다. 결국 내가 바라는 인생을 살기 위해 노력하기보다는 어느 날 램프의 요정이라도 홀연히 나타나 눈 깜짝할 사이에 내 운명을 바꿔주겠지 하는 환상을 가지고 무심하게 살아가고 있는 건 아닌지 의문이 들기까지 한다.

바쁜 직장인들에게 '변화'라는 것은 강 건너 남의 일처럼 느껴질지도 모른다. 현재하고 있는 일, 그것도 매일매일 똑같은 루틴한 일에 매몰되어 살다보니 눈앞의 일이 가장 중요한 것이다. 상사들은 부하직원들에게 '자기 일뿐 아니라 회사에 관심을 가지라' '주위 동료를 배려하라' '자기계발을 하라'는 등의 주문을 하지만 그 '관심'의 영역이 넓혀질 거라 크게 기대는 하지 않는 것으로 보인다. 일에 바빠 허덕이는 모습이 눈에 보이기 때문이다. 그리고 그 관점을 직원들에게서 자신에게로 옮겨와봐도 관심의 우선순위가 어디에 있는지 뻔하기 때문이다.

책 읽기는 뭔가 변화를 원하는 내가 열심히 실천하는 것이고 변화를 독려하는 직원들에게 열심히 강조하는 것이다. 책을 읽다보면 정말 수많은 결심과 목표를 세운다. 그중 한두 가지에라도 무서운 집중력과 실천력을 발휘해왔더라면 단기간에 뭔가 성과를 올렸을지 모른다. 책을 읽는 순간 받은 자극과 단순한 생각만으로는 행동으로 이어가기 힘들고 그것이 오래가지도 않는다. 그런데 이런 자극조차도 없는 일상이 계속된다면 자기계발이나 변화는 물 건너간 것이다. 특히 구성원들을 자극해 조직의 성장을 꾀하는 문제라면 더더욱 고민이 될 수밖에 없다. 그래서 주어진 일상이나 업무로부터 눈을 돌리고 꾸준히 성장과 발전에 관심을 갖도록 계속해서 자극하는 문제는 개인이나 조직에 있어 최대 과제라고 할 수 있다.

　이 책 「오리진이 되라」를 읽으며 그간 읽었던 상상력과 창의력에 관한 책들을 함께 떠올리며 새로운 자극을 다시 받았다. 난 이런 자극이 좋다. 오래 가지 않아도 자극을 받아 좋다. 허기가 오면 한 끼 식사를 더해야 하듯이 상상력과 창의력을 키우겠다는 결심과 자극이 무디어질 때쯤 때맞춰 두뇌에 자극을 주는 이런 책이 참 좋다. 무감각하게 수동적으로 살고 있다고 느껴질 때 스스로 처음인 자, 게임의 룰을 만드는 자, 새 판을 짜는 자, 원조(기원)가 되는 자, 그리하여 세상을 지배하고 자신의 운명을 스스로 창조하는 오리진origin이 되라고 말해주는 이런 책이 너무 좋다. 내가 결심한 것들을 다시 일깨워 줄 뿐 아니라 다시 그 결심을 굳게 다질 수 있도록 해주니까.

　이 책은 삼성경제연구소에서 8년간 지식경영실장을 맡았던 강신장 세라젬 사장이 기업 CEO 대상 창의력 개발 프로그램을 운영한 노하우를 바탕으로 써 낸 책이다. 새로운 시대에 걸맞는 새로운 생각은 어디서 올까? 새로운 것을 창조하려면 어떻게 해야 할까? 라는 핵심질문에 대한 답변을 제시하기 위해 고심하고 연구한 결과물이라고 한다. '창조' 아니면 '죽음'이라는 절박함 속에 사는 경영자들에게 창조의 영감을 주기 위해 노력했던 경험을 담아낸 책이라고 한다. 현대 경영자와 비즈니스맨에게 필수인 창의력과 창조성에 관한 책이라고 할 수 있다.

　무엇보다 오리진이 되기 위한 첫번째 열쇠인 '애절한 사랑'에 대해 깊이 공감을 했다. 사랑으로 보지 않으면 상대가 원하는 것을 볼 수 없고, 상대의 아픔도 알 수가 없다. 그래서 보이지 않는 것을 볼 수 있는 힘이 바로 사랑이라고 저자는 이야기한다. 사랑이 없으면 상대에 대해 관심을 가질 수조차 없는 것이다. 고객을 대할 때조차 내 이익만 챙기면 된다는 개인주의가 판치는 속에서 살아남기 위한 대안으로 사랑의 힘을 제시한 것은 무척 의미 있다고 생각한다. 고객을 향한 애절한 사랑이 있을 때 새로운 제품과 새로운 서비스는 예외 없이 만들어진다. 그때 만들어지는 것이 바로 '창조'인 것이다.

새로운 영감을 만나려면 먼저 다른 세계와 만나야 하는 것이다. 하지만 우리는 어떤가. 직업인으로서 우리에게는 루틴routine한 일들이 너무 많고 바쁘다. 그러기에 다른 세상을 만나러 갈 시간이 없다. 그래서 우리는 늘 영감을 갈망하지만, 쉽사리 만나기 어려운 것은 아닐까? (122쪽)

세계에서 가장 영향력 있는 경영대가로 알려진 게리 해멀Gary Hamel은 세계의 경영자들에게 '경영자에게 필요한 아이디어의 80퍼센트는 경영 테두리 밖에서 온다'고 말했다 한다. 우리가 찾아 헤매는 창조의 씨앗은 십중팔구 우리가 모르는 엉뚱한 곳에 묻혀 있다고 저자는 말한다. 그래서 인문학의 세계와 만나서 놀고, 와인의 세계, 미술의 세계, 사진의 세계, 음악의 세계, 영화의 세계 등 인문학과 문화 예술의 세계를 두루 섭렵해야만 한다고 한다. 그러니 매일 같은 일에 매달려 다른 경험을 해볼 여유가 없다면 창의적인 생각을 할 수 있는 기회는 요원하다고 봐야 한다. 그러니 자신을 다스리는 일부터 우선해야 하지 않을까 하는 생각을 했다. 이는 곧 책에서 말한 루틴한 삶과 타성에서 벗어나는 시도 '클리나멘cli-namen'이 필요하다는 말이다.

  내가 생각하는 가장 중요한 변화의 단초는 내가 알지 못하는 것에 대한 '관심'이라고 생각한다. 자신의 운명을 바꿀 수 있을 정도가 되려면 '집중'하고 '몰입'해야 하겠지만 그 전 단계로 '관심'을 통해 어떤 일이든 첫 단추를 끼울 기회를 만드는 것이 중요하다는 생각이다. 직장에서의 경험상 '관심'을 가지고 행동할 때는 좋은 평가를, '무관심'에 대해서는 혹독한 질책을 받곤 했다. 나 자신의 경우도 관심을 가지고 시작했던 일이 나를 바꾸고 나의 입지를 바꾼 계기를 만들기도 했었다. 창의력이니 창조성이니 하니까 나와는 상관없는 거창한 무언가를 얘기하고 있다고 생각할지 모르지만 조금만 관심을 가지고 본다면 어떻게 세상을 봐야할 것인지, 어떤 마음으로 세상을 읽어야 하는지 세상을 바꾸려면 어떤 신념을 가져야 하는지 책을 통해 이해하게 될 것이다. 그리고 스스로 가치를 창조하는 삶을 살기 위한 자극제가 되어줄 것이다. 그런 다음에 강력한 집중력을 발휘하도록 노력하면 되는 것이다.

  '나는 무엇을 파는가?' 이 대답에 아무도 생각하지 못한 단어가 들어 있으면, 그 사람은 성공할 수밖에 없다. 같은 회사에 근무하더라도 내가 무엇을 하는 사람인가에 대한 답이 생각의 크기를 결정한다. 그러니 물어보라. 나는 어떤 일을 하는가? 그 일은 어떤 가치를 지니는가? (144쪽)

눈 깜짝할 사이에 내 운명을 바꾸어줄 램프의 요정은 없다. 시간이 날 때마다 내 몸과 마음에 그리고 두뇌에 생채기가 나도록 노력하는 수밖에 없다. 어느 순간 내가 여기까지 정신없이 달려왔구나 하는 생각이 들 때 내 운명은 바뀌어 있을 것이다. "더 나은 것이 아니라 세상에 없는 것"을 만드는 오리진이 되어보자. 지금 당장 뭔가를 내놓으라는 것이 아니지 않는가? 우리가 하기에 따라 인생은 생각보다 길지도 모른다.

詩추에이션

아르뛰르
http://blog.yes24.com/arm1854

『그대가 곁에 있어도 나는 그대가 그립다』 류시화 | 푸른숲 | 2002

●● 류시화

시인이자 명상가. 경희대 국문학과를 졸업했고, 1980년 한국일보 신춘문예 시 부문에 당선된 바 있다. 시집으로 『그대가 곁에 있어도 나는 그대가 그립다』 『외눈박이 물고기의 사랑』과 잠언시집 『지금 알고 있는 걸 그때도 알았더라면』, 치유의 시집 『사랑하라 한 번도 상처받지 않은 것처럼』, 하이쿠 모음집 『한 줄도 너무 길다』가 있고, 산문집 『삶이 나에게 가르쳐 준 것들』이 있다. 인도 여행기 『하늘 호수로 떠난 여행』, 『지구별 여행자』와 인디언 추장 연설문 모음집 『나는 왜 너가 아니고 나인가』를 썼으며, 『마음을 열어 주는 101가지 이야기』 『티베트 사자의 서』 『조화로운 삶』 『달라이 라마의 행복론』 『용서』 『인생수업』 『술취한 코끼리 길들이기』 등의 명상서적을 우리말로 옮겼다.

1 | 詩추에이션

　절대 그럴 일 없다고 내 가슴은 세차게 고개를 내젓지만 내 눈은 너의 뒷모습을 이미 응시하고 있었다. 전혀 짐작 못했던 상황도 아니고, 공들여 변명하지 않아도 충분히 알아듣겠는데, 내 가슴에 살고 있는 또다른 나에게까지 납득시키기엔 역부족이었던 모양이다. 묵묵히 듣고 있는 내가 못마땅한지 내 속의 나는 자꾸만 어떤 말이라도 꺼내어, 쏟아지면 담아내지 못할 말을 막아내라고 부추겼다.

　부진아에게 같은 설명을 반복해도 귀찮아하지 않는 훌륭한 선생님의 역할을 맡은 네가 안쓰러워 나는 정말 부진아가 된 것처럼 규칙적으로 시간의 흐름을 알리는, 내 감각이 여전히 건재하다는 것을 확인시켜주는 손목시계의 초침에 귀를 기울이며, 두어 번만 다시 설명하면 알아듣겠다는 표정을 지었다. 일, 이, 삼, 사……

　사십 초만 지나면 천을 셀 수 있는데 너는 일어섰다. 방금 누가 내 뒤통수를 후려친 듯 목을 움찔하다 너를 올려다봤다. 그리고 이 순간을 기억 안으로 불러들이기 위해 주위를 두루 살펴보았다. 유리 테이블엔 물잔 자국이 어지럽게 찍히더니 이내 증발하여 희미한 얼룩을 만들었고, 작은 바구니엔 비스킷 두 개가 각설탕과 함께 사이좋게 등을 맞대고 있었고, 의당 한두 개의 꽁초를 받아냈어야 할 입술 모양의 재떨이는 허전함을 들키지 않기 위해 팔짱을 끼고 있었다. 그리고 창가의 얌전히 놓인 조화는 오후의 늦은 햇살을 받으며 졸고 있었다. 혹시, 지금 내 앞에 서 있는 사람이 가짜가 아닐까. 그러고 보니 앙다문 입가도 낯설었다.

　잘 지낼 형편이 아니었으나 잘 지내라는 네 말을 듣고서야 마침 생각났다는 듯 착해 빠진 웃음을 지었다.

"이거, 네가 가져갔으면 좋겠다."

> 내 안에 있는 이여
>
> 내 안에서 나를 흔드는 이여
>
> 물처럼 하늘처럼 내 깊은 곳 흘러서
>
> 은밀한 내 꿈과 만나는 이여
>
> 그대가 곁에 있어도
>
> 나는 그대가 그립다
>
> —「그대가 곁에 있어도 나는 그대가 그립다」에서

어두운 서가 구석에 숨어 있어도 보랏빛 책등이 반짝여 대번에 알아보는 시집. 책머리에 누렇게 눈이 쌓이기 시작하더니 이제 제법 오래된 책냄새를 풍기는 시집. 2천5백 원이었을 때 이 시집의 존재를 알게 되었고 3천 원 이었을 때 내 친구로 만들었다. 아직도 정확하게 기억한다. 일주일 용돈으로 오천 원 받던 고교 시절, 서점에서 이놈을 여러 차례 훔쳐보다, 수차례 망설인 끝에 며칠간 매점행을 포기하고 데려왔다. 조금만 덜 망설였다면 5백 원 싸게 데려올 수 있었는데, 5백 원이면 팩에 든 음료와 방부제까지 달달한 빵 하나 더 사 먹을 수 있었는데…… 제기랄!

이 시집을 열면 먼저 류시화의 사진과 함께 표제시가 반긴다. 종각 영풍문고에서 이 시집을 처음 발견했을 때가 떠오른다. "물처럼 하늘처럼 내 깊은 곳 흘러서 은밀한 내 꿈과 만난"다는 시어에 매혹되어 그 자리에서 이 시

를 외워버렸다. 이미 한 사람이 내 안에서 꿈틀거리기 시작했기에, 그가 내 안에서 헤엄칠 때마다 기쁨이 넘쳤지만 때때로 저릿하기도 했기에, 뿌리째 흔들릴 수 있었다. 한 사람이 내 안을 비집고 들어온 이후로 온전히 혼자일 수 없었다. 이 사실이 무척이나 겁났지만 철썩거리는 가슴속 피의 뜨거움이 나쁘지 않았다.

내 안에서 나를 흔들던 그가 나를 향해 손을 흔든다. 찬란히 빛나던 스물은 그렇게, 느닷없이 저물고 말았다.

새는 그 나뭇가지에 집을 짓고
나무는 더이상 흔들리지 않지만
나만 홀로 끝없이 흔들리는 것은
당신이 내 안에 집을 짓지 않은 까닭이다

――「새와 나무」에서

다만 나뭇가지가 필요했던 새였다. 적당히 햇빛을 가려주는 그늘과 피로가 누적되지 않게 발로 지탱할 수 있는 적당한 굵기의 나뭇가지가 필요했던 새였다. 적당한 시기에 다시 날아올라도 흔들리다 말 그런 나뭇가지가 필요했을 뿐인데, 적당하지 않은 나뭇가지가 어쩌다 새 한 마리 앉아 있다고 새가 짓지 않은 집을 대신 짓고 있었다. 흔들리지 않기 위해.

그에게 보낸 편지에 이 시를 옮겨 적은 적 있다. 편지 덕분에 그는 집을 짓지 말아야 할 까닭을 알게 되었을지도.

> 그리고 한때 우리는
> 강가에 어깨를 기대고 서 있던 느티나무였다
> 함께 저녁 강에 발을 담근 채
> 강 아래쪽에서 깊어져 가는 물소리에 귀 기울이며
> 우리가 오랜 시간 하나였음을 확인할 수 있었다.
>
> ―「우리는 한때 두 개의 물방울로 만났었다」에서

4년 전인가, 이튿날 아침 햇살까지 대출이라도 받았나 싶게 한꺼번에 쏟아지는 가을 햇살이 미처 붉어지지 못한 열매를 재촉하는 늦은 오후, 네 목소리를 들었다. 어제라도 만난 듯 안부를 굳이 묻지 않는 네가 고마웠다. 오로지 내 목소리를 듣고자 신호음을 울린 사람이 있다는 게 눈물겨웠다. 손을 맞잡고 걸었던 그때, 서로의 완력만으로도 충분히 의사를 전달할 수 있었던 그때, 아니 만나기 훨씬 오래전부터 어쩌면 우리는 어깨를 나란히 하며 저녁 강에 발을 담근 느티나무였을지도 모른다. 때때로 어깨를 기댈 순 있으나, 뿌리가 엉킬 순 있으나 온전히 하나가 될 수 없는.

쉽게 하나로 합쳐지는 물이 아니었지만 그것으로 족했다.

누구든 떠나갈 때는
나무들 사이로 지는 해를
바라보았다 가자
지는 해 노을 속에
잊을 수 없는 것들을 잊으며 가자

―「누구든 떠나갈 때는」에서

2 | 선생님께 편지 쓰기?

개학이 가까워지면 곧 뵙게 되는데 싶어 늘 빠뜨리게 되는 방학숙제 편지 쓰기를 고등학생이 되고서야 실행에 옮겨봤다. 형식적으로 몇 줄 쓰고 나자 딱히 할 말도 없고 등에선 땀이 여러 개의 물줄기를 만들고 있어 집어치우려는 찰나, 그해 봄에 데려온 시집이 눈에 들어왔다. 채 이해하지도 못한 시를 옮겨 쓰기 시작했다.

산다는 것은 그러한 것
때로 우리는 서로 가까이 있음을 견디지 못하고
때로는 멀어져감을 두려워한다

―「안개 속에 숨다」에서

거미에게 나는 아무 말 하지 않았다
다만 오월과 유월 사이 내
안의 거미를 지켜볼 뿐
모든 것으로부터 달아난다 해도
나 자신으로부터는 달아날 수 없는 것

―「거미」에서

 삶을 채 알지도 못하는 어린 제자가 삶은 이런 것이라는 둥 지껄인 편지를 받고서 과연 선생님은 어떤 표정을 지었을까. 지금도 그 편지를 생각하면 얼굴이 뜨거워진다. 아, 시에 대한 느낌이라도 뺐더라면! 선생님이 친절하지 않아 답장을 보내지 않았더라면!
 개학이 슬슬 두려워지기 시작했다. 무슨 일 있었냐는 듯 멍청한 눈빛을 준비할까. 마음잡고 공부 열심히하는 척할까. 아니지, 다른 친구들의 편지도 받으셨을 텐데 내 편지는 금방 잊으셨을 거야. 괜한 걱정으로 시간 낭비할 뻔했군.
 "편지를 한 통도 못 받을 줄 알았는데, 두 통이나 받았구나."
 개학일, 선생님의 첫마디였다. 선생님이 나를 쳐다보는 것 같아 얼른 눈을 내리깔았으나, 나머지 한 놈이 누군지 적잖이 궁금해 눈길을 민첩하게 포복하며 사위를 둘러보았다. 반장 녀석인가? 글 좀 쓴다는 쟤가? 묘한 질투심이 발동했다. 여하튼 어떤 편지를 받았더라도 선생님은 자못 기뻐하셨을 터였다. 그리고 보니 연애편지 쓰기도 힘들어하는 남학교 아이들이, 그것도 남선생님께 편지하기란 결코 쉬운 일이 아니었다. 혹시 아직까지 내 편지를 보관하고 계신 건 아닐까, 슬쩍 겁난다. 이사하다 자연스레 잃어버리셨기를.

잎을 피우기도 전에 꽃을 먼저 피우는 목련처럼
삶을 채 살아보기도 전에 나는
삶의 허무를 키웠다.

—「목련」에서

파릇한 기운이 땅을 적실라치면 버릇처럼 읊조리게 되는 시. 김동진 가곡 '목련화'와 함께 습관적으로 좋아하다 목련 꽃잎이 칙칙하게 골목 모퉁이를 나뒹굴 무렵이면 지레 시들해지고 만다. 내 삶도 이와 크게 다르지 않을 거라는 불안함과 당최 알 수 없는 세상과 무엇보다 불확실한 나…… 현재가 무작정 버거웠다. 졸업 이후를 진지하게 생각해본 적 없었으며 탕진할 것이라곤 시간밖에 없는 노름꾼이 되어갔다. 물론 가면 몇 개쯤은 지니고 있어 때에 따라 적절한 가면을 골라 실컷 웃을 수 있었다.

봄이었고, 따라서 학교 연례행사인 환경미화가 시작되자 얼굴을 익힌 지 얼마 되지 않은 선생님이 내게 학급 시간표를 만들어보라고 권하셨다. 귀찮았지만 아침 내 웃는 가면을 쓰고 있던 터라 고개를 끄덕였다. 대충 끝내려는 마음은 어느덧 사라지고 작품 하나 탄생시키는 화가인 양 모양새를 내기 시작했는데 그게 화근이 될 줄이야. 좋게 말하자면 추상화의 모호함이었고, 냉정하게 말하자면 실용성 전혀 없어 보이는 시간표일 따름이었다. 최소한 교과명이 보여야 하는데 말이다.

무용지물이 되고 말 시간표를 굳이 학급 게시판에 붙이지 않아도 좋으련만, 기어코 생명력을 부여하고 만 선생님. 정신 사납게 만드는 나의 작품으로 인해 미화평가점수가 적어도 십 점은 감점되었을 텐데……

시간표는 천천히 낡아갔다.

선생님은 좀 달랐다. 학생 가방을 수시로 검사하여 담배 비슷한 것이라도 나오면 몽둥이부터 들고보는, 그런 작자가 아니었다. 가방 검사도 안 했지만, 설혹 학생이 실수로 그것을 보였더라도 압수해가지 않았다. 내일은 오늘보다 적게 피워보라는, 조금씩 줄여보라는 충고가 전부였다. 자신은 정작 비흡연자였는데도 금연하는 일이 보통 힘든 일이 아니라고 위로하기까지 했다.

목의 답답함을 못 견디시는지 언제나 와이셔츠 단추 두 개쯤 풀어놓던 선생님을 떠올리면 류시화 첫 시집이 뒤미처 따라온다. 시집의 표지만 봐도 선생님의 얼굴이 때때로 그려진다.

3

> 그해 겨울 런던의 히스로우 공항에 도착해 피웠던 첫 담배의 맛을 나는 영원히 잊지 못하리라.
>
> ─최영미, 『시대의 우울』에서

그해 겨울, 장성의 육군공병학교 폭파반 앞 잔디밭에서 피웠던 첫 담배의 맛을 나는 영원히 잊지 못하리라. 논산 훈련소를 벗어나자마자 바로 자대배치를 받아 꽉 찬 이등병 생활을 해야 하는 동기들을 환송하고, 남은 소대

원 몇은 뿔뿔이 흩어져 남행열차에 올랐다. 육군의 파라다이스라 불리는 곳에서 후반기 교육을 받게 된 것이다.

입교하고 바로 사역에 불려나갔는데 글쎄 휴식 시간에 한 기수 빠른 교육병이 보급 담배인 팔팔라이트를 꺼내 한 개비씩 돌렸다. 지이익, 담배에 불붙는 소리를 듣자 지난 50여 일이 주마등처럼 스쳤다. 나처럼 훈련소 입소하기 직전 마지막 끽연과 안타까운 키스를 한 이후 처음이었을 맞은편 동기를 쳐다봤다. 황홀해하는 저 얼굴이 내 얼굴을 비추는 거울이 되었다. 세기말의 그 어떤 기억보다 뚜렷하다. 아마 그때부터 그 녀석과 가까워졌나 보다. 도화선에 불붙이고 냅다 뛰어와 숨을 몰아쉬면서, 안전핀 제거! 폭파! 폭파! 폭파!를 외치면서.

집이 없는 자는 집을 그리워하고
집이 있는 자는 빈 들녘의 바람을 그리워한다
나 집을 떠나 길 위에 서서 생각하니
삶에서 잃은 것도 없고 얻은 것도 없다
모든 것들이 빈 들녘의 바람처럼
세월을 몰고 다만 멀어져갔다
어떤 자는 울면서 웃을 날을 그리워하고
웃는 자는 또 웃음 끝에 다가올 울음을 두려워한다
나 길가에 피어난 꽃에게 묻는다
나는 무엇을 위해 살았으며
또 무엇을 위해 살지 않았는가를
살아 있는 자는 죽을 것을 염려하고

죽어가는 자는 더 살지 못했음을 아쉬워한다
자유가 없는 자는 자유를 그리워하고
어떤 나그네는 자유에 지쳐 길에서 쓰러진다

—「길 위에서의 생각」 전문

　스무 번가량 류시화의 첫 시집을 펼쳤더니 암송할 수 있는 시가 삼십 편 남짓 되었다. 굳이 해석하려 들지 않고, 있는 그대로 외우자 삶의 모순 뒤에 숨은 시어의 비밀이 리듬을 만들기 시작했다. 입안에서 굴려도 상처 나지 않도록 낱말을 끝없이 둥글게 조각하고, 그렇게 한 편의 시가 머릿속에서 완성되어야만 비로소 종이에 옮기는 시인의 시작詩作은, 머리가 아닌 혀로 전달될 때에야 시가 생명력을 가질 수 있음을 깨닫게 했다.

　「길 위에서의 생각」은 산문집 『삶이 나에게 가르쳐 준 것들』의 서문 역할을 할 만큼 시인이 애착하는 작품이다. 교육을 마치고 헐떡고개-누구나 헐떡거리게 만들 정도로 가파른 고개여서 이런 이름이 붙여졌음- 를 넘자 유유자적이 되었던 탓일까, 지는 노을을 배경으로 녀석에게 이 시를 들려주었더니 그야말로 뻑 가고 말았다. 그 이후로 정신교육이나 이론 교육 시간에 류시화나 최영미, 랭보나 예이츠를 녀석의 훈련용 수첩-'우리는 국가와 국민에 충성을 다하는 대한민국 육군이다'로 시작하는 복무 신조가 애국가 다음으로 편집된 수첩- 에 적어주었고, 녀석은 내 수첩 귀퉁이를 김소월이나 서정윤, 용혜원 시로 장식했다. 한번은 국방일보로 창 닦다가 우연찮게 내 눈에 들어온 시를 찢어와 적어주기도 했다. 어떤 시였는지 지금은 기억나지 않는다.

버릴 수 없이 슬픈 이야기들은 모두
지난밤의 꿈으로 문질러 두고
지금 窓을 닦고 있는 내 손길 아래
세상의 어느 한 곳이 닦여지고 있다.

톱밥처럼 흩어지는 日常의 책장들
良識은 굳은 어깨뼈처럼 튼튼하지 못하고
길모퉁이에 잠복해 있는
먼지의 덫, 보이지 않는 손들의 굴레
一部分씩 닦여져 나간다.

—「생활」(1980년 한국일보 신춘문예 당선작에서)

류시화가 안재찬으로 불렸을 적의 시도 적어준 것 같은데, 이는 확실하지 않다. "톱밥처럼 흩어지는 일상의 책장"을 어서 넘겼으면 싶었던 것은 확실하지만. 참, 류시화가 어렸을 때 지었다는 시는 분명하게 전했다. 쓸데없이 오밤중에 산을 타는 훈련중이었다. 야간 교육이라는 게 태반이 잘 짱박히는 연습을 하는 거였고, 게다가 그곳에서 취사병으로 복무하는 중학교 동창을 만나 운 좋게 튀긴 건빵을 손에 넣은 터라 무더기 여유를 부리며 우리는 밤하늘을 한참 동안 바라볼 수 있었다. 밤하늘에 한 글자 한 글자 쓰듯 천천히 읊었다.

하늘에는 수없이 많은 별들

book

땅에는 수없이 많은 사람들
그래, 별들만큼 사람이 많은 것은
우리가 저마다 다른 별에서 왔기 때문이지

—『삶이 나에게 가르쳐 준 것들』에서

"저마다 다른 별에서 왔기"에 다를 수밖에 없는 사람들. 내가 아닌 다른 사람을 알아간다는 것은 한 세상을, 하나의 별을 알아가는 거겠지. 개개인의 고유한 다양성을 받아들이지 않고서는 이해할 수 없는 지구에서 타인의 마음을 바라보듯 별을 대놓고 훔쳐보고 있었다.

상점 앞 버려진 소파에 한 어린 소년이 해바라기라도 하듯 무릎을 모으고 졸고 있었다. 상점 주인이 나와 대체 여기서 뭐하냐고 묻자 소년은 이렇게 말한다. "저는 시인이에요. 꿈을 꾸고 있었어요." 그 소년은 바로 장 니콜라 아르튀르 랭보였다.

안재찬 어린이도 아주 오래전부터 자신을 시인으로 여겼을까? 시인이란 모름지기 꿈을 꿀 수 있어야 한다는 것을 알고 있었을까?

내가 사는 집
근처의 눈 속에는
참 많은 귀뚜라미들이 살고 있어
밤이 넘도록 내 집 빈 곳을 채우면서
글쎄 글쎄 글쎄 하고 웁니다
어떤 때 그 울음소리는

낮은 자리에 누워 있는 내 귀에
슬퍼 슬퍼 슬퍼 하는 듯 들립니다.
내 집의 귀뚜라미들은 모두
눈 속에 살기 때문입니다

낮게 불 한 점을 켜고
하루종일 나는 몸이 아픕니다

—「유서, 나는 평민이었습니다」 전문

박목월 시인이 작사한 군가 〈전우〉에서처럼 "한 개비의 담배도 나눠 피우"던 녀석은 양평으로, 나는 가평으로 자대를 배치받은 이후엔 편지로 서로에게 힘이 되었다. 휴가 나와서 류시화 첫 시집을 소포로 보냈더니, 왜 이 시는 진작 말해주지 않았느냐며 편지로 따졌다. 녀석이 가장 좋아하는 시가 되었단다. 우리 또한 각자의 별에서 온 게 맞나보군그려.

4

맘에 드는 원룸이 없었던 게 아니라 월세 낮은 원룸이 없어 한층 무더웠던 여름. 보증금 올려 받고 세 좀 낮춰주시면 안 될까요, 노래 부르는 것도 짜증나 한 집만 더 보고 오늘은 접어야겠다 싶었을 때 시인을 만났다.

"유학 간다고 내놓더니 요즘은 집에 들어오지도 않나 보네. 좀 낡았긴 하지? 뭐, 평생 살 것도 아니잖아. 좀 좁으면 어때, 혼자 살 건데. 봐, 부엌이 분리되어 있어 얼마나 좋아. 세탁기는 여기다 놓으면 되고. 참, 침대는 있어? 안 쓴다고? 없으면 넓게 쓰고 좋지 뭐. 요샌 다 세 받아먹으려고 하지. 보증금 올려 받으면 나갈 때 골치만 아파. 이 동네에서 이 정도 세로 이만한 집 못 구한다니까."

 덜컥 계약하고 말았다. 보자마자 대놓고 하대하는 중개인 아줌마가 거슬렸지만 설득에 넘어가는 척할 수밖에 없는 상황이었고, 그보다는 『외눈박이 물고기의 사랑』과 사이좋게 서 있는 이 책의 보랏빛 책등 때문이었다. 가운뎃손가락으로 책등을 쓸어내렸다. 그것만으로도 한 사람의 사적인 시간이 잔뜩 묻어나, 차마 꺼내 펼쳐볼 용기까진 내지 못했다.

> 안녕! 내 혼의 무게로 쓰여진 이 시들을 이해하려면
> 너 또한 네 혼의 무게로 잠 못 이루어야지
>
> —「시를 평론한다는 사람들에게」에서

 같은 인쇄 과정을 거쳐 같은 크기로 제작되어 같은 위치에 놓여 있을 때까진 시인의 혼밖에 담겨 있지 않지만, 저마다 다른 별에서 온 독자의 손에 쥐어졌을 때부터는 더이상 같은 시집일 수 없다. 독자의 혼이 배기 시작했기 때문. 펼치는 횟수에 비례하게 쌓여가는 독자의 혼을 나는 감히 엿볼 수 없었던 거다. 감히 그의 감응을 평할 수 없었던 거다.

 저자의 혼이 담긴 책에 독자가 손때나 침, 비스킷 가루만 묻히는 게 아니다. 경중은 확연하게 차이 나겠지만 얼마간의 독자의 혼도 담기기 마련이다. 하여, 1994년 2월에 찍은 34쇄본 『그대가 곁에 있어도 나는 그대가 그립

다』는 이 세상에 한 권뿐인 특별한 시집이다.

5

4천5백 원의 시간이 흘렀다. 한 권의 책을 만난 지도, 한 사람을 만난 지도. 2천5백 원이었을 때 만나 3천 원일 때 품었던, 7천 원인 지금까지 포옹을 끝내지 않은 책과 사람. 내가 그를 기억하고 싶다기보다는 그가 나를 기억해주었으면 싶은 욕심으로 내민 책. 그리하여 나의 명함이 되어버린 책.

연락이 닿지 않아도, 시간 때우려 들어간 서점에서 이 책을 발견하거나 늦은 오후 한강철교를 건너는 지하철에서 이 책을 읽는 사람을 목도하게 된다면 먼저 나를 떠올리게 할 특별한 명함.

열여섯, 아니면 열일곱 권쯤의 명함을 돌렸다. 앞으로 내 특별한 명함을 받을 이 몇 남아 있기를. 제대 후 음반 매장 지나치기 아쉬워 들렀더니 매직 아이처럼 눈에 들어온, 달랑 한 권밖에 남지 않았던 『그대가 곁에 있어도 나는 그대가 그립다』 100쇄 기념 시 낭송 테이프를 함께 들어보는 순간이 오기를. 북인도 바라나시 거리의 악사들의 연주와 류시화 육성이 어떤 색채로 귓가에 와 부딪치는지 지켜보기를. 그런 날이 온다면 아마도 나는 마른 나뭇잎에 '소금인형'을 적어넣은 액자가 걸린 술집 얘기를 할지도 모르겠다. 그런데 암만 기다려도 안치환이 부르는 '소금인형'은 흐르지 않았다고.

내 집 뒤에
나무가 하나 있었다

비가 내리면 서둘러 넓은 잎을 꺼내

비를 가려주고

세상이 나에게 아무런 의미로도 다가오지 않을 때

그 바람으로 숨으로

나무는 먼저 한숨지어주었다

내가 차마 나를 버리지 못할 때면

나무는 저의 잎을 버려

버림의 의미를 알게 해주었다

—「나무」에서

 그리고 시가 많은 말을 필요로 하지 않는 것처럼 삶 또한 많은 말을 요구하지 않는다는 것을 강물 흐르듯 보여준 영화 〈시〉에 대해서 말할지도 모르겠다. 수없이 나무를 봤지만 여태 단 한 번도 바라본 적 없는 미자(윤정희 분). 그가 나무를 향해 쳐든 시선을 따라가다보면 그곳에서 생존의 꿈틀거림이 발견된다고 말할지도 모르겠다. 시는 이미 미자 안에 스며들고 있었다. 적당한 거리에서 사물을 가만히 들여다보면 제각각의 명사가 도망가고 없는 건 이 때문이다. 그런 눈부신 순간이 여생에 더러 찾아오기를.

6

"당신은 바람이야. 바람으로 이 세상에 와서 바람처럼 떠돌다 가기 때문에 발 붙일 데가 아무 곳에도 없어."

— 『달새는 달만 생각한다』에서

7

누구는 종이 위에 시를 쓰고
누구는 사람 가슴에 시를 쓰고
누구는 자취 없는 허공에 대고 시를 쓴다지만

나는 십이월의 눈 위에 시를 쓴다
눈이 녹아버리면 흔적도 없이 사라질
나의 시

— 「눈 위에 쓴 시」

일러두기

1. 발췌 기록이 없는 시는 모두 류시화 첫 시집 『그대가 곁에 있어도 나는 그대가 그립다』에 실린 작품이다.
2. 류시화 두번째 시집인 『외눈박이 물고기의 사랑』을 설명에서 제외하였음을 밝힌다.

블로그 축제 인기상 12

모든 한국인의 필독서

최고조조
http://blog.yes24.com/d3h333

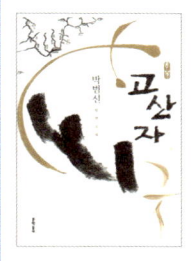

『고산자』 박범신 | 문학동네 | 2009

●● 박범신(약력은 34쪽 참고)
작가가 공들여 써내려간, 힘껏 벼린 한 문장 한 문장으로 다시 살아온 고산자 김정호. 평생 시대로부터 따돌림당했던 고산자孤山子, 백성에게 지도를 돌려주고자 하는 높은 뜻을 품고 있던 고산자, 고요하고 자애로운 옛산을 닮고 그에 기대어 살고 싶어했던 고산자 김정호에 대한 소설가 박범신의 오마주.

독도가 중요하지 않다고 생각하는 한국 사람은 없다. 그런데 대동여지도의 중요성을 인식하는 사람은 그다지 많지 않다. 왜 그럴까? 왜 대부분의 사람들이 최초로 정확히 우리 땅을 그린 대동여지도가 가치 있는 것임을 인식하지 못하는 것일까?

그것은 학교 교육이 잘못되었기 때문이다. 내가 학교 다닐 때 선생님들이 대동여지도를 그린 이가 김정호 선생이라는 것을 가르치긴 했다. 하지만 그게 다였다. 왜 김정호 선생이 대동여지도를 그리게 되었는지, 대동여지도가 역사적으로 얼마나 가치가 있는 것인지에 대해선 배운 기억이 나질 않는다. 초등학교를 비롯해서 고등학교 때까지 12년 동안 김정호 선생의 위대한 업적을 제대로 인식시켜준 선생님이 단 한 명도 없었다. 다른 위인이나 왕들에 대해선 침 튀기면서까지 설명하면서도 우리 땅을 진정으로 사랑하고 아낀 김정호 선생에 대해선 잠깐의 설명만 하고 끝내버렸던 것이다. 이 얼마나 한심한 일이란 말인가! 정말 우리에게 중요한 것이 무엇인지 몰라서 그동안 김정호 선생이나 대동여지도를 소홀히 다루었다는 말인가! 한심하기 짝이 없다. 지금에 와서 독도 영유권 문제가 불거지자 그 중요성을 깨달아 학교에서도 전보단 조금 더 시간을 내어 설명을 하고 있다지만 그래도 여전히 부족한 것이 사실이다. 독도를 지키는 것뿐만 아니라 대마도, 간도까지 전부 되찾아오려면 학교에서부터 교육이 제대로 이루어져야 할 것이다.

이 책은 대동여지도를 그린 고산자 김정호 선생의 일대기를 다룬 책이다. 저자는 왜 고산자가 지도를 그리게 되었고 어떤 마음가짐으로 대동여지도를 만들었는지를 아주 상세히 설명해주고 있다. 사람들이 별로 관심을 갖지 않는 '지도'를 다룬 데다가 조선의 위인들 중에서도 별로 주목을 받지 못한 김정호 선생을 이야기한 책이라 해서 과연 이 책을 재밌게 읽을 수 있을까 의문이 들었다. 어렸을 때 읽었던 위인전들은 하나같이 그저 지루하기만 했기 때문이다. 그런데 이 책은 무척 재밌었다. 단순히 김정호 선생의 일생만 다룬 것이 아니라 역사적 배경과 당시의 사회문제 그리고 김정호가 대동여지도를 그릴 수밖에 없었던 사연 등을 아주 흥미롭게 구성해서 우리들에게 전해주고 있기 때문이다. 여기에 고산자와 혜련 스님과의 애틋한 로맨스가 더해져 독자들의 호기심까지 자극하고 있어 지루할 틈을 주지 않는다. 김정호 선생의 업적과 대동여지도의 중요성을 인식하는 데 있어서 이 책은 아주 적합해 보인다.

이 책은 총 4개의 장으로 구성되어 있다. 지금부터 난 내가 주목한 것들 위주로 그 내용을 하나하나씩 살펴보도록 하겠다.

첫번째로 내가 주목한 것은 '베껴먹기식 저술을 하는 세태를 비판'하는 부분이다. 여기서 저자는 공인이자 서책업자인 묘허 최성환을 소개하면서 당시 사서삼경조차 그 속뜻을 똑바로 꿰지 못한 얼치기 선비들이 베껴먹기식 저술을 하고 목판본을 만들어 돌려 제 경력을 과장하는 일이 다반사였다고 고발하고 있다.

언론에 심심치 않게 등장하는 학자들의 논문 베끼기가 어제 오늘 일이 아님을 알 수 있는 대목이다. 남의 논문을 가져다가 자기가 쓴 것인 양 하는 것은 물론이고 자기가 예전에 쓴 논문을 약간만 손보곤 새 논문인 양 세상에 내놓은 학자들이 부지기수라는 사실은 이젠 새로울 것도 없다. 남의 것을 베끼는 행위는 지적재산권 중 저작권 위반에 해당된다. 그런데 많이 배웠다는 학자들이 위법인 줄 알면서도 새로운 것을 창조하지 않고 남의 것을 베끼기나 하고 베낀 것을 자신의 업적인 양 떠들어대고 있는 것이다. 정말 한

심하기 짝이 없는 노릇이다. 그런 자들이 떡하니 상아탑에서 교수 노릇을 하며 학생들을 가르치고 있는 것이 우리가 살고 있는 21세기 대한민국의 현실이다. 이런 문제는 과거부터 이어져온 악습이기 때문에 솜방망이 처벌이나 가벼운 징계로는 절대 해결되지 않는다. 특별법이라도 만들어 자신의 것은 물론이고 다시는 남의 것을 베끼지 못하게 해야 한다고 생각한다. 국회 및 행정 당국에 강력한 법 제정 및 시행을 요구하는 바이다.

두번째로 내가 주목한 것은 '당시 사회문제를 거론하며 비판'한 부분이다. 저자는 고산자 김정호가 살던 당시는 베껴먹기식 저술도 문제긴 문제였지만 그보다도 더 심각한 문제들이 산적해 있었다는 사실도 여과 없이 말해주고 있다. 그 문제들 중 신분문제, 안동 김씨의 세도정치문제, 부패한 관료문제 등이 정도가 지나쳐 나라가 망할 조짐까지 보였다고 저자는 이야기한다.

우선 신분문제부터 살펴보자. 조선시대는 양반이 아닌 유능한 인재들에겐 암흑기 그 자체였다. 뛰어난 능력에도 불구하고 신분구조 때문에 제대로 뜻을 펼치지 못한 채 한을 품고 죽어간 인재들이 그 수를 헤아리기 어려울 정도였다. 대표적인 인물로는 우리에게 '김삿갓'으로 잘 알려져 있는 '난고 김병연'이다. 김삿갓은 그의 조부 김익순이 대역죄를 받는 바람에 멸문지화를 입어 삼십여 년이나 떠돌이 문객으로 살다 길바닥에서 죽었다. 만약 조선시대가 능력만을 보고 인재를 썼다면 김삿갓처럼 유능한 이가 뜻을 이루지 못함을 괴로워하다 길바닥에서 최후를 맞이하는 일은 없었을 것이다. 그래도 김삿갓은 몰락 양반이라 동정과 대우를 받았으니 행복한 사람이었는지 모른다. 중인이나 평민 그리고 노비라는 이유로 기회조차 제대로 얻지 못했던 사람들은 조선이라는 세상이 죽도록 밉고 원망스러웠을 것이다. 좀 더 일찍 신분문제가 해결되지 않은 것이 안타깝다.

다음으론 안동 김씨 문제를 다룬 부분을 살펴보자. 저자는 책 곳곳에 당시 집권층이었던 안동 김씨들의 패악과 만행들을 서술하면서 이들이 조선시대에 세도정치를 펴면서 얼마나 많은 해악을 끼쳤는지 아주 상세히 밝히고 있다. 조선 말기 안동 김씨가 집권해 세도정치를 펼치면서부터 정치 기강은 문란해졌고 부정부패는 만연해졌다. 이로 인해 백성들은 헐벗고 굶주리게 되어 다투어 관아를 들이치는 데 이르렀다. '홍경래의 난'이 대표적인 봉기인데 만약 이것이 성공했다면 조선은 망하고 더 나은 세상이 펼쳐졌을지도 모른다. 세상이 망하더라도 혁명을 통해 망하면 대혁명을 일으킨 프랑스처럼 새로운 시대가 열리기 때문이다. 하지만 안동 김씨들처럼 나라를 망쳐서 망하게 되면 새 시대가 오기는커녕 일제 강점기처럼 더욱 암울한 시대만 초래될 뿐이다. 영조, 정도 그리고 숙종과 같은 왕들이 쓰러져가는 조선을 바로 세우려고 노력한 것은 높이 평가하지만 신분제도를 없애지 않고 양반들에게만 권력을 나눠준 것은 전과 다를 바 없었기에 차라리 나타나지 않았으면 어땠을까 하는 생각이 든다. 만약 그랬다면 조선은 더 빨리 망해 일제에게 지배당하는 고통과 수모는 면할 수 있었을지 모른다. 새로운 시대의 도래를 방해한 안동 김씨들은 죽어서도 반성해야 할 것이다.

마지막 세번째로 내가 주목한 것은 '대마도, 간도, 독도' 등에 대해 언급한 부분이다. 고산자는 위당 신헌이 삼도수군통제사로 제수받은 걸 축수도 할 겸 혜련 스님의 흔적도 찾을 겸 해서 통영으로 내려간다. 여기서 김정호는 위당 신헌을 비롯해 혜강 최한기, 오주 이규경, 난고 김병연 등과 함께 당시에도 문제였던 영토 분쟁 지역을 놓고 열띤 토론을 벌인다.

그런데 여기서 중요한 것은 당시에도 독도(우산도)는 논쟁의 여지가 없었다는 점이다. 김정호가 대동여지도를 그리기 훨씬 전부터도 그렇고 완성에 다다른 시점에도 독도를 울릉도의 아들 섬으로 여겼다는 것에 대해 조선과 왜는 이견이 없었다고 한다. 김정호가 독도를 대동여지도에서 뺀 이유는 단지 판각 때문이었는데 사람이 살지 않는 섬과 비어 있는 바다까지 모조리 새겨놓을 수도 없는 노릇이었고 필요성도 없어서였다. 즉 이러저러한 제작 과정의 어려움이나 효용성 때문에 독도를 뺀 것이라는 말이다. 그런데도 일본은 역사적 근거도 없는 주제에 독도를 자기네 땅이라고 계속해서 우기고 있는 것이다.

그리고 여기서 한 가지 더 짚고 넘어가야 할 것이 있는데 그것은 바로 대마도 문제다. 간도는 아직 한국이 통일이 안 되었으니 차치하더라도 대마도의 소유권 문제는 확실히 해둬야 할 필요성이 있다. 이 책에서도 밝힌 바와 같이 대마도는 본디 우리나라 땅이었다. 동국팔도여지도, 해동지도에도 분명히 대마도가 조선 땅으로 나와 있다는 것이 그 증거다. 농포자 정상기 선생의 동국지도에도 나와 있는 것은 물론이고 성종 때 편찬한 『동국여지승람』에도 대마도를 경상도 동래현이라 못박아놓았다는 것이다. 이에 훨씬 앞서 고려사에도 대마도가 우리 땅이라고 기술돼 있다고 한다. 세종 때 대마도에 징벌군을 보내 조선의 영토임을 천명했고 세조 때에는 대마도 도주에게 종1품 판중추부사 겸 대마도주도절제사라는 벼슬을 내리고 이에 합당한 녹을 책정해 신하의 도리를 다하도록 한 일도 있다. 한데도 일본인들은 무단으로 남의 영토를 점령하고는 21세기인 지금까지도 자기네 영토로 여기며 살고 있는 것이다. 이

것도 상당히 분한 일인데 독도까지 자기네 땅이라고 우겨대니 한국인으로서 피를 뽑을 정도로 분노하지 않을 수 없다. 우리 땅을 뺏기고도 되찾지 못하는 현실이 너무나 안타깝고 괴롭다.

지도는 영토를 주장하는 데 있어서 상당히 중요한 근거 자료가 된다. 그렇기 때문에 대동여지도의 가치는 말로 헤아릴 수 없을 정도로 중요하다. 비록 형편과 여러 가지 문제로 인해 독도를 그려넣지 못한 점은 안타까운 일이나 그렇다고 해서 역사적 가치가 떨어지는 것은 아니기 때문에 우린 대동여지도를 더욱 아끼고 사랑해야 할 것이다. 독도는 말할 것도 없고 대마도와 간도는 대한민국 땅이다. 이를 인식하는 데 있어서 이 책만큼 좋은 책은 없다고 생각한다. 나처럼 한국을 진심으로 사랑한다면 꼭 이 책을 읽어보길 바란다.

인상적인 글귀

"마땅히 지도는 나라의 것이기에 앞서 백성의 것이어야 한다."

"지도란 어디까지나 사실을 기반으로 삼아야 한다. 정치적인 문제나 판단은 그 후의 일이다."

고갱 VS 스트릭랜드, 존재와 소유에 대하여

트레제게
http://blog.yes24.com/khsar16

『달과 6펜스』 서머싯 몸 | 민음사 | 2000

● ● 서머싯 몸

1874년 프랑스 파리에서 출생하였다. 10세 때 양친을 잃고 목사인 백부 집에서 성장한 몸은 불행한 어린시절을 보냈다. 런던의 성 토머스 의학교에 입학하여 의사면허를 취득하나 작가를 지망하여 10년 간 파리에서 가난한 생활을 하였으며 1897년 첫 소설 「챔버드 구의 라이자」를 발표하였고, 1908년에는 「잭 스트로」 「도트 여사」 「탐험가」 「프레드릭 부인」 등 희곡을 발표하였다.

1 | 글쓴이 알아보기

서머싯 몸은 1874년 프랑스 파리에서 출생하였다. 10세 때 양친을 잃고 목사인 백부 집에서 성장한 몸은 불행한 어린시절을 보냈다. 런던의 성 토머스 의학교에 입학하여 의사면허를 취득하나 작가를 지망하여 10년간 파리에서 가난한 생활을 하였으며 1897년 첫 소설 『챔버드 구의 라이자』를 발표하였고, 1908년에는 『잭 스트로』, 『도트 여사』, 『탐험가』, 『프레드릭 부인』 등 희곡을 발표하였다. 20세기 영국 문학사에서 가장 풍자적인 소설가로 분류되는 서머싯 몸은 영국인이 빠져들기 쉬운 속물근성이나 위선자적 경향을 냉철하고 비정한 필치로 파헤치는 것으로 유명하다.

2 | 책 훑어보기

화가 폴 고갱의 삶의 단편들을 소설로 옮긴 강렬하고 흥미진진한 이야기. 한 화가의 모습을 그려내는 동시에 원시에의 갈망과 현대 사회의 병폐적인 모순에 대한 반항적 요소. 존재와 소유.

3 | 책 뜯어보기

과거부터 현재까지 시대를 관류하는 지난 세대의 작가 정신을 담은 고전이 2010년을 걷는 세대들에 감동과 공감을 형성하는 이유는 인간의 본성을 다루고 있다는 점에서 그 맥락을 찾아볼 수 있다. 이는 곧 인간의 본능과 기본적인 감정을 고전 작가들의 치밀한 성찰과 구성이 현재에도 불변하는 인간적인 면모에 호소할 수 있기 때문이라고 본다.

자신의 삶과 육신을 예술과 영혼으로 맞바꾼 주인공 '스트릭랜드'의 광기가 인간적인 면모와는 거리가 멀게 보이지만 한편으론 그의 예술에 대한 집착과 혼은 자아를 내던진 잠재된 인간의 본성이 아닐까 한다. 후기 인상파의 거장 화가 고갱을 모델로 삼은 서머싯 몸의 「달과 6펜스」는 영국 중산층의 삶, 금전과 가정을 버리고 오직 그림을 위해 무일푼으로 파리로 떠나 타히티에서 나병으로 죽음에 이르기까지 '스트릭랜드'의 일생을 통해 고갱을 투영하는 작품이다.

아내와 자식을 버리고 은인과도 같은 '다크 스트로브'의 아내 '블란치'와 동거하며 예술 정신과는 무관하게 쉽게 팔리는 그림만을 그린 주인공의 모습에서 이렇게 구차하고 비루한 삶을 살아야만 하는지에 대한 의문이 끊이질 않는다. '개성이 특이하다면 천 가지의 결점을 모두 용서할 수 있다'는 화자의 언급은 주인공 '스트릭랜드'의 비범함과 천재성, 그리고 광기 어린 예술에 대한 집착이 어느 정도인지를 가늠하게 하는 중요한 부분으로 우리에겐 쉬운 삶은 아니지만, 예술혼에 사로잡힌 영혼에서 인간 근본의 명제가 무엇인지를 거론한다는 것은 모순이라고 생각된다.

늦바람이 더 무섭다고 했는가. 금전과 세속으로 점철된 6펜스를 내던지고 사십대의 중년 나이에 불쑥 찾아든 자아를 찾아 달을 향해 무작정 걸어가는 삶이 사회적 구속과 윤리와 가정 등을 모두 저버려야 진정한 자아를 찾는다는 의미와 일맥상통한다는 것은 거부하기 어려운 논쟁거리가 될 소지도 있다. 아무튼, 그들의 예술 세계를 이해하는 것은 매우 어렵게만 느껴진다.

사회적 반향이 될 만한 육체적 탐닉만을 위한 친구의 아내 '블란치'에 대한 주인공의 배신과 그로 말미암은 일가의 파멸, 타히티에서 세번째 결혼이라는 내용에서 파생된 윤리적, 도덕적 의미는 작가에게 그다지 큰 논제가 되지 않는다. 작가의 집필 의도에서 알 수 있듯 블란치의 죽음 등이 단순히 주인공의 존재에 대한 원인이 아닌 소유에 대한 집착이라는 지적은 달과 6펜스를 도덕과 윤리의 차원에서 이해하기보다는 소유와 존재 측면에 주제가 있음을 대변한다.

고갱을 따라간 작가의 시선 즉, 세속을 버리고 나병에 걸려 병마 속에서 마지막 예술혼을 불살랐던 '스트릭랜드'가 필생의 대작과 함께 사라진 모습 속에서 작가는 소유와 존재라는 의미를 상기하였을까. 적어도 타히티의 원시 섬에서 그림에 대한 가치는 금전으로 환산할 수 없는, 말 그대로 소유가 아니라 존재함으로써 가치는 빛을 발했다. 가정을 버리고 육체를 탐하며 금전을 취하고자 예술을 팔았던 주인공의 비윤리적인 삶이 용서될 수 있었던 것은 타히티에서 주인공의 유언에 따라 대작들이 오두막과 함께 불태워졌던 순간이 아닐까 한다.

> 인간은 신화를 만들어내는 능력을 타고난다. 그래서 보통 사람과 조금이라도 다른 인간이 있으면 그들의 생애에서 놀랍고 신기한 사건들을 열심히 찾아내어 전설을 지어낸 다음, 그것을 광적으로 믿어버린다. 범상한 삶에 대한 낭만적 정신의 저항이라고나 할까. 전설적인 사건들은 주인공을 불멸의 세계로 들려보내는 가장 확실한 입장권이 되어준다.(11쪽)

4 | 책 닫기

현대 문명 속에 살아가는 인간은 물질에 대한 존재보다 소유에 집착하는 삶이 전부라고 해도 과언이 아니다. 주택을 소유해야 하고, 자동차를 소유해야 하며, 돈을 소유해야 하는, 과거나 현재나 인간은 거부할 수 없는 유물론자이다. 사십대 중년에 찾아든 광기 어린 예술혼, 소유의 집착에서 벗어나 존재에 대한 가치를 발견한 '스트릭랜드'. 『달과 6펜스』라는 고전을 통해 사색과 성찰을 하다.

블로그 축제 인기상 14

추억이 켜켜이 쌓인
할아버지의 바닷속 집

하늘나리
http://blog.yes24.com/oblove95

『할아버지의 바닷속 집』 히라타 겐야 | 바다어린이 | 2010

●● 히라타 겐야
아오야마학원대학 문학부 불문과를 졸업한 뒤, 1995년에 로봇 사에 들어갔다. 커뮤니케이션 플래닝부에서 일하며 텔레비전 드라마와 극장 영화, 단편 영화 등의 각본을 썼다.

책 표지를 둘러싼 띠지를 꽉 채운 현란한 수상 경력이 오히려 사족처럼 느껴질 정도로 잔잔하게 오래도록 가슴이 먹먹해지는 감동을 주는 그림책이다. 바닷물이 점점 차올라 마을 주민 대부분이 떠나버린 마을에서 혼자 살아가고 있는 할아버지의 이야기가 햇빛 빛깔의 따스한 노란빛과 바다 빛깔의 푸른 초록빛이 주조를 이룬 그림과 어우러져 잔잔하게 흐른다. 마음속을 헤집고 다니며 아련한 기억들을 톡톡 건드리며 조용한 파문을 일으키는 이 이야기에 감동하지 않고 버텨낼 사람은 드물 것이다.

바닷물이 점점 차오르는 마을, 물이 차올라 살던 집이 잠기면 그 위에 새 집을 지어 집들이 마치 상자를 쌓아올린 모양을 하고 있는 이 마을 대부분의 주민들은 보다 안정적인 곳으로 떠났으리라. 얼마 남지 않은 이웃과 체스를 두기도 하고 멀리 사는 자식들이 보낸 편지에 위로를 받으며 밤이면 파도 소리에 잠을 청하는 할아버지의 집은 3년 전 먼저 세상을 떠난 할머니와 자식들과 손자들의 추억을 고스란히 담아내고 있는 '기억의 저장고' 같은 곳이다. 또다시 바닷물이 차오르기 시작해 새집을 짓는 과정에서 떨어뜨린 연장을 찾으러 바닷속으로 내려가게 된 할아버지는 집마다 서려 있는 가족들과의 추억을 다시 만나게 된다. 할머니와 결혼해서 처음 지은 작은 집 위로 첫 아이가 태어났던 집, 키우던 새끼 고양이를 잃어버려 아이들이 슬퍼했던 집, 할머니가 만든 웨딩드레스를 입고 맏딸이 시집갔던 집, 마을 축제가 있었던 집 들이 차곡차곡 쌓인 그 바닷속 집은 가족들과의 행복한 기억들을 담고 살아가고 있는 할아버지의 모습과 닮아 있다.

할아버지마저 세상을 떠나 더이상 이 집을 짓게 되지 않더라도 이곳에서 자라 결혼한 아이들과 손자들의 기억 속에 이 바닷속 집에 대한 이야기가 희미하게나마 전해질 것이다. 그러다 결국 저승으로 들어설 때 건너게 된다는 망각의 강 레테처럼 바다는 할아버지의 바닷속 집을 영원한 망각 속으로 삼켜버릴 것이다. 나의 존재가 유한한 것처럼 나를 둘러싼 보잘것없는 추억들도 나와 함께 영원히 묻혀버리겠구나, 생각하니 문득 슬퍼진다.

감동적인 책을 읽고 나면 마지막 장을 읽고도 쉽게 손에서 놓지 못하고 책등을, 책표지를 쓰다듬게 된다. 마음을 흔들어놓는 책들이 바로 그런 경우다. 이 책 「할아버지의 바닷속 집」은 내게도 추억 여행을 떠나라고 등을 떠밀어준다. 할아버지의 바닷속 집처럼 차곡차곡 쌓여가는 집은 아니지만 내 기억 속의 집들도 추억이라는 연결고리로 서로 가까이 이웃하고 있다. 동네 어귀에서도 눈에 띄는 커다란 밤나무가 서있던 집, 호박넝쿨과 나팔꽃이 사이좋게 엉켜서 담벼락을 타고 다니던 집, 작은 다락방이 있던 집, 사랑하는 아빠를 떠나보내며 어렴풋하게 어린 시절이 끝났음을 알게 된 집까지……그 집들은 추억의 옷을 덧입어서 조금은 과장된 모습들이다. 뒷마당의 밤나무는 기이하게 훌쩍 키가 커 있고, 채송화 봉숭아 나팔꽃이 주류인 작은 꽃밭은 어느 유명한 정원들보다 예쁜 모습이다. 근처에 축사가 있어서 냄새에 시달렸을 법한 집마저도 동물의 분뇨 냄새는 쏙 빠지고 아카시아 향기로만 기억되니 말이다.

내게는 이렇게 가끔씩 꺼내놓고 위로받을 추억의 집이 있는데 내 아이에게는 과연 훗날 추억이 담긴 집이 있을까 하는 생각이 든다. 장소에 대한 기억, 사람에 대한 미련마저 매정하게 끊어내고 2년에 한 번씩 보따리를 챙겨 이동하는 신유목민 시대를 살아가고 있는 내가 아이에게 한없이 미안해지는 순간이다. 마당 한쪽에 아이와 같은 키의 나무를 심어 아이와 함께 자라는 모습을 흐뭇하게 지켜보며 소일할 수 있는 마당 있는 집은 아니더라도 어느 하늘 아래 어느 집을 떠올려도 엄마의 사랑을 듬뿍 캐낼 수 있도록 마음껏 사랑해주는 걸로 아이에 대한 미안함을 대신하려 한다.

블로그 축제 인기상 15

사랑도 때론 폭력이다

hephzibah
http://blog.yes24.com/rosemoss17

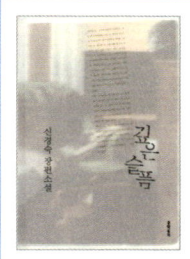

『깊은 슬픔』 신경숙 | 문학동네 | 2006

● ● **신경숙**(약력은 81쪽 참고)

신경숙의 첫 장편소설. 한 여자와, 그녀가 짧은 생애 동안 세상에서 만난 사람들의 이야기이다. 작가는 그 여자 '은서', 그리고 '완'과 '세'라는 두 남자를 소설의 표면에 떠올려놓고 있다. 그들 세 사람을 맺어주고 환희에 빠뜨리며 절망케 하는 것은 '사랑'이다. 사랑의 올이 얽히고 풀림에 따라, 고향 '이슬어 지'에서 함께 자라난 세 사람의 운명은 서로 겹치고 어긋나면서 이어진다.

나, 인생에 대해 너무 욕심을 냈구나

한 가지 것에 마음 붙이고 그 속으로 깊게 들어가 살고 싶었지. 그것에 의해 보호를 받고 싶었지. 내 마음이 가는 저이와 내가 한 사람이라고 느끼며 살고 싶었어. 늘 그러지 못해서 무서웠다. 그 무서움을 디디며 그래도 날들을 보낼 수 있었던 건 그럴 수 있을 거란 믿음이 있어서였지. 하지만 이제 알겠어. 그건 내가 인생에 너무 욕심을 낸 거였어. (578쪽)

너는 너 이외의 다른 것에 닿으려고 하지 말아라. 오로지 너에게로 가는 일에 길을 내렴. 큰 길로 못 가면 작은 길로, 그것도 안 되면 그 밑으로라도 가서 너를 믿고 살거라. 누군가를 사랑한다 해도 그가 떠나기를 원하면 손을 놓아주렴. 떠났다가 다시 돌아오는 것, 그것을 받아들여. 돌아오지 않으면 그건 처음부터 너의 것이 아니었다고 잊어버리며 살거라. (580쪽)

이 소설엔 크게 두 개의 축이 있는 거 같다. 하나는 어릴 적 엄마가 집 나갔다가 돌아온 적이 있어 그사이 큰 상처가 생긴 은서가 쓴 두 편의 소설 이야기. 그 속에 나타난 엄마들의 모습. 엄마도 인간이었으니까 엄마들의 삶이 있는 거 아닌가 하는 생각이 든다. 엄마이기 이전에 여자 아닌가…… 왜 엄마로서가 아니라 여자로서의 삶을 선택했다고 비난을 들어야 하는지 측은한 심정이다.

그리고 그런 은서를 둘러싼 두 남정네. 완과 세는 또 어떤가. 이 못난이들은 자신들의 상처 난 자존심 때문에 사랑이란 허울을 쓰고 은서에게 어떻게 대했는지…… 욕지기가 나온다. 두 남자의 이기적인 사랑이 그저 사랑받고 사랑하며 살고 싶어한 은서라는 여자를 결국은 인생에 대해 너무 욕심을 부렸다고 스스로 위로하며 몸을 날리게 만든 거라 생각한다. 사랑하는 사람과 잠자리를 같이하고 그의 아이를 낳는 일이 뭐가 그리 대단하다고 그렇게 못 가져서 안달하고 그러다 가지게 되면 처음 마음은 사라지고 과거까지 더 갖지 못해 욕심이 생기고 스스로를 괴롭힌다.

은서가 그들과의 사랑에 완전히 녹다운당하고 있을 때 일상에 끼어든 다른 두 여인의 사랑. 화연의 사랑과 유혜란의 사랑. 그리고 그들로부터 위로를 얻는다.

화연, 사촌오빠와의 사이에 아이도 낳았지만 역시 이루어질 수 없는 사랑을 했고 너무 외로워 은서에게 모든 것을 쏟아붓다보니 은서를 사랑하게 된 더 높은 사랑의 장벽을 만나 결국 자동차를 몰고 바다에 뛰어들 수밖에 없었던 여인이었다.

유혜란. 그나마 가장 이성적, 아니, 성숙한 사랑을 했다고 해야 하나. 어느 순간부터 임포텐츠가 된 사진작가를 사랑하게 되고 그를 이해하고 되고 조용히 그가 회복될 수 있도록 인내심을 가지고 기다려준 덕에 결국 결혼까지 하게 되는 그녀다. 은서를 이해할 줄 알고 헤아릴 줄 아는 그녀였다. 은서도 그녀의 행복을 끝까지 보고 싶었나보다. 그녀의 청첩장을 받아들고서야 눈부신 어느 봄날, 완과 세도 자기 때문에 조금은 가슴이 찌릿할 거라 생각하며 몸을 날린다.

왜 이 여자는 자기를 학대하는 사랑을 과감하게 정리하지 못했을까? '사랑하는 슬픔', '나, 태어나지 말았기를', 저자가 선택하는 어휘 하나하나가 마음에 스산한 바람을 일으켰다. '나, 그들을 만나 불행했다. 그리고 그 불행으로 그 시절을 건뎠다.'

엄마에게 버림받은 적이 있다는 상처만으로 줄곧 성인이 되어서도 그 때의 기억을 잊지 않고 살아가는 여자…… 그때 남들이 따뜻한 저녁밥을 해 먹을 때 생쌀을 씹으며 남동생 이수와 함께 외로움을 견뎌냈기 때문일까. 유달리 남동생 이수는 항상 그에게 슬픔과 아픔, 연민을 불러일으키는 존재가 되었다. 그런 상처들을 싸맬 이야기를 그녀는 스스로 지었다. 한 편은 은서가 이수를 위해 읽어주고 또다른 소설은 이수가 꺼내어 은서에게 읽어준다. 반대급부로 상처를 치료받고 싶어서일까.

  은서가 쓴 소설 속 등장인물 서씨와 인숙이, 첫 결혼에서 초야도 치르지 못하고 6개월을 살다가 남편이 죽는 바람에 다시 재가한 집에 핏덩이 인숙이와 그녀의 오빠가 있었다. 빈 젖이지만 젖 물려가며 자기 자식처럼 인숙을 키웠지만 결국 그녀의 오빠는 새엄마는 시골에 혼자 남겨둔 채 인숙이만 챙긴다. 인숙이를 그리워하는 그 엄마…… 은서는 자기의 친엄마와는 다른 계모를 통해 진정한 엄마의 상을 그린 것은 아니었을까, 자기는 그 오빠와 같다고 생각지 않았을까.

  또다른 소설. 엄마는 동생 수혜만을 데리고 재가한다. 엄마보다도 동생 수혜와 떨어지기 싫어 입에 거품을 물며 생똥을 싸도록 온몸으로 울었지만 결국 그녀에게 남은 것은 자신만 버림받았다는 자괴감이고 그녀들을 생각할 때마다 물똥을 싸대는 자신이었다. 그런 여동생에게 정말 그리웠다고 말하고 싶었지만 기회를 놓친 그녀의 마음은 허허롭기만 하다. 여동생과 떨어질 수 없었던 그녀는 동생 이수와 떨어질 수 없었던 은서 자신의 모습이었나보다.

  소설 읽는 동안 이렇게 짜증스런 적이 없었다. 일주일이 넘게 걸려가며 조금씩 읽는 동안 은서의 사랑이 나의 사랑인 양 은서의 상처가 나의 상처인 것같이 답답하고 짜증스럽고 예민하게 신경을 건드렸다…… 상처받고 쓰라린 나의 마음은 딸들에게도 짜증을 부렸네……

그 와중에 우연찮게 혼자서 나와 자신이 첫사랑이라고 생각하는, 아직도 총각인 그놈이 전화를 해왔다. 나는 이 애 만나기 전에 이미 좋아하던 아이가 있었고 그 애와의 헤어짐으로 마음 한 구석이 뻥 뚫린 상태였는데 그 허허로움을 이 애는 좋아했던 것 같다. 그 이전까지 자기가 써왔던 일기장을 나에게 줬었다. 나는 재수를, 걔는 서울에서 대학 생활을 했고 자주 서신 왕래를 했었지만 못 들어도 좋은 소식을 내가 듣게 되어 그 길로 연락을 끊었었다. 그리고 저나 나나 둘만 친구들 사이에 남아서 친구들이 너희 둘이 결혼하는 것이 어떻겠냐는 소리를 들을 즈음 나는 결혼을 했다. 이후 3년…… 내게 전화를 한 거다. 전화를 통해 들려오는 아이들 소리에 충격을 먹었는지 결혼한 지 얼마 되었다고 벌써 애가 있느냔다. 나 참…… 3년 안에 둘도 낳을 수 있다는 것을 내가 보여주지 않냐고 그랬더니 후회는 안 하느냔다, 공부도 많이 했는데 그냥 전업 주부로 있는 것이.

난 전혀 후회 없다고 아주 만족한다고 그랬더니 내 목소리에서 묻어난단다. 그리고는 60살이나 되어서 나와 내 남편하고 두루두루 얼굴이나 보자고 잘살자고 끊었다.

나를 감당할 수 없다며 내가 이혼하거나 혼자가 되면 그때 자기랑 결혼하자고 한 게 고3이었다. 그 망할 놈의 자신감 없음이 그렇게나 싫었고 느끼해서 싫었었는데…… 아직도 모든 것을 첫사랑이란 황홀함으로 감싸고 기억하는 이 애가 애처로웠다. 나는 가끔 나의 진짜 첫사랑—이 애도 아는 사람인데— 을 기억하며 잘살고 있으려나 생각하는데.

완을 바라보던 은서, 은서만을 바라보던 세에게만큼은 못 미치지만 현실에 이런 사랑도 저런 사랑도 있다는 생각을 한다.

신경숙 작가의 소설은 이것이 처음이다. 번역 문학에만 젖어 있던 내게 처음으로 우리 국어로 읽는 한국문학의 맛이 이거구나 싶어 무척 반가웠지만 너무도 섬세한 울림에 읽는 내내 마음이 아팠다. 꼭 아픈 것만 사랑이 아닐진대 우리는 너무 피 흘리며 살아간다 싶다.

2부

내가
보여주고
싶은
영화
이야기

블로그 축제 우수상 1

이 고통은 진짜일까?
나의 진짜 고통을 묻다

설국
http://blog.yes24.com/kimmo-c

〈환상통〉 마티아스 엠케 감독 | 틸 슈바이거, 야나 필라스키 등 출연 | 드라마 | 2009

글 쓰는 데 뛰어난 재능을 가졌지만 과거의 상처로 인해 글쓰기를 그만둔 마크. 그는 아내와 이혼 후 이렇다 할 직업 없이 절친한 친구 알렉스를 의지하며 가볍게 하루하루를 살아간다. 자전거를 타고 세계 여행을 꿈꾸던 마크는 어느 날 사고로 한쪽 다리를 잃게 된다. 사이클이 전부였던 그는 심각한 절망에 빠지고 잃은 다리에서 통증마저 느끼기 시작한다. 상처 받은 심신의 마크를 아끼는 이들의 도움으로, 그는 새롭게 살아갈 힘을 얻고 글쓰기를 다시 시작한다.

내가 어쩔 수 없는 일들이 참 많구나

　내 반대 따위는 아무런 힘도 쓰지 못했다. 벌어질 일은 마치 예정된 일처럼 벌어졌다. 어떻게 이럴 수 있느냐고, 어떻게 이런 일이 생길 수 있느냐고 바득바득 소리를 질러봐도 아무것도 바뀌는 것이 없었다. 나이를 먹으면서 저절로 알게 되는 건 이런 것들이었다. '아, 내가 어쩔 수 없는 일이 있구나.' 원치 않는 이별을 하게 될 때, 혹은 간절히 원하는 일을 이루지 못할 때…… 그 당시에는 나는 절대로 승복하지 않을 것처럼 악다구니를 쓰다가도 결국에는 혼잣말로 이런 이치(!)를 복습할 따름이었다. 그럴 때면 꼭 패배한 것 같았다. 세상이라는 드라마의 주인공이 내가 아닌 것을 확인하게 될 때면, 좋은 친구들과 가족들과 함께 있는 순간에도, 조금 쓸쓸해졌다.

　영화 〈환상통〉은 자신에게 가장 의미 있는 것을 잃게 된 남자의 이야기다. 아내와 이혼 후, 친구와 술집을 전전하며 이야기하는 낙으로 매일을 흘려보내는 마크. 이런 그에게도 중요한 것이 하나 있는데, 바로 사이클이다. 피레네 산맥을 사이클로 등정하는 것. 매일 사이클로 아침을 시작하는 그에게 곧 이루어질 소중한 꿈이다. 하나 비극적인 사고는, 매일 달리는 이 남자의 다리를 앗아간다. 수술로 왼쪽 다리를 절단하게 된 것이다. 이로 인해 그의 삶은 완전히 바뀌게 된다.

　자신을 가장 매력적으로 보이게 하는 다리, 자신을 꿈꾸는 곳까지 데려다줄 그 다리를 잃은 마크. 상상만 해도 너무 잔인한 일이다. 다리를 잃어본 일은 없지만, 마크의 다리 같은 존재를 잃어본 일이 있기에 그의 절망이 나의 기억과 얽히며 고스란히 내 슬픔으로 전해져왔다. 수백 번, 머릿속으로 사고가 일어나기 전의 상황을 시뮬레이션하며 후회하는 일, 세상이라는 게임은 결코 한 번 던진 패를 물리는 일이 없다는 걸 뼈아프게 배우는 일, 이젠 정말 어쩔 수 없다고 두 손 두 발 다 들어야 하는 일, 내 마음이 이를 받아들일 때까지 기다리는 일. 소중한 것을 잃어본 적이 있는 사람이라면 누구나 겪었던 그런 일들, 그런 시간들이 마크에게, 그리고 지켜보는 나에게도 다시 찾아왔다.

소중한 것을 잃고 나면 우린 어떻게 될까?

 하지만 영화는 단지, 소중한 것을 잃은 슬픔에만 머물지 않는다. 과연 그것을 잃고 난 사람들은 어떻게 될까, 어떻게 절망하고 어떤 순간에 눈물을 닦게 될까? 〈환상통〉은 이에 관한 영화다. 마크는 환상통을 겪는다. 이름과 달리 전혀 환상적이지 않은 이 환상통이란, 상처 난 부위를 잘라낸 후에도 여전히 전과 같은 통증을 느끼는 증세다. 거짓 통증이라는 말이 좀더 정확하겠다. 수술 후, 자신이 다리를 잃었다는 사실을 인정하지 못하던 때, 그리고 의도치 않은 말로 사랑하는 여자를 떠나보낸 후 그는 격렬한 환상통에 시달린다.
 그런 마크를 보며, 고통에 대해 생각했다. 그는 실제로는 존재하지 않는 것에서 고통을 받는다. 고통의 실체는 무엇인가? 지금 나를 고통스럽게 하는 것은 과연 무엇인가? 그것은 실재하는가? 그런 생각은 무시무시한 데까지 이어졌다. 내가 겪고 있는 고통 역시 환상통이 아닌가? 나는 얼른 내 고통의 근거와 실체를 찾기 위해 고민하기 시작했다.
 나는 공연히 초조해졌다. "살아보니, 삶은 살수록 더 어렵기만 하더라"

고 한 어른은 말씀하셨다. 그 말을 들을 때만 해도, 웬 비관론이냐며 실눈을 뜨며, 재미있게 살겠다고 허약한 의욕을 불끈거렸다. 막 사회생활을 시작한 요즈음, 모든 일이 나로부터 시작되고, 온전히 내 책임으로 귀결된다는 것을 배우는 요즘, 세상일이 마냥 흔쾌한 마음만으로 "아님 말고, 아님 됐고!" 자세만으로 웃고 넘어갈 수 없는 일도 있다는 걸 알아가는 때라서 그런지도 모르겠다. 마크의 '환상통'이 이야기를 넘어 내게 어떤 울림을 주고 있었다.

무엇이 나를 고통스럽게 하나?

사람들은 자주, 힘들다고 말한다. 친구들의 질색한 표정 위에도, 마치 방송국의 '온 에어' 불이 켜져 있듯, '방황중'이라는 글자가 깜박거린다. 어른들이 보기엔 '그저 좋을 때'라는 이십대, 우리는 의도치 않게 자주 슬퍼하고, 맘 같지 않게 자꾸 후회한다. 그러면서도 하루는, 이것도 청춘이라며 서로 얼굴을 마주 보고 웃기도 하고, 또 하루는 도무지 스스로가 청춘 같지 않다고 자책한다. 그런 우리를 괴롭게 하는 게 무엇인가? 아니, 그보다 그런 나를 괴롭게 하는 것은 대체 뭔가? 나는 괴로움의 실체를 알아야 했다. 이것은 이미 내 마음속에, 나의 고통이 환상통일지도 모른다는 심증을 갖게 되었다는 증거이기도 했다.

그렇게 고통의 정체를 묻는 작업이 시작되었다. 내가 고민하는 것, 나를 고통스럽게 하는 것들을 쭉 써봤다. 고통은 두 가지로 나뉘었다. 나 자신으로 인한 것과 외부에서 받는 것이었다. 이를테면 지금 하고 있는 일에서 느끼는 갈증. 잘하고 있나, 더 나아져야 하지 않을까 하는 자체 검열에서 느끼는 불만족과 불안. 게으름으로 인한, 도무지 내 맘대로 움직여지지 않는 내 몸에 대한 분노(이렇게 살다간 내가 원하는 일들, 원하는 사랑을 이뤄낼 수 없을 거라는 불안감). 이런 것들이 나 스스로를 가장 짜증스럽게 하고 있었다. 정리해보자면, 마치 어느 경구의 한마디처럼, 이 고민들은 대부분 아직 오지 않은 미래에 관한 것이었다. 지금의 내 모습이 만족스럽지 않아서, 아직 정해지지 않은 것들에 대한 불안감이 나를 고통스럽게 억누르고 있었다.

외부적인 것이라면, 최근 이뤄지지 않은 사랑에서 겪은 슬픔. 그로 인한 외로움과 우울함이 내 생활에 잠복해 있었다. 대부분의 외부적인 것들은 이것을 근간으로 가지를 치고 있는 일들이었다. 그러니까, 한마디로 정리하자면, 내 맘대로 되지 않는 것들 때문에 고통스럽고, 그것을 내 맘대로 뒤집을 자신이 없는 것 때문에 우울해 있는 것이다. 막상 정리를 해보니, 나를 매일 짓누르던 고통과 우울이 사소해 보이기도 하고, 시시해 보이기도 했다. 하지만 분명, 어느 밤에는 저런 고민 때문에 내 모든 것이 휘청거리는 슬픔과 두려움을 느낀 것도 사실이다. 어쨌거나 과거에 받은 상처 때문에 여전히 슬퍼하는 것이나, 미래에 대한 자신이 없어 걱정하는 것 역시 환상통에서 멀리 있지 않은 듯하다. 그저 내가 패기 없는 청춘, 겁 많은 청춘이어서일까? 〈환상통〉을 본 지금, 나의 상태는 이러하다.

환상통 극복하기

그렇다면 마크는 〈환상통〉을 어떻게 극복해낼까? 마크가 다시 일어나는 데는 그의 여자친구, 니카의 도움이 컸다. 양쪽 목발을 짚고 가는 마크를 부축하던 니카. 목발을 던지고, 목발을 두르고 있던 그의 팔을 자신의 어깨에 두른다. 그녀가 그의 목발이 되어주는 이 장면은 상징적으로 다가왔다. 그제야 마크는 나머지 한쪽의 목발도 던진다. 그녀 덕분에 그는 자신이 스스로 설 수 있고 걸을 수도 있다는 걸 깨닫는다. 그녀 덕분에 낸 용기. 나에게 결핍된 자리를 꽉 채워줄 수 있는 사람을, 사랑을 만나는 게 회복하는 데에 가장 빠른 길일까. 더불어 꼭 내가 마크일 필요는 없다는 것. 나 역시 니카가 되어 누군가의 목발이 되어줄 수 있지 않을까 하는, 작은 용기.

또 하나, 마크가 환상통에서 벗어나게 하는 데에 글쓰기가 큰 역할을 한다는 것은 의미심장하다. 마크는 이야기꾼이다. 오래전에는 글도 썼지만, 어린 시절에 받은 상처로, 펜은 놓은 지 오래다. 그런데 그를 사랑하는 사람들이, 그의 애인과 그의 딸이 자꾸만 다시 글을 쓰라고 부추긴다. 솔직히 글 쓰기 어려워하는 사람에게 자꾸 쓰라고 하면 화난다. 안 쓰는 게 아니라, 도무지 써지지가 않는 건데! 마크의 그 심정이 이해도 간다. 그런데 이

때, 글 쓰기 어려워하는 사람을 쓰게 하는 좋은 방법이 나온다. 애인이 그토록 펜을 다시 들라고 사정해도 본체만체하던 마크는 자신의 딸이 쓴 진심 어린 시 한 편에 눈물을 와락 쏟는다. 마음을 울린 글, 그것이 결국 마크에게서 이야기를 끌어낸다. 마치 〈환상통〉을 보고 이렇게 예정에도 없이 긴 글을 쓰고 있는 나처럼 말이다.

글쓰기로 인해 마크는 자신이 어린 시절 무엇 때문에 상처를 받았는지 스스로 깨닫고, 글로 풀어나간다. 중요한 것은, 그로 인해 지금 자신이 진짜 원하는 게 뭔지 발견하게 된다는 거다. 그는 그렇게 피레네 산맥으로 자전거를 끌고 나서고, 니카에게 편지를 쓴다. '여기로 와줬으면 좋겠어. 왜냐고……? 사랑하니까.' 유치하다고? 하지만 이 마지막 문장이 쓰이기까지의 과정을 지켜본 관객이라면, 이 단순한 고백이 얼마나 오랜 시간 그가 고민하고 용기 낸 말인지 알 테다.

내 청춘, 계기가 필요해

고통을 적어보는 것만으로도, 의심하는 것만으로도 조금 시시해지는 효과가 있었다. 그래, 고통에 얼굴을 파묻고 있지 말고 고개 들어봐야지. 그래, 거기까지는 오케이. 거기서부터 문제다. 니카 같은, 그러니까 목발같이 내 기우뚱한 청춘을 같이 짊어줄 수 있는 동반자가 있다면 참 든든하겠다 싶지만 이놈의 청춘, 역시나 이것마저도 내 바람대로 될 기미가 보이지 않는다. 그렇다고 마냥 기다릴 수만은 없는 노릇이. 꼭 그여야만 할까. 그[He] 말고, 그것[It]이면 안 될까? 나는 그것을 꿈꿔보기로 했다. 그러니까, 그[He] 대신 그만한 계기면 될 것 같다. 내 청춘에 어떤 계기가 필요해.

그것이 백마 탄 왕자님이 내 목발이 되어주길 꿈꾸는 것보다 훨씬 현실적이고 가능성이 있는 얘기다. 계기라는 건 '온다'는 동사뿐 아니라 '삼는다'는 동사까지 수용할 수 있는 말이니까. 심지어 이 영화를 계기로 삼을 수도 있는 것 아니겠나. 하나 내가 진짜 꿈꾸는 건, 내 삶을 뒤바꿀 만큼, 진심으로 받아들일 수 있는 거대한 계기를 말하는 거다. 그러니까, 막상 닥쳤을 때는 너무 거대해서 알아채지도 못하지만, 그때가 지나고 나면, '그것이 내 인생의 어떤 계기가 되었구나' 할 수 있는 것. 더이상 실망하지 않기 위해 기대하지 않겠다고 매번 다짐을 하면서도 또 이렇게 꿈을 꾼다. 그 정도는, 괜찮지 않을까. 있을 법하지 않을까, 청춘?

그러니까, 어떤 게 나의 결정적인 계기가 될지 모르니까, 지금 나를 스쳐가는 불완전한 것들에게 더 마음을 열어야겠다. 더 잘하고 싶은 나의 의지가 좀체 반영되지 않는 업무 능률에도, 의도치 않게 오해를 불러일으키는 사람들과의 관계에도, 도무지 답이 나오지 않을 것 같은 지금 나 자신에게도 여유로운 마음으로 대해야겠다. 물론 말처럼 쉽지 않겠지만 내가 간절히 계기를 꿈꾼다면, 이를 기억한다면, 어느 날 나의 일상 속의 어떤 일이 스파크를 튀며 내게 어떤 계기를 안길지도 모른다. 오픈 마인드. 끊임없는 고통과 슬픔 속에서도 그 시간을 견디는 압력을 최대치로 높인다면. 분명 무엇이든 조만간 터.질.거.야! 그럼 나는 또 그것을 계기로 삼으면 된다.

그리고 좀더 쓰겠다. 망설이는 것, 대단치 않은 것들도 적어보겠다. (기특하게도)그런 생각을 해보았다. 이미 이렇게 쓰는 것으로, 나는 내 안의 아주 작은 것이 조금은 정리된 기분을 맛보고 있으니까. 이렇게 해나가다 보면, 나중에는 내 안의 커다란 문제도, 사회의 큰 담론까지도 글로 풀어낼 수 있는 날이 올지도 모르겠다(부디 꿈만 꾸는 청춘이 되지 말지어다!). 이 순간만큼은 글쓰기의 힘을 믿어야지. 비록 내일 당장 슬퍼질지라도, 행여 오늘 밤의 각오를 잊더라도, 두 가지는 꼭 기억해야지. 계기를 꿈꿀 것, 그리고 적을 것. 적어도 나는 뭐든 썩 잘하진 못하지만, 계속할 줄은 아니까.

블로그 축제 우수상 2

누추한 일상과 아름다운 세계, 그 이종의 차원 속으로

개츠비
http://blog.yes24.com/sretre7

〈시〉 이창동 감독 | 윤정희, 김희라 등 출연 | 드라마 | 2010

한강을 끼고 있는 경기도의 어느 작은 도시, 낡은 서민 아파트에서 중학교에 다니는 손자와 함께 살아가는 미자. 그녀는 꽃 장식 모자부터 화사한 의상까지 치장하는 것을 좋아하고 호기심도 많은 엉뚱한 캐릭터다. 미자는 어느 날 동네 문화원에서 우연히 '시' 강좌를 수강하게 되며 난생처음으로 시를 쓰게 된다. 시상을 찾기 위해 그동안 무심히 지나쳤던 일상을 주시하며 아름다움을 찾으려 하는 미자. 지금까지 봐왔던 모든 것들이 마치 처음 보는 것 같아 소녀처럼 설렌다. 그러나, 그녀에게 예기치 못한 사건이 찾아오면서 세상이 자신의 생각처럼 아름답지만은 않다는 것을 알게 되는데……

이창동 감독의 〈시〉를 보았습니다. 칸에서 수상 소식을 기다리고 있었기에 기대가 컸습니다. 그런데 제가 영화를 보던 날, 마침 칸은 이창동 감독의 영화 〈시〉에 각본상을 안깁니다. 윤정희의 여우주연상이나 황금종려상을 내심 기대했던 국내의 영화 관객들은 조금 실망했을 수도 있었겠지만, 〈시〉가 각본상을 수상했다는 건 영화를 보는 또 하나의 관점을 저에게 주더군요. 칸은 왜 각본상을 안긴 걸까요?

〈시〉는 무색무취한 영화입니다. 화장을 하지 않은 여성의 맨얼굴을 본 듯한 느낌, 우리의 일상을 비틀고 포장하지 않는 듯한 감독의 연출력을 높게 보아주고 싶은 영화지요. 이 영화의 줄거리는 특별하지 않습니다. 여주인공 윤정희는 여전히 그 고상한 아름다움을 품고 있긴 하지만, 표면적으론 이웃집 할머니처럼 친숙하게 늙은 모습입니다. 일상의 어떤 부분을 조합해 스크린 안으로 떼어놓은 느낌, 이창동의 〈시〉에서 받은 가장 낯익지만 가장 신선한 모습입니다.

〈시〉는 제목만큼이나 고상합니다. 영화 내내 시와 시인에 대해 생각할 기회를 줍니다. 시와는 담쌓고 살고 있는 대부분의 사람들은 이 영화를 보는 2시간 20분 동안 학창시절 이후 처음으로 '시'와 '시의 작법'과 '시의 효용'에 대해 진지하게 고민했을 듯합니다. 그러므로 솔직히 재미나 흥미가 있는 영화는 아닙니다. 활자로 된 것은 신문기사건, 소설이건, 광고지건 다 좋아하는 저도 쉽게 시를 좋아한다는 '그럴듯한 거짓말'을 못 합니다. 왜냐하면 시가 무엇인지 모르고, 시를 어떻게 쓰는지 모르며, 시를 왜 써야 하는지도 알지 못하기 때문이죠.

이 영화는 우리의 평화로운 일상에, 작은 파문과 의문을 던져줍니다. 이런 질문 어떻습니까. '당신은 살아가면서 시에 대해 생각해본 적이 있습니까?' 시를 일상 속에 담고 사는 사람과 그렇지 못한 사람 사이에는 하늘과 땅만큼의 차이가 존재합니다. 뭐, 비유가 부적절할 수도 있겠지만, 인간의 마인드와 식물의 마인드만큼이나 차이가 있다고 해야 할까요? 그러니까, 그 이유가 시가 가진 거대한 힘 때문이 아닌가 생각합니다. 시는, 언어 예술이 도달할 수 있는 궁극의 정점이죠. 언어의 조탁을 거쳐 시는 완성됩니다. 그러나 시는 언어 이전에 인간의 위대한 직관력과 깨달음이 앞서야 한다는 점에서 심오한 철학이고, 생의 흔치 않은 진실입니다. 이창동은 항상 이렇게 어려운 질문을 관객에게 할 줄 아는 용기를 지닌 감독입니다. 〈밀양〉이 종교적 구원과 용서의 어려움을 묻는다면, 〈시〉는 인간이 존재한다는 것의 의미를 묻습니다. 그러나 〈밀양〉보단 조금 거칠고, 조금 불친절합니다. 이 차이는 주연배우의 연기력이나 각본의 차이에서 온다고 해야겠죠. 가볍지 않은 질문을 영화를 통해 할 줄 아는 이창동 감독은 그래서 딱 제 스타일입니다.

서민 아파트에 할머니와 손자가 살고 있습니다. 할머니의 이름은 미자입니다. 그들의 공간은 누추합니다. 좁고 낡은 아파트의 물건들은 이들의 가난을 대변하지요. 중학교에 다니는 손자는 모범생으론 보이지 않습니다. 중학생 또래의 아이들이 모두 반항적이라고 할 순 없지만 이 아이는 충실히 그 반항적 기질을 보여줍니다. 미자는 늙고 병든 몸으로 문제아 손자의 뒷바라지를 감당해야 합니다. 미자는 외출할 땐 언제나 챙이 넓은 예쁜 모자를 쓰고, 옷차림도 한껏 멋을 내 평범한 할머니처럼 보이진 않습니다. 미자의 겉모습은 그녀의 누추한 아파트와 대조를 이룹니다. 자신의 계급을 대변하지 않는 미자의 옷차림은 그녀가 현실에 매몰돼 밀착한 인물이 아님을 보여줍니다. 우리는 대개 그 사람의 외피로 타인을 평가하곤 하는

데, 미자로 치자면 우린 그녀를 영락없이 '나이든 시인'으로 봐도 무방합니다. 한 존재가 거처하는 공간과 그 공간을 채우는 인간의 모습이 부조화를 일으키는 경우, 관객의 시선은 불편함을 느낍니다. 미자는 어느 날 갑자기 근육 통증으로 병원을 찾습니다. 그런데 의사는 알츠하이머를 예비적으로 진단합니다. 미자는 손자를 맡기고 한 번도 자신과 아들을 찾지 않는 딸에게 살갑게 전화를 겁니다. 물론 알츠하이머에 걸렸을지도 모른다는, 그런 무거운 얘기 따윈 하질 않죠. 이 영화 속에서 미자는 이혼하고 혼자 객지에서 무엇을 하며 살아가고 있는지 모르는 딸에게 한 번도 원망이나 도움을 청하진 않습니다. 답답할 정도로 모든 문제를 자신이 해결하려고 하는데, 사실 그건 해결도 아닙니다. 딸은 철저히 미자와 손자가 감당하고 있는 가난과 일상의 궁지에서 비껴갑니다. 그것은 딸의 무관심과 무책임함을 의미하는데, 여학생의 자살 소식에 넋을 잃는 미자와 상반된 태도를 보이는 타인의 모습에서 그건 또 세상의 무관심과 무책임을 상징하기도 하지요.

미자는 어느 날 문화 강좌에 등록합니다. 시를 배우기 위해서죠. 김용탁 시인에게 시 강의를 듣습니다. 시를 쓰려고 애써도 시가 써지지 않는다며, 선생님께 방법을 묻습니다. 실제 시인이기도 한 김용탁은 시를 쓰는 방법에 대해 이렇게 얘기합니다. 미자에게 하는 말이지만 관객이 최초로 이 영화에서 진지하게 시에 대해 고민하게 되는 출발점이기도 합니다.

"여러분은 살면서 몇 번이나 사과를 봤습니까? 수천 번? 수만 번이요? 아닙니다. 우리는 한 번도 사과를 제대로 본 적이 없습니다. 사과를 오래도록 지켜보고 무슨 말을 하나 귀 기울여보고 주변에 깃드는 빛도 헤아려보고 그러다 한입 깨물어보기도 했어야 진짜 본 것입니다."

시상이 떠오르지 않는다는 미자의 투정에 김용탁 시인은 이렇게 답하지요.

"시상은 찾아오는 게 아닙니다. 찾아가 사정해도 올 동 말 동 한데요."

영화는 미자의 빈궁한 삶과 손자의 비행, 한 여학생의 비극적인 자살과 어른들의 해결 과정을 겉껍질로 두르면서, 이렇게 관객에게 시를 쓰는 방법과 시를 쓰는 과정을 미자와 함께 학습하도록 이끕니다. 미자는 언제 찾아올지 모르는 시상을 잡기 위해, 언제나 작은 메모장과 볼펜 한 자루를 가지고 다니지요. 그 모습이 어쩜 그렇게 아름답게 보일까요? 사람의 나이가 숫자에 불과할 수도 있다는 것을, 배우 윤정희가 보여줍니다. 장미 정원에 앉아 꽃을 관찰하거나, 소녀가 자살한 교각 위에 서거나, 그리고 버들가지 하늘거리는 서민 아파트의 공터에서도, 그는 시상을 위해 세상의 모든 것에 더 가까이 다가가 그 존재의 아름다움을 발견하려 합니다. 물론, 몸이 불편한 강노인(김희라)의 수발이라는 자신의 누추한 직업에 충실하면서 말이죠.

영화 중간 중간에 관객은 예쁜 시편 하나씩을 선물처럼 받습니다. 이 영화가 각본상을 받은 이유랄까요? 관객에게 들려주는 한 편의 시는 서정적인 화면과 조화를 이뤄 영화의 완성도를 높입니다. 그중 조영혜 시인의 시 한 편을 옮겨봅니다.

시를 쓴다는 것은
동지섣달 이른 새벽
관절이 부어오른 손으로
하얀 쌀 씻어내리시던
엄마 기억하는 일이다
소한의 얼음 두께 녹이며
군불 지피시던
아버지 손등의 굵은 힘줄 기억해내는 일이다

시를 쓴다는 것은
깊은 밤 잠 깨어 홀로임에 울어보는
무너져가는 마음의 기둥
꼿꼿이 세우려
참하고 단단한 주춧돌 하나 만드는 일이다
허허한 창 모서리
혼신의 힘으로 버틴
밤새워 흔들리는 그것, 잠재우는 일이다

시를 쓴다는 것은
퍼내고 퍼내어도

자꾸만 차오르는 이끼 낀 물
　　아낌없이 비워내는 일이다
　　무성한 나뭇가지를 지나
　　그것, 그 쬐끄만한
　　물푸레 나뭇잎 만지는
　　여백의 숲 하나 만드는 일이다

　　　　　　　　　　　　─조영혜, 「시를 쓴다는 것」

　이 영화에 독특한 볼거리는 없습니다. 여우주연상을 이십여 회 이상 수상하며, 한국 영화사의 전설로 남은 여배우 윤정희는 이제 너무 늙었습니다. 화면을 가득 채우는 그의 모습에서 세월의 무상함이 전해져올 뿐, 클로즈업될수록 잔주름만이 민망하게 강조되어 보입니다. 성형 미인들이 수두룩하고, 풍만한 육체를 자랑이라도 하듯 시원스럽게 잘 벗는 여배우들만 보아오던 관객들은 어쩌면 이 영화 속의 주연이 맘에 들지 않을 수도 있겠습니다.
　이 영화는 특별히 재미있는 요소가 있는 것도 아니고, 외피를 감싸는 사건들이 역동적인 흐름을 보여주지도 못합니다. 〈밀양〉이 깊이와 흥미를 동시에 충족시킨다면, 이 영화는 충분히 깊지도 흥미롭지도 않죠. 그러나 감독은 관객에게 이 영화를 통해 한 가지를 요구합니다. 빠르게만 흐르는 우리들의 삶에 쉼표를 찍어볼 것을 속삭이죠. 시를 쓴다는 것은 현대인에겐 별난 취미가 될 수 있겠습니다. 사람들은 갈수록 책을 읽지 않고, 더군다나 시 따위 관심도 없습니다. 손 안의 인터넷인 스마트폰의 보급으로 우린 걸어다니면서도 인터넷을 하지만, 걸으면서 책을 읽는 사람은 쉽게 찾기 힘듭니다. 시가 죽기에는 최선의 토양입니다. 그래서 이 영화에 단역으로 출연한 젊은 시인 황병승의 입을 빌려 감독은 이렇게 말합니다.

"시 같은 건 죽어도 싸!"

그러나 시가 죽은 세상에는 어떤 일이 벌어집니까? 시를 쓴다는 것은 가장 가난한 행위입니다. 시는 이 세상에서 더이상 돈이 될 수 없습니다. 돈과 가장 거리가 먼 것이 시 같은 걸 쓰는 행위죠. 그래서 사람들은 모였다 하면, 돈을 버는 비상한 재주들에 대해 이야기합니다. 술자리에선, 펀드니 주식이니 경매니 부동산이니 선물이니 옵션이니 하면서 제 나름의 재테크 고수들이 열을 올려 연구하고 토론합니다. 물론, 이것이 잘못되었다는 얘기는 아닙니다. 그러나 물질과 욕망을 추구하는 삶이란 언제나 자아에 대한 응시로부터 멀어지는 최선의 지름길 같은 거죠. 세상 사람들은 물질적으론 부유해졌지만, 분명히 정신적으로 가난해졌습니다. 여전히 이 땅에는 4대강 공사 같은 걸 지지하는 사람들이 있는 반면에, 문수 스님처럼 자신의 온몸을 태워 인간이 자연의 일부이며, 자연의 일부가 자연의 모든 것

을 훼손할 근거가 없다는 걸 고발하는 깨달음의 선각자들도 있는 법이죠. 자아를 응시하지 않을 때 우리는 인간적 삶이 아닌, 생물적 삶에 만족하게 됩니다.

인간은 누추한 일상을 살아가지만, 언제나 높고 아름다운 세계에 대한 꿈을 갖고 있습니다. 그 꿈을 망각하는 일이 잦은데, 그건 본능에 너무 충실하기 때문이죠. 본능은 항상 욕망을 부릅니다. 시는 이 천방지축인 본능을 담대하게 제어할 수 있는 브레이크와 같습니다. 주위의 사물을 잘 관찰하는 일부터 시작해야 한다는, 김용탁 시인의 조언은 삶에 쉼표를 찍고 일상이 추함과 아름다움이라는 이종의 차원으로 존재한다는 깨달음을 얻으라는 얘기와 같습니다. 우리가 볼 수 없는 것을 시인은 볼 수 있습니다. 시인은 존재를 명상하는 사람입니다.

미자는 이 영화의 끝자락에서 자취를 감춥니다. 뒤늦게 찾아온 미자의 딸은, 사라진 엄마의 공간을 허탈하게 바라보지요. 그리고 가난한 현실, 때 묻은 소년, 죽어버린 소녀나 이해에만 눈이 밝은 어른들 사이에서, 결국 시 한 편을 스승에게 남기고 미자는 마지막 수업을 대신합니다. 이 영화는 영상으로 시 한 편을 짓는데, 그 시에는 바로 특별할 것 없는 우리네 이웃의 누추하고 비릿한 풍경에서 건져올린 정수 같은 게 담겨 있죠. 시 자체가 아름다운 것이지만, 시의 토양은 그 반대라는 걸 우린 여기서 깨닫게 됩니다. 그러니 현실이 아무리 누추하더라도 우리는 시처럼 더럽혀지지 않을 수 있다는 희망을 품게 됩니다. 이 비정한 세계 속을 허우적거리는 우리가 '시' 한 편으로 구원될 수 있다는 것! 이 얼마나 큰 위안과 희망을 주는 영화의 메시지인가요?

아네스의 노래를 빼고 이 영화를 얘기할 수 없습니다. 이 영화는 「아네스의 노래」 한 편을 짓기 위해 만들어진 영화이기 때문입니다. 아네스가 누구인가요? 〈시〉는 하나의 궁금증을 남깁니다. 이 영화 속 다리 난간 위에서 떨어져 죽은 소녀일까요? 아니면 1년 전 부엉이 바위 위에서 몸을 던진 그분일까요? 참여 정부 시절, 문화부 장관을 역임한 이창동 감독은 기자들의 짓궂은 질문에 부정도 긍정도 하지 않습니다.

그곳은 어떤가요 얼마나 적막하나요
저녁이면 여전히 노을이 지고
숲으로 가는 새들의 노랫소리 들리나요
차마 부치지 못한 편지 당신이 받아볼 수 있나요
하지 못한 고백 전할 수 있나요
시간은 흐르고 장미는 시들까요
이제 작별을 할 시간
머물고 가는 바람처럼 그림자처럼
오지 않던 약속도 끝내 비밀이었던 사랑도
서러운 내 발목에 입 맞추는 풀잎 하나
나를 따라온 작은 발자국에게도
작별을 할 시간

이제 어둠이 오면 다시 촛불이 켜질까요
나는 기도합니다
아무도 눈물은 흘리지 않기를
내가 얼마나 간절히 사랑했는지 당신이 알아주기를

여름 한낮의 그 오랜 기다림
아버지의 얼굴 같은 오래된 골목
수줍어 돌아앉은 외로운 들국화까지도 내가 얼마나 사랑했는지
당신의 작은 노랫소리에 얼마나 가슴 뛰었는지
나는 당신을 축복합니다
검은 강물을 건너기 전에 내 영혼의 마지막 숨을 다해
나는 꿈꾸기 시작합니다
어느 햇빛 맑은 아침 깨어나 부신 눈으로
머리맡에 선 당신을 만날 수 있기를……

—양미자, 「아네스의 노래」

블로그 축제 우수상 3

사랑니와 우리 생애 최고의 순간, 배우 김정은의 페르소나 읽어보기

bohemian75
http://blog.yes24.com/bohemian75

 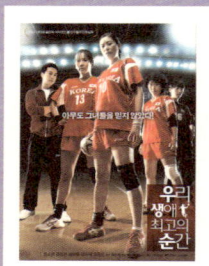

《사랑니》 정지우 감독 | 김정은, 이태성 등 출연 | 로맨스 | 2005

입시학원 수학 강사 조인영은 아름답고 씩씩한 여자다. 어느 날, 인영의 첫사랑을 꼭 빼닮은데다 이름마저 같은 17세의 이석이 학원생으로 들어온다. 인영은 그를 사랑하게 되고, 이석 또한 인영을 향한 마음을 숨기지 않고 적극적이다. 그러나 인영의 고교 시절 동창이자 룸메이트인 정우는 이석을 직접 보고도 인영의 첫사랑이었던 이석과 전혀 닮지 않았다며 그녀의 사랑을 믿지 않는다.

《우리 생애 최고의 순간》 임순례 감독 | 김정은, 문소리 등 출연 | 드라마 | 2008

올림픽 2연패의 주역인 핸드볼 선수 미숙은 소속팀이 해체되자 생계를 위해 대형 마트에서 일한다. 이때 일본 프로팀의 감독으로 활약하던 혜경이 핸드볼 국가대표팀의 감독대행으로 귀국하고, 오랜 동료이자 라이벌이었던 미숙을 비롯한 노장 선수들을 불러 모은다. 그러나 협회위원장은 선수들과의 불화와 여자라는 점을 문제 삼아 혜경을 경질시키고 세계적인 스타 플레이어 안승필을 신임 감독으로 임명한다. 대표팀은 과연 올림픽에서 좋은 성적을 거둘 수 있을까.

판타지는 욕망을 투영한다. 〈사랑니〉를 감상하기 전, 여성 주체의 욕망을 거침없이 보여주는 작품일 거라 예상했는데 실제로 그러했다. 정지우 감독은 이미 전작 〈해피엔드〉에서 여자의 성욕과 그 한계를 당시로선 꽤 충격적인 방식으로 그려냈는데 5년 만의 신작 〈사랑니〉는 좀더 쿨하다. 조인영은 서른 살의 수학 학원 강사이다. 남자친구와 평탄한 동거 생활을 하고 있던 그녀는 운명처럼 한 학생에게 마음을 빼앗기고 만다. 그의 이름은 이석.

한편 이석을 좋아하는 또 한 명의 조인영은 원래 이석의 쌍둥이 형과 친구였는데 교통사고로 그를 떠나보내고는 이석과 사랑하는 사이가 되었다. 영화는 초중반부까지 조인영이 두 명이라는 것을 모르도록 관객과 게임을 하듯 진행되다가 갑작스럽게 그 구조를 드러낸다. 사회 통념을 뒤집는 소재에 이끌려 영화 속 여자 주인공을 따라가다가, 정유미와 김정은이 같은 인물이 아니라는 걸 알게 되면 〈사랑니〉가 다소 급진적이란 걸 감지하게 된다. 사랑니는 성인에게도 아주 늦게야 통증을 유발하고 예기치 못하고 제어할 수 없다는 점에서 인영의 사랑과 비슷하다고 할 수 있겠다. 남성인 감독은 김정은이라는 매우 대중적인 연기자를 통해서 어느 정도 공감이 가지만 반쯤은 이해 불가한 애정 행각들을 보여준다. 십대와의 섹스와 결부된 연애담이 한국 영화들에선 드문데, 예술과 상업의 경계를 오가며 〈사랑니〉는 묘한 느낌을 준다.

어떻게 보면 연출은 연출대로 자기가 원하는 것을 하고 있고, 연기 또한 주제와의 접점을 잘 찾은 작품이 아닌가 싶다. 김정은의 스타일을 조금만 알고 있어도 미세한 부분들에서 그녀가 코미디를 하고 있다는 걸 느낄 수 있어서 재미있었다. 시나리오 대사와 애드리브가 섞였던 게 아닐까? 계속 절묘하다는 말을 하게 되는데, 이 영화의 제작을 청년필름 같은 마이너 쪽이 아닌 시네마서비스가 맡았다는 점도 〈사랑니〉의 절충적 면모라고 본다. 고등학생에게 사랑에 빠질 정도면 조인영에게 엄청난 첫사랑의 비밀이라도 있을 것 같았는데 오랜만에 만난 13년 전 남자는 사실 특출난 매력남은 아니었다. 십대에게 푹 빠지고 친밀한 정사도 나눈 상황에서 이석에게 반한 이유인 어른 이석이 나타나고, 인영은 얼마 되지도 않아서 첫사랑의 환상에서 깬다. '하나도 닮지 않았잖아.'

〈사랑니〉는 퍽 대담한 소재만큼이나 형식도 파격적이다. 인영의 플래시백으로 시작하여 두 가지 이야기가 진행된다. 죽은 남자의 쌍둥이를 사랑하고 관계도 맺은 소녀, 현재 동거하고 있는 편안한 남자와 십대 제자 사이에서 오락가락하는 서른 살 여자. 각각 조인영과 이석이라는 동명이인들은 작위적이지만 흥미로운 장치다. 그런데 다소 기이한 에피소드가 하나 있는데 바로 조인영이 이석과 학원에서 하룻밤을 보낸 뒤, 이를 사람들에게 들키고 카페에서 친구와 허심탄회한 술자리를 갖는 것이 그것이다. 사람이 사람 때리는 게 나쁜 거지, 사랑이 불륜이냐, 어젯밤 비가 왔는데 잠든 사람은 그걸 모르는 거다 등의 말을 쏟아내던 인영. 소녀 조인영과 이석

의 관계도 일면 쿨하지 못한 점이 있어 보인다. 성에 일찍 눈을 뜬 두 고교생이 우발적인 동침을 하고 난 후 "네가 날 사랑한 거냐" "너 때문에 아프다"는 순애보적인 대화를 나누는 일은 요즘 세태에선 드물 것 같기 때문이다. 물론 그들 사이엔 죽은 이수가 남자친구로, 쌍둥이 형으로 존재했기에 다른 상황이긴 하지만 말이다.

〈사랑니〉의 몇몇 인위적인 설정들은 작가주의라 부를 만한 정지우 감독의 스타일을 통해 영화의 이음매를 보여주며 할리우드나 기존의 멜로물과 차별성을 갖게 한다. 단점이라면 김정은의 익숙한 연기가 영화의 실험적인 스타일과 다소 따로 노는 점과 이태성의 어색한 연기 정도랄까? 극중 이석과 인영이 키스를 나누며 공중으로 떠오르는 문제의 신은 상상력을 자극하지만 리드미컬한 음악과는 균열을 일으킨다. 반면, '서른 살 그리고 선택'이라는 주제에 끊임없이 집중함으로써 난해한 고비들을 천연덕스럽게, 때론 아찔하게 넘어간다.

마지막에 대단히 인상적인 대사와 구성 속에서 소녀 조인영이 나오긴 하지만 결국 〈사랑니〉는 어른 조인영의 종합적인 판타지라고 볼 수 있다.

주인공 남자들 중 누구도 인영과의 관계를 후회한다거나 그런 모습은 없지만 세 명의 남성이 총출동하는 엔딩 신을 떠올려보면 인영의 캐릭터는 미묘하다. 우리가 흔히 하는 표현으로 '공주'랄 수도 있겠고 장르적으로는 '팜 파탈'일 수도 있다(고등학생과 사귀는 삼십대 여성은 현실에선 지탄의 대상일 확률이 상당히 높다). 그리고 이것은 배우 김정은의 이미지와 일정 부분 일치하면서 또 파격이 있기 때문에 감상자는 어느 정도 몰입 가능하지만, 엔딩 크레디트와 동시에 허탈해지는 것도 사실이다.

냉정하게 평하자면 주인공 역을 다른 배우가 했어도 큰 무리는 없었을 것이다. 하지만 김정은이기에 그녀만이 할 수 있는 엔터테이너적 요소가 분명 있었고 이로 인해 몇 년이 흐른 지금도 곱씹게 하는 매력을 지닌 여성 캐릭터 조인영이 생겨났다. 표정이 조금 부자연스런 장면들도 있긴 하지만 목소리는 매우 섬세하고 재치가 있다. 이는 '타이밍하고는' '아직 아이니까 앞으로 잘 가르치면 되겠지?' 따위의 혼잣말과 마음속 대사에서 잘 나타난다. 드라마와 CF에서 익숙하게 소비되고, 연애 등으로 언제나 화제의 중심에 있던 김정은은 〈사랑니〉를 통해 연기의 스펙트럼을 넓히고 한국 멜로 영화의 새로운 인물 창조에 일조했다고 볼 수 있으리라.

일반 관객들의 기억 속에서 잊힐 즈음, 배우 김정은은 최근작 **〈우리 생애 최고의 순간〉**(이하 '우생순')의 김혜경으로 점프 컷한다. 음미할 수는 있지만 실은 난감 그 자체였던 서른 살 학원 강사는, 나이는 같되 10년 동안 핸드볼에 몸담으며 잔뼈도 굵고 결혼도 해본 여인 '혜경'으로 이동한다. 임순례 감독과 나현 작가가 창조해낸 영화 속 인물들은 2004 아테네 올림픽 핸드볼 국가대표팀이었던 김혜경, 한미숙 선수가 모델이며 각각 김정은과 문소리가 맡아 호연했다. 어쩌면 의도적이었을까. 김혜경은 극이 어느 정도

전개된 후 다소 갑작스럽게 등장했기에 처음엔 그간 김정은 연기의 스테레오타입이 남아 있었다. 그런데 후배 선수들을 향해 "한마디만 할게. 너희들 부끄러운 줄 알아라!"라고 내뱉는 순간 카리스마가 느껴지면서 그동안의 영화들, 예컨대 〈불어라 봄바람〉과 〈가문의 영광〉〈잘 살아보세〉에서의 코믹한 이미지로부터 완전히 벗어나게 된다. 그리고 영화는 〈사랑니〉처럼 주체적인 여성의 삶을 보여주는 듯하다. 영화 포스터의 카피 '그녀들은 결코 포기하지 않는다' 처럼 이 '여성 영화' 속 캐릭터들은, 십여 년 동안 핸드볼이라는 비주류 운동을 하며 삶과 지독한 투쟁중이다. 대표팀 선발을 위해 호르몬제를 복용하다 불임이 되고 만 송정란, 나름대로의 소망과 실력이 있으나 선배들을 보며 안타까워하는 오수희도 애로 사항이 있지만, 가장 공감이 가고 눈시울을 적시게 하는 이들은 오랜 친구이자 라이벌이었던 혜경과 미숙이다.

　제목을 '여자 국가대표 핸드볼 선수들'이라고 해도 될 만큼 〈우생순〉은 실업팀의 불안정한 환경을 도입부에서 잠깐 보여준 후 태릉선수촌 생활로 곧바로 들어간다. 〈우생순〉을 보노라면 극히 남성적인 종목인 축구에 비

해 핸드볼은 상당히 여성적인 스포츠임을 알 수 있다.

 힘겨운 가정사의 한미숙과 매사 긍정적인 송정란에 비해, 일본에서 지도자로서 확고한 위치를 누리다가 돌아온 김혜경은 이혼으로 인한 내상을 안으로 삭힌 인물이다. 대중적 장르 영화와 작가주의를 아우르는 〈우생순〉은 김지영과 조은지가 상업적 컨벤션을 구사하며 균형을 이루어간다. 여성들 내 신구 세력 간의 반목이 있다가, 남자 감독이 출현하면서부터 일방적인 훈련 방식에 선수들이 단결하는 이야기로 진행되는데 그 플롯의 계기는, 혜경과 미숙의 우정 혹은 의리다. 정재은 감독이 〈고양이를 부탁해〉에서 십대와 스무 살 여자아이들을 조명했다면 이 작품은 그 이후의 친구 관계에 대한 고찰이 아닐까?

 이혼했다는 이유로 감독대행에서 선수로 위치가 바뀌는 순간, 만약 혜경이 고집스럽게 국가대표를 거절했다면 이 모든 인간적 애증은 없었을지도 모를 터이다. 동료 및 후배들에겐 그런 그녀의 모습이 팀을 위한 희생으로 보였겠으나 혜경의 심중에는 해결하지 못한 트라우마가 있었다. 전 연

인이자 현재의 감독 안승필과의 정리되지 못한 감정들, 그리고 만년 2인자에 머물게 만들었던 최고 선수 미숙에 대한 열등감 등. 메달을 향한 고된 레이스에서 혜경은 자신과의 싸움뿐 아니라 주변 관계들로부터 적잖은 영향을 받으며 점차 성장해간다. 그는 국가 대항 경기 후에 돌아갈 곳이 탄탄하기 때문에 가진 자의 위치에 있지만, (결혼하고 아이도 낳은) 같은 여성 동지의 입장에서 미숙을 '돕는다'. 누구나 그런 상황에선 처음엔 그것이 적선이라고 여길 수 있다. 그래서 미숙도 분통을 터뜨리지만, 핸드볼 그리고 올림픽이라는 목표 앞에서 그녀들은 연대하게 된다. 이 지점이 바로 〈우생순〉의 진정한 감동이다. 성과 지상주의나 애국심을 말하는 게 아니다. 나이 운운하며 노골적으로 노장 3인방을 몰아세우고 유럽식 훈련을 강조하며 멤버 개개인의 개성은 도외시했던 안감독까지 아우르는 자매애를 말하는 것이다. 그러나 앞서 김혜경과 한미숙의 우정이 가장 진정성 있는 부분이라고 말했지만, 일부 관객은 그걸 전혀 이해하지 못했다. 다큐멘터리적 진솔함과 역동성 넘치는 스포츠 장르로써 작품성과 재미를 추구하다 실제 인터뷰 화면으로 급하게 마무리한 점도 아쉽다.

  이렇듯 김정은의 역할들은 캐릭터의 섹슈얼리티를 체현하고(〈사랑니〉), 여성 동료와의 관계를 통해 남근적 질서를 넘어섬으로써 (〈우생순〉) 새로운 주체를 제시했는데, 이는 명민한 감독들과의 작업에서 이끌어낸 연기였다. 현실에 뿌리박고 있음과 동시에 낭만적인 미래를 꿈꾸는 조인영과 김혜경은 — 연애, 우정, 직업 모두에서 — 여성주의의 한줄기임이 틀림없다.

  지금 한국 영화 속 여성 캐릭터 그리고 여자 배우들은 60년대 르네상스기만큼 진화하고 있으며 많은 신진 세력을 통해 세대교체를 이루는 과정중에 있다. 다양한 여성적 목소리가 한국 영화계와 대중문화 속에서 꽃을 피우기 위해서는 참신하고 웅숭깊은 역할들이 시나리오로 쓰이고 제작자들은 과감히 배우를 캐스팅해나가야 한다. 무엇보다 선입견 없이 작품을 선택하고 능동적으로 읽고 적극적으로 여론을 형성할 관객이 가장 절실하다. 김정은은 최근 개인의 연애사와 관련해 아마 큰 변화를 겪었을 것으로 보이는데, 앞으로 그러한 심적 파동을 더 깊은 연기력으로 승화해서 보여주길 기대한다.

블로그 축제 우수상 4

서정시가 사라진 시대의 서정시

엠제이
http://blog.yes24.com/groundhogday

〈시〉 이창동 감독 | 윤정희, 김희라 등 출연 | 드라마 | 2010
영화 〈시〉의 대략적인 줄거리는 167쪽 참고

● ● 이창동

경북대학교 국어교육학과를 졸업하고 대구에서 7년간 연극 연출 및 배우로 활동했다. 1982년 동아일보 신춘문예로 등단했고 1993년 영화계에 입문했다. 박광수 감독의 조감독으로 〈그 섬에 가고 싶다〉에 참여했고 〈아름다운 청년 전태일〉의 시나리오를 쓴 뒤 문성근, 명계남, 여균동 등의 도움으로 자작 시나리오 〈초록물고기〉로 데뷔했다. 〈박하사탕〉〈오아시스〉〈밀양〉〈시〉 등을 만들었다. 2008년 제44회 백상예술대상 영화부문 감독상을 수상했다.

영화관에 나이 지긋하신 노부부나 어머님들이 오는 모습은 무척이나 정겹다. 십대, 이십대의 문화가 점령해버린 이 시대에 그들이 멀티플렉스의 입구를 드나드는 것 자체가 다채로운 아름다움을 느끼게 한다. 오늘 이창동의 시를 보러 갔을 때 손을 꼭 잡은 노부부의 얼굴에는 일종의 만족감이 엿보였다. 역시 나이 지긋하신 배우 윤정희가 주연하는 영화이기 때문인지 우리가 지금 영화에서 하정우를 보고, 전도연을 보는 것과 같은 만족감이 보였다. 이창동 감독은 시가 죽어버린 시대에 시를 그려낸 것과 같이, 중장년층의 문화가 죽어버린 시대에 그들의 발길을 다시 영화관으로 들게 했다. 그래서 이 영화의 내용을 이야기하기 전에 〈시〉라는 영화 자체가 무척이나 고맙다. 비록 〈하녀〉에 비해 관객 수는 많이 적었지만, 우리 부모님과 같은 분들이 부담 없이 극장을 찾을 수 있게 하는 영화들이 더욱 많이 개봉해야 할 것이다. 영화는 모두의 것이니까.

영화의 시작, 한 여중생이 강물에 끔찍한 모습으로 유유히 떠내려간다. 아이들은 뛰놀고, 햇살이 아름답게 비추는 강물의 기대를 저버리기라도 하듯 그 모습은 아무런 말도 할 수 없게끔 한다. 그리고 시라는 정성 들여 쓴 글자가 화면 좌측에 대비적으로 모습을 드러낸다. 시가 죽어버린 시대에 시를 써야 하는 미자에 대한 은유라고 할 수 있다.

시라는 제목 옆에 포에트리poetry라는 영어 단어가 떠오른다. 어, 포엠poem아닌가? 했다가 그럼 포에트리는 뭐지? 하고 생각하게 된다. 이는 포엠과는 조금 다르다. 포엠은 완성된 한 편의 시를 뜻하지만, 포에트리는 문학 형식으로서 시를 짓는 미자의 문학적인 사고와 창작 행위에 대한 제목이라 할 수 있다. 미자는 머리를 강물에 박고 유유히 떠내려오는 소녀의 시체에 시를 읊어내야 하는 운명과 마주한다.

경기도의 작은 도시에 중학생 손자와 단둘이 사는 미자라는 할머니가 있다. 그녀는 꽃무늬 모자와 색색들이 옷을 즐겨 입고, 나이를 말하는 것을 부끄러워하는 소녀 같은 할머니다. 미자는 어느 날 동네 문화원에서 시 강좌를 수강하게 되고, 시를 쓰고 싶다는 강렬한 욕구를 느끼게 된다. 보잘것없는 일상을 이리저리 둘러보던 그녀는 보면 볼수록 자신이 몰랐던 세상의 어두운 면들을 하나씩 알아가게 된다. 그녀 앞에 다가온 비극에도 오로지 시 하나를 쓰기 위해 세상을 건디던 그녀는 어둠만이 가득 찬 세상에서 시를 쓰는 것이 버거운 일임을 느낀다. 아름답다고 믿었던 세상의 어두움을 꾸역꾸역 삼켜대던 그녀는 결국 하나의 시를 토해낸다.

이 영화에서는 "시는 죽어도 싸"라는 표현이 등장한다. 그것도 현직 시인의 입에서 나온 말이라 더 신경이 쓰인다. 영화에서는 미자가 듣는 강좌를 통해 시가 무엇인지 그리고 시를 쓰는 것이 얼마나 귀한 것인지를 자세히 듣지만, 죽어버린 시처럼 세상은 비극과 어두움이 더 큰 세상이라는 것을 계속해서 비춘다. 약한 자를 성폭행하는 아이들, 그것을 돈으로 무마하려는 어른, 학교의 명예가 실추될 것이 두려워 쉬쉬하는 선생님들, 늙어버린 졸부의 시들어버린 육체, 이혼한 가정에 남겨진 아이까지. 시를 낭송하는 자리에서조차 음담패설이 없이는 들어줄 수 없는 우스운 현실, 그 녹록치 않음에 미자는 큰 실망감을 감추지 못한다. 미자는 언제나 이질적인 것을 보듯 시적 영감을 얻어내기 위해 자신의 일상을 유심히 살펴보지만, 그녀에게 영감을 주는 것은 꽃 한 송이의 영롱함뿐이다. 자신에게 다가오는 비극의 소용돌이를 시를 통해 비껴가게 하겠다는 그녀의 계획은 무너진다.

소녀가 다니던 성당에서 그녀를 위로하는 미사가 열렸을 때, 미자는 그곳을 찾아간다. 하지만 오래 그 자리를 지키지 못한다. 그 잔인한 현실의 무게를 이기지 못하고, 그녀의 사진 한 장을 훔쳐 챙겨 달아난다. 아마 미자는 잔혹한 현실에 쉬운 용서를 구하려 했을지 모른다. 그만큼 그녀는 죄의식으로부터의 구원이 필요했다. 하지만 구원받지 못했다. 시는 그녀에게 도피 수단일 뿐이었다. 미자는 소녀가 살았던 동네와 투신한 강가를 거닐었을 때 구원받을 수 없음을 알게 된다. 시를 통해 세상의 아름다운 것만 보면 이 세상을 견뎌낼 수 있을 거라고 생각했는데, 오히려 시를 쓰게 되면서 더욱 잔인한 세상을 본 것이다. 결국 이창동 영화에서 지속적으로 주제가 되는 죄의식과 구원 그리고 용서는 정작 그의 가장 따뜻한 영화인 〈시〉에서는 완성되지 못한 숙제로 남는다.

영화 〈밀양〉에서 아들을 잃은 피해자 신애는 종교를 통해 구원받는 듯했다. 하지만 그녀는 결국 죄인까지 구원해주신 신을 증오하게 된다. 어떤 권리로 신은 신애를 포함한 가해자까지 구원하려 했을까. 이창동 감독은 〈밀양〉을 통해 가해자의 구원에 의문을 제기한다. 그것이 과연 올바른 일인가. 신에 투항했다는 이유로 죄인의 속죄를 받아주는 것이 과연 올바른 신의 영역인가. 이창동은 미자가 성당에서 도망치는 장면을 통해 가해자는 결국 용서받지 못하는 인간일 뿐이라는 생각을 드러낸다. 그녀는 갖은 노력으로 속죄하려 했지만, 결국 시를 통해 도망칠 뿐이다.

영화의 마지막, 미자는 자진해서 손자를 경찰에 보내고 사라지며 시 하나를 남긴다. 죽은 소녀의 삶을 어루만지고, 그녀가 일상의 아름다움을 잊지 않고, 부디 좋은 곳으로 가길 기도하는 마음으로 쓴 시는 진실되지만, 결국 생각해보면 시로 해결할 수 있는 것은 아무것도 없다는 방점으로 간다. 결국 이창동의 〈시〉는 구원이 아닌 그저 "어떻게 하면 구원받을 수 있을까요?"라고 묻는 애처로운 눈빛이라고 할 수 있다. 어떻게 하면 관객에게 다가가고, 어떻게 하면 관객과 소통할 수 있을지, 어떻게 하면 삶에 관한 진중한 질문을 던질 수 있는지를 진지하게 묻는 이창동의 메시지가 영화 〈시〉에는 함축되어 있다. 〈초록물고기〉부터 〈밀양〉까지 수 편의 영화를 만들면서 작가주의 감독으로 불리는 이창동은 큰 상도 받고, 문화부 장관까지 지내며 바쁜 나날을 보냈지만, 정작 대중과는 얼마나 소통을 했는지 의문시했던 것 같다. 이것은 바꿔 말하면, 가장 문화와 예술이 풍족한 시대를 사는 우리가 정작 세상에 관한 시에는 인색해지고, 삶에 대한 질문엔 답을 못하면서도 자극적인 콘텐츠에만 익숙해져 어두운 현실을 외면하고 있지는 않은지 묻는 것이다. 소녀의 죽음을 돈으로 해결하는 아버지들처럼, 소녀를 겁탈한 소년들처럼, 그것을 조용히 묻어버린 선생님들과 구분된 인생을 살면서도 그 어떤 죄의식도 느끼지 못하는, 서정시가 사라진 시대의 우리의 자화상이 미자의 고통과 대비되는 관념으로 자리잡는다. 세상은 더럽고 치사하게 흘러가는데 예술인의 시(영화와 문학을 비롯한 다양한 예술)은 헛소리만 지껄이는 것은 아닐까. 그것은 삶에 대한 고민 없이 창작을 하는 문화 예술인의 자각이 담겨 있다.

 시란 침묵과도 같다. 구구절절 말없이 하나의 단어로, 쉼으로, 내의를 함축한다. 한마디하기 전에 쉬어가는 여백의 미가, 오히려 읊어내는 시간보다 더 깊은 의미를 가진다. 그만큼 시는 자유로운 형식이고, 정해진 것 없이 다채로운 의미로 해석될 수 있다. 하지만 요즘엔 시가 사랑받지 못한다. 정확한 팩트를 중시하는 시대에 여백이 가득한 시는 풀리지 않은 압축 파일과 같은 처우를 받는다. 그 압축이 풀리지 않았을 때, 시는 결국 하드 용량을 좀먹는 천덕꾸러기가 된다. 그래서 이창동은 시가 필요했다. 진정한 의미로 삶에 대해 의문을 제시하고, 생각해줄 수 있는, 예술의 죽음에 대한 이해가 필요했다. 관객은 저마다의 느낌으로 시를 생각해낸다. 오로지 유희를 위해 만들어진 예술이 아닌, 삶에 대한 이해를 위해 시를 적어낸다. 이 영화에서 투신해 자살한 소녀에게 느껴지는 바보 같은 그분의 죽음처럼, 우리에겐 서정시를 쓸 수 없는 시대에 보내는 서정시가 필요한 것이다.

영화의 마지막은 충분히 인상 깊다. 〈밀양〉에서 신애를 비추는 한줄기의 빛처럼 미자가 읊는 그녀의 시는 예술의 쓸모없음을 말하기에는 너무나 아름답다. 소녀가 걷던 동네의 아늑한 풍경과 그녀의 미소가 너무나 아름다운, 이창동 감독이 직접 쓴 이 시는 결국 이 하찮은 예술도 살아내야 할 일말의 가치가 있는 것은 아닌가를 묻는 이창동의 애처로운 질문처럼 느껴졌다. 한 예술인의 질문에는 단순한 의문이 아닌 깊은 하소연이 담겨 있다.

영화 〈블랙〉을 보고 느끼는 나의 벅찬 감동

문택이
http://blog.yes24.com/moonteak

〈블랙〉 산제이 릴라 반살리 감독 | 라니 무케르지, 아미타브 밧찬 등 출연 | 드라마 | 2009

소리는 침묵이 되고, 빛은 어둠이 되던 시절, 불가능을 가능으로 바꾼 한 소녀의 희망의 메시지! 보지도 듣지도 못해 세상이 '블랙' 자체인 8살 소녀 미셸은 사하이 선생님을 만난다. 사하이는 끊임없는 사랑과 노력으로 미셸이 세상과 소통하는 법을 가르쳐주고 그녀가 꿈을 펼칠 수 있도록 도와준다. 그러나 사하이는 알츠하이머에 걸리고, 결국 미셸조차 알아볼 수 없게 된다. 미셸은 그런 사하이에게 이젠 자신이 직접 기적을 보여주려 하는데……

그동안 할리우드 영화만 보다가 우연치 않은 기회에 인도 영화를 접하게 되었다. 인도 영화라고 하면 흔히들 신나는 음악이 영화의 대부분을 차지하고, 화려한 볼거리만 가득할 것이라고 생각할지도 모른다. 하지만 내가 감상한 인도 영화 〈블랙〉은 대다수 인도 영화와는 전혀 다른 방향의 영화였다. 인도 영화를 떠올리면 왠지 종교적인 색채가 강하고 음악적인 요소가 많을 것이라 생각했는데, 〈블랙〉에서는 종교적인 색채도 음악적인 요소도 찾아볼 수 없었다. 그냥 나의 편협한 고정관념이 인도 영화는 종교적 색채가 강하고 음악만 가득 들어 있는 영화일 것이라고 단정 지었던 거같다. 그리고 〈블랙〉은 인도 영화에 대해서 다시 한번 생각해보는 계기가 되었다. 그동안 화려한 볼거리와 과도한 액션만 난무하던 할리우드 영화에 지루함을 느끼던 찰나에 오랜만에 진짜 영화다운 영화를 본 것 같다.

〈블랙〉은 태어날 때부터 청각, 시각 장애를 가지고 있는 미셸 맥날리라는 소녀와 그녀가 다시 세상의 빛을 보게 도와주는 데브라이 사하이 선생님의 이야기이다. 장애라는 주제를 내포하고 있는 영화는 잘못하면 지루하거나, 의도하지 않은 방향으로 흘러가서 영화의 본질을 흐리기 쉬운데, 〈블랙〉은 본질을 정말 잘 살린 영화라는 생각이 든다. 두 시간 동안 눈을 뗄 수 없을 정도로 집중하게 만들었다. 처음에 〈블랙〉이라는 제목만 봤을 때 선뜻 영화의 내용을 짐작하기 어려웠는데, 영화를 보니 〈블랙〉이라는 제목이 어떤 뜻을 지니고 있는지 파악이 되었다.

일반 사람들은 장애를 가지고 있지 않기 때문에 알파벳을 생각할 때 A, B, C, D로 이렇게 생각하지만, 미셸은 눈이 보이지 않고 귀도 들리지 않기 때문에 온 세상이 암흑과 같다고 생각할 것이다. 그래서 그녀의 알파벳은 B, L, A, C, K로 시작한다. '블랙'의 의미는 결국 아무것도 보이지 않고 들리지도 않는 미셸의 정신적인 요소가 담겨 있는 게 아닐까 생각해보았다. 처음 영화를 보았을 땐 정말 충격적이었다. 처음부터 내가 생각하지 못했던 내용으로 진행되었기 때문이다. 장애에 대해서 무관심했던 사람들이 보았다면 분명 큰 충격을 받았을 것이라 생각이 든다.

   영화는 8세의 미셸이라는 소녀가 나오면서 시작된다. 그녀는 눈도 안 보이고 귀도 들리지 않기 때문에, 애당초 의사소통이란 것 자체가 불가능하다. 겉모습만 사람의 형상이지, 하는 행동들은 동물이라고 해도 될 만큼 충격적인 모습이었다. 계속해서 괴성을 질러대고 음식도 몸에 쏟아붓는다. 그리고 자신의 어린 동생도 죽일 뻔한다. 그래서 그녀의 부모님도 서서히 지쳐가기 시작한다. 눈이 안 보이고 귀가 안 들리기 때문에 제대로 된 교육조차 받지 못해서, 그녀의 증상을 날이 갈수록 심해진다. 다른 면에서 생각해보면 미셸 그녀도 정말 답답할 것이다. 자신의 머리로는 생각을 할 텐데 내가 먹는 것이 무엇인지도 모르고 자신의 살결에 닿는 아픔도 왜 나를 아프게 하는지도 모르고 모든 것이 답답할 것이다. 그녀의 머릿속은 오직 검은색으로 뒤덮여 있을 것이니, 정말 미칠 수밖에 없을 것이다. 우리도 가끔씩 캄캄한 방에 혼자 있거나 캄캄한 밤길을 혼자 걸어갈 때면 공포를 느끼곤 한다. 하지만 미셸은 아마 우리들이 경험하는 그런 공포를 넘어선, 훨씬 더한 공포를 느끼기 때문에 점점 더 이상행동을 보일 수밖에 없는 것이다. 만약 미셸 같은 상황을 내가 경험한다면 나도 미셸처럼 미칠 수밖에 없을 것 같다. 정신은 살아 있는데 말도 할 수 없고 들을 수도 없다면, 그것만큼 괴로운 것은 없을 것이다.

   미셸의 증상이 악화됨에 따라 그녀의 아버지는 미셸 때문에 괴로워하고, 그녀를 부끄럽게 생각하며, 결국 정신병원에 넣어야겠다고 생각한다.

그리고 동물의 목에 다는 방울을 그녀에게 착용시킨다. 움직일 때마다 방울이 울리게 해서 그녀를 찾기 쉽도록 하기 위해서다. 하지만 아무리 그래도 자식에게 동물에게나 다는 방울을 착용하게 한 건 너무하다는 생각이 든다. 미셸의 아버지 심정도 알겠지만, 조금만 더 그녀를 이해하려고 노력을 했으면 좋았을 것이다. 그렇게 미셸의 어머니와는 달리, 아버지는 그녀를 포기하려고 한다. 그리고 미셸을 정신병원에 보내려던 참에 그녀의 어머니는 특수교사인 데브라이 사하이에게 편지를 써서 미셸의 상태를 알리고 도움을 요청한다.

데브라이 사하이는 편지를 받아보고 다음날 바로 미셸이 있는 곳으로 간다. 그렇게 그들의 운명 같은 만남은 시작된다. 영화 속 사하이는 미셸 맥날리를 바꿀 수 있다는 확신에 가득 찬 인물로 그려져 있다. 영화를 보면서 과연 눈도 안 보이고 귀도 안 들리는 미셸에게 어떠한 것을 가르쳐줄 수 있을지 의문이 들었는데, 사하이의 헌신적인 노력으로 결국 그녀는 수화를 배우고, 세상의 있는 사물들을 인식하고, 대학까지 입학하게 된다. 사하이는 초반에 그녀의 아버지로부터 가르치는 것을 그만두라고 수차례나 종용

당했지만, 그것들을 이겨내고 결국 동물 같았던 그녀를 진정한 사람으로 만들었다. 사하이의 믿음은, 장애는 포기해야 하는 것이 아니라 극복할 수 있는 대상이라고 보여준다. 사하이의 대사가 기억에 남는다. "불가능은 제가 유일하게 가르치지 않은 단어죠"라는 대사이다. 왠지 모르게 의미심장한 뜻이 들어 있는 듯하다. 사하이는 미셸을 가르칠 때 이 세상의 모든 단어는 다 가르쳤지만, 오직 불가능이라는 단어만은 가르치지 않았다. 포기라는 것을 아예 생각할 수 없도록 한 것이다. 만약 미셸이 불가능이라는 단어를 배웠다면 그녀의 인생은 예전과 같은 암흑세계에만 머물러 있었을지도 모른다. 불가능이라는 것을 배우지 않았기 때문에 그녀는 세상에서 하지 못할 것 같았던 일들을 가능으로 바꾼 것이다. 데브라이 사하이. 그는 내가 생각하기에 진정한 직업의식을 가지고 있는 사람인 것 같다. 남들은 하지 못하는 일이었지만, 그는 자신을 믿고 그것이 가능하도록 바꾸었기 때문이다. 미셸이 어린 소녀에서 성숙한 여인으로 성장하기까지 그녀의 스승인 사하이의 헌신적인 가르침과 인내가 없었다면 미셸은 평생 정신병원에서 외롭고 고독한 삶을 보냈을 것이다.

미셸이 대학에서 수업을 들을 때마다 사하이가 모든 수업 내용을 그녀의 손에 감촉이 느껴지도록 수화로 해주는 장면은 정말 진한 감동으로 다가왔다. 데브라이 사하이와 미셸 맥날리는 쉽게 상상할 수 없는 일들을 내게 보여주었다. 앞이 보이질 않고 세상의 소리도 들을 수 없었던 소녀가 대학에서 수업을 듣게 되는 걸 어느 누가 상상했을까? 그렇게 그녀는 자신의 선생님인 사하이의 도움으로 눈과 귀만 닫혀 있을 뿐 다른 사람들과 똑같은 사회의 구성원이 되어간다. 그러나 십수 년 동안 자신의 모든 것을 미셸에게 준 사하이는 알츠하이머에 걸리고 만다. 사하이는 미셸까지 잊어버리기 시작한다. 그러던 중 그녀가 사하이에게 남자의 입술을 단 한 번이라도 느껴보고 싶다고 고백한다. 고민에 빠진 사하이는 그녀의 입술에 짧게 키스를 하고, 다음날 그녀에게 짧은 메시지를 남기고 떠난다. 미셸은 "제게 여자의 품격을 주시려고…… 당신은 선생님으로서의 모든 품격을 잃으셨습니다"라고 말한다. 사하이는 주지 말아야 할 것까지 주었던 것이다. 쉽지 않은 결정이었을 것이다. 하지만 단 한 번도 남자의 사랑을 받지 못할 수도 있는 미셸을 위해서 자신의 품격을 잃어가면서까지 그녀에게 자신이 할 수 있는 최선을 다한 것이다. 짧은 입맞춤의 순간에서 비장미마저 느껴졌다. 그렇게 사하이는 떠나가고 병원에서 홀로 쓸쓸히 죽음을 기다리면서, 이 세상의 모든 기억과 단어를 잃어간다. 미셸과 반대 상황이 되어가는 것이다. 미셸은 사하이가 떠나가고 혼자서 삶을 헤쳐나가기 시작한다. 항상 함께 있어주던 선생님이 없는 세계는 그녀에게는 상상도 하기 싫은 세계였을 것이다. 옆에서 자신의 말을 통역해주고 자신에게 세상의 어둠 대신 빛을 보게 해준 사람이 한순간에 느껴지지 않으니 큰 슬픔에 빠졌을 것이다. 그런 기분을 조금이나마 이해할 수 있을 것 같다. 주변 사람들도 사

랑하는 사람이 갑자기 떠나가거나 없어지면 슬픔에 잠기게 되는데, 미셸은 자신의 인생을 함께해온 사람을 갑자기 보내게 됐으니 그 기분을 말로 표현 못할 것이다. 그러나 사하이가 떠나간 모습에서 그의 사랑도 느껴진다. 자신이 점점 나약해지고 기억을 잃어가는 모습을 미셸에게 보여주기 싫었던 것이다. 제자가 받을 상처를 염려해서 자신이 먼저 떠난 것이다.

그렇게 시간이 흐르고 미셸은 오랜 시간이 지난 뒤 대학 졸업을 하게 된다. 졸업생 대표로 소감을 말하는 장면은 정말 숙연한 분위기였고 감동을 자아냈다. 하지만 그녀는 검은색 졸업식 가운을 입지 않았다. 이유는 졸업식 가운을 입은 모습을 스승인 사하이에게 처음으로 보여주고 싶어서이다. 그녀의 심정이 내 마음속까지 전해지는 듯했다. 그녀는 졸업식에서 사람들에게 말한다. "오늘 난생처음으로 보지 못하는 것이 아쉽습니다. 선생님께서 저기 서 계시는 것을 보고 싶기 때문입니다." 이 대사는 정말 모든 것을 말해주는 것 같다. 나는 이 순간만이라도 미셸의 눈이 떠지기를 기도해보았지만, 그런 기적은 일어나질 않는다. 미셸은 검은색 졸업식 가운을 입고 사하이가 있는 병원으로 간다. 알츠하이머로 인해 기억이 사라진 사하이와 미셸의 둘만의 교감은 눈물 없이 볼 수 없을 정도로 큰 감동을 주었다. 둘의 눈물의 의미가 무엇인지 생각해보았다. 그것은 바로 신뢰, 그리고 둘만이 느낄 수 있는 교감일 것이다.

〈블랙〉에 대해서 나 자신의 생각을 정리해서 한정된 곳에 적어내기에는 무리가 있다. 요약하자면 영화는 장애는 그저 하나의 편견일 뿐이라는 생각을 심어주었고, 서로 간의 신뢰가 있으면 결국은 무슨 일이든지 해낼 수 있다는 것을 보여주었다. 영화를 보는 내내 감정이 북받쳐올라서 중간 중간 눈물을 쏟아내기도 하였다. 메마른 나의 감정에 큰 비를 내려준 것 같다. 헌신적인 스승의 가르침으로 어둠에서 벗어나 빛을 내려다본 미셸처럼 나도 어떠한 상황에 부딪혔을 때 포기하지 않도록 불가능이라는 단어는 지워버리고 항상 매사에 최선을 다하면서 살아갈 것을 다짐해본다. 그리고 이렇게 다양한 각도에서 장애를 재조명하는 영화들이 많이 상영되기를 기대해본다. 영화의 내용도 좋았지만, 두 남녀 주인공의 연기도 정말 흠 잡을 데 없이 훌륭했기 때문에 영화에 더 집중할 수 있었다. 앞으로 인도 영화에 관심을 많이 기울여야겠다. 항상 할리우드 영화만 고집해오던 나에게 인도 영화 〈블랙〉은 신선한 충격으로 전해졌다.

나도 세상을 살아가면서 누군가에게 어떠한 영향을 끼칠 수 있는 사람이 되고 싶다. 영화 속의 데브라이 사하이 선생님처럼 누군가에게 희망이 되어주고 어둠을 빛으로 바꿀 수 있도록 삶을 이끌어가기를 다짐해본다. 어떠한 시련이 있고 고난이 있어도 〈블랙〉의 내용을 머릿속에 기억하면서 불가능이란 없고 오로지 가능만 있다는 생각으로 살 것이다.

일반적인 장애인에 관한 영화가 아니고, 자신의 장애를 죽을 만큼 혼신의 힘을 다해서 이겨낸다는 내용과, 영화의 구성 및 배우들의 훌륭한 연기

덕분에 〈블랙〉은 시간이 지나고 세월이 흘러도 최고의 명작으로 남을 것이다. 영화에 대해서 아쉬운 점이 있다면 인도어와 영어가 혼용된 것이다. 보면서는 큰 무리가 없었지만, 좀더 높은 완성도를 위해서 인도어나 영어 중 한 가지 언어로 통일되었으면 좋았을 것이다. 다만 이는 나의 주관적인 생각일 뿐이다.

〈블랙〉은 나에게 큰 감동과 따뜻함을 준 영화라고 정의하고 싶다. 마지막으로 이 시대를 살아가는 현대인들에게 〈블랙〉을 추천해주고 싶다. 일반적인 재미만 추구하는 영화도 좋지만 때로는 사람의 감성을 울릴 수 있는 〈블랙〉 같은 한 편의 영화는 인생을 살아가면서 여러모로 많은 도움을 주고, 죽어 있던 감정들을 다시 한번 살아나게 해주기 때문이다. 내 인생에 있어 〈블랙〉을 보게 된 것은 행운 중에 행운으로 가슴 깊숙이 남을 것이다.

내 안의 야만성

봉다리커피
http://blog.yes24.com/csb1996

《나라야마 부시코》 이마무라 쇼헤이 감독 | 오가타 켄, 사카모토 스미코 등 출연 | 드라마 | 1999

겨울은 고통과 굶주림의 계절이다. 겨울이 되면 70세의 노인은 살아 있는 사람들에게 짐이 되지 않기 위해 나라야마 산으로 떠나야 한다. 봄이 되자 69세인 오린은 나라야마에 가기 위한 준비를 한다. 그런 어머니를 쓸쓸한 눈으로 바라보는 오린의 맏아들 다츠헤이. 30년 전 자신의 아버지는 할머니를 버리지 않으려고 마을을 떠났고 그런 아버지를 평생 원망했지만 이제 아버지를 이해할 수 있다. 그러나 어머니는 그런 아들을 다그친다. 그녀는 자신이 죽을 만큼 쇠약해졌다는 것을 알리기 위해 스스로 돌절구에 자신의 이를 부딪혀 깨버린다. 그리고 어느 겨울 새벽, 어머니는 아들에게 업혀 산으로 간다.

내 안의 야만성을 느낄 때마다 영화 〈나라야마 부시코〉가 떠올랐다. 이 영화를 본 지가 10년도 넘었는데 마음속에는 그 강렬한 느낌과 장면들이 칼로 베일 것처럼 아직도 생생하다. 두 달 전 남편이 수술을 받고, 대소변을 받아내는 병수발을 하면서 나 자신의 야만성과 문득 마주했을 때, 나는 또 이 영화를 떠올렸다.

영화의 소재는 우리나라의 '고려장'과 비슷하다. 그러나 가장 주된 소재는 생존이다. 먹을거리가 부족하자 생존을 위해 나이 든 노인을 산속에 버리고, 음식을 도둑질한 가족을 생매장하고, 갓 태어난 남자아이를 논바닥에 버린다. 여기서 '나라야마'는 노인들을 산 채로 버리는 산으로, 죽음의 다른 이름이기도 하다. 이 영화에서 인간은 자연의 일부일 뿐이다. 문명 이전의 본능에 충실한 원시적 생명력에 관한 영화이다.

나이가 많아 나라야마에 갈 처지가 다 된 어머니(오린)는 이를 증명하기 위해 멀쩡한 앞니를 네 개나 부러뜨린 후에야 아들의 등에 업혀 나라야마 산에 오른다. 식량이 부족한 곳에서 '늙은이란 가야 할 때를 알고 떠나야 하는 존재'라고 오린은 생각한다. 그것이 바로 삶의 이치라고 믿고 있다. 지게를 진 아들 다츠헤이는 차마 떨어지지 않는 걸음을 옮긴다. 이들 모자와는 대조적으로 늙은 아버지를 지고 길을 나선 마을의 다른 아들은 나라야마에 가지 않으려고 발버둥치는 지게 속의 아버지를 깊은 절벽 아래로 던져버린다. 그 장면이 너무 끔찍해서 가슴 저 밑바닥부터 서늘해져왔다. 나에게도 본능만이 남아 있다면 그럴 수 있을까, 스스로 물어보았지만 그건 무척 두려운 질문이었다.

눈 오는 나라야마 산 정상의 수많은 해골 더미 속에 어머니를 두고 차마 발길이 떨어지지 않아 떠나지 못하는 다츠헤이의 모습 또한 인간의 본능일 것이다. 눈 오는 날 나라야마에 오르는 사람은 천국행을 의미한다며 애써 자신을 위로하고 다츠헤이는 집으로 돌아간다. 집에서는 벌써 아내와 아들이 할머니의 옷을 나누어 입고 있다. 그들은 척박한 환경에서 그렇게 또 생명을 이어가는 것이다. 생존 앞에서 윤리는 사치일지도 모른다. 자기 몫의 생산을 담당하지 못하는 인간은 버려진다. 이곳 나라야마에서는 그것이 윤리이다. 다 자란 동물은 자기 몸을 지킬 수 없으면 자연스럽게 도태된다. 누가 부양하거나 책임지지 않는다. 그렇다고 그들은 누구를 원망하지도 슬퍼하지도 않는다. 그것이 자연의 법칙이기 때문이다. 인간만이 효와 의무, 윤리에 구속당한다. 그러나 그 윤리라는 것이 얼마나 얄팍한 것인지 우리는 모두 잘 알고 있다. 우리 안의 야만성은 언제든지 기회만 되면 꿋꿋하게 그 윤리를 뚫고 나올 것이다.

　이마무라 쇼헤이 감독은 왜 이런 영화를 만들었을까. 다른 나라에 보여주기도 창피했을 원시 문화에 인간 삶의 원형을 넣어서 뭘 말하고 싶었던 것일까. 영화를 보고 난 후 10년이 지난 지금까지도 가끔씩 생각한다. 인간의 의지와 선택을 넘어서는 상황에서 너는 어쩔 것이냐, 이래도 너는 윤리

적일 수 있느냐고 묻고 싶었을까. 영화를 보면서 내 마음 깊은 곳을 들켜버린 것 같은 기분은 별로 유쾌하지 않았지만, 내 안의 저 밑바닥 원형의 나를 볼 수 있어서 나쁘지 않았다.

  내가 힘들다고 생각하는 것은 내가 나쁘기 때문이라고 생각했다. 더 참지 못하고 더 동정적이지 못하고 더 희생적이지 못한 내가 나쁘다고 생각했다. 그것을 윤리로 덮고 포장하려고 했다. 내 마음속의 소리 같은 건 아무도 안 들을 테니 그저 괜찮다고 말하면 되는 줄 알았다. 그러면서 나는 병들었다. 나는 괜찮지 않았고 나의 속은 윤리적이지 않았다. 그래도 나는 말할 수 없었다. 우리의 야만성은 단지 혼자 있을 때 꺼내보는 것이기 때문이다. 생각한다는 것과 말한다는 것은 너무나 큰 차이가 있으니까.

  삶의 고통 속에 놓인 인간의 모습을 차분히 담아낸 〈나라야마 부시코〉를 보며 내 안의 야만성을 가만히 위로받을 뿐이다.

블로그 축제 우수상

7

인생이 담긴 한 편의 감동적인 시^詩

서란
http://blog.yes24.com/yesi2002

〈시〉 이창동 감독 | 윤정희, 김희라 등 출연 | 드라마 | 2010

영화 〈시〉의 대략적인 줄거리는 167쪽 참고
감독 이창동의 대략적인 소개는 187쪽 참고

인생을 노래하고 인생을 담은 잔잔한 한 편의 시, 가슴을 적시다

칸 영화제에서 각본상을 받기 전에도 너무도 보고 싶은 영화였다. 기숙사에 있는 딸들이 나오면 함께 〈친정엄마〉와 〈시〉를 보려고 했는데 시간이 나지 않았다. 벼르다 어쩔 수 없어 혼자 영화를 보러 가기로 했다. 무언가 잔잔하게 느끼고 싶을 땐 영화를 혼자 보는 것도 참 괜찮은 일이다. 이 영화를 보기 이전에 나도 시를 조금 쓰기도 했고, 시를 읽기도 좋아하고 여러모로 좋아한다. 게다가 좋아하는 시인이며 작가이신 김용택 선생님이 나오시니 더욱 보고 싶은 영화였다.

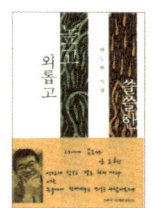

연탄재 함부로 발로 차지 마라.

너는

누구에게 단 한 번이라도 뜨거운 사람이었느냐.

―안도현,「너에게 묻는다」

65세의 할머니인 미자는 혼자 어렵게 중학교에 다니는 외손자를 키운다. 남 보기에 겉모습은 조금 화려하지만 실상 그녀의 삶은 비루하다. 작은 서민 아파트에서 복작거리며 생활 보조금과 간병인을 하여 받는 돈으로 생계를 유지해간다. 하지만 간병인 일이 힘에 부치기도 하고 팔이 아파 병원을 찾은 그녀. 그녀가 자꾸만 간단한 단어들을 잘 잊어버린다 하자 의사는 '알츠하이머'가 의심된다며 큰 병원에서 검사해볼 것을 권유한다. 하지만 미자가 아프다고 해도 누구 하나 나서서 그녀를 돌봐줄 여력이 안 된다. 딸은 이혼한 후 아들을 자신에게 맡겨놓고 부산에서 돈을 벌며 생활을 하고

있으니 손자를 돌보는 것만 해도 만만치 않다. 미자는 병원을 나서다 우연히 다리에서 떨어져 물에 빠져 죽은, 자살을 한 손자와 같은 학교 같은 학년의 여자아이 이야기를 듣고는 손자에게 물어보지만 녀석은 모른 척한다.

자꾸만 단어들을 잊어버려 문화원에서 하는 '시 강좌'를 들으려 하지만 신청 날짜가 지났다. 하지만 직접 찾아가 꼭 시를 배우고 싶다고 말을 하여 청강을 하게 된다. 시인으로 나오는 김용택 시인의 리얼한 시에 대한 강의, 수강생들인 아줌마, 아저씨들의 연기 또한 리얼하여 영화의 맛을 더해준 것 같다. 꼭 한 편이라도 시를 쓰고 싶었던 미자, 옛날에는 무척 감성적이라는 말도 들었지만 살아오면서 그런 적이 있었던가 싶을 정도로 인생은 무덤덤해졌다. 어찌하다보니 인생은 물처럼 흘러 지금의 순간에 이르고 말았다.

'시는 보는 것이며 아름다움이다.' '시는 죽었다.' 극중에서도, 실제로도 시인인 황병승은 이 시대 시는 죽었다고 말한다. 시를 쓰지도 않지만 읽지도 않아서 시에 더이상 희망이 없는 것처럼 나오지만, 영화 속의 시를 배우고 시를 사랑하는 사람들의 모습은 아직도 희망은 남아 있다고 말해주고 있다. 그리고 이 영화의 주인공 또한 인생의 뒤안길에서 늦었지만 이제야 시를 배우겠다고 문화원을 다니고 시 낭송회를 다니지 않는가. 언제 시작하는 것이 중요한 게 아니라 마음속에 있는 시상을 끄집어내는 것이 중요한 것이라 말하는 시인 김용탁, 그런 선생님의 말을 잘 듣는 아이처럼 미자는 늘 메모할 수 있는 수첩과 볼펜을 가지고 다니며 나무에서 우는 새소리며 바람 소리 아름다운 꽃들을 메모로 남겨둔다. 언젠가는 꼭 한 편의 시를 쓰는 것이 그녀의 소원이다.

하지만 결코 인생은 시처럼 아름답지 않다. 가장 아름다운 꽃띠인 이팔청춘에 소녀는 삶을 버렸고 미자의 삶 또한 뒤돌아보면 아무것도 없다. 손자가 소녀의 죽음에 개입되어 합의금을 마련해야 하지만 그녀에겐 돈을 마련할 어떤 길도 보이지 않는다. 가만 놔두면 외손자의 삶 또한 어찌될지 모르기에 그녀는 근심에 차지만 그녀에겐 우선적인 것은 오로지 시이다. 육십이 넘은 나이에 무언가 다시 가슴을 불태우고 싶다. 그것이 시이다. 잃어버린 언어를 찾듯 잃어버리고 있는 언어를 찾듯 그녀에게 남은 소원은 시 한 편을 쓰는 것이다.

    사랑하다가 죽어버려라
    오죽하면 비로자나불이 손가락에 매달려 앉아 있겠느냐
    기다리다가 죽어버려라
    오죽하면 아미타불이 모가지를 베어서 베개로 삼겠느냐
    새벽이 지나도록
    마지麾를 올리는 쇠종 소리는 울리지 않는데
    나는 부석사 당간지주 앞에 평생을 앉아

그대에게 밥 한 그릇 올리지 못하고
눈물 속에 절 하나 절 하나 지었다 부수네
하늘 나는 돌 위에 절 하나 짓네

— 정호승, 「그리운 부석사」

그녀에게 절박한 것은 두 가지이다. 손자의 합의금으로 마련해야 할 돈 5백만 원과 시 한 편. 손자가 소녀의 죽음에 연관되지 않았기를 바랐지만 허사가 되고, 자신 또한 알츠하이머라는 진단을 받지만 결코 딸에게는 알리지 않는다. 소녀의 인생을 밟듯 따라가다 만나는 소녀의 짧은 삶, 소녀의 세례명인 아네스. 손자가 개입된 것을 알게 된 이후부터 소녀는 미자의 삶에 들어와 모든 것을 짓밟는다. 소녀의 엄마를 만나러 가면서 머리끝부터 발끝까지 화려하게 치장을 하고, 가서도 자신이 찾아온 이유는 꺼내지 못하고 경치와 자연의 아름다움에 대하여, 자신이 이제야 발견한 살구에 대하여 변명처럼 늘어놓다 뒤돌아서며 현실을 직시하는 미워할 수 없는 예쁜 할머니 미자, 조금은 어색한 듯하지만 그녀만한 배역은 없을 듯한 느낌이 든다. 주름살이 아름답고 꾸미지 않음이 아름답고 그 나이에 맞는 '인생'을 담아내기에 너무도 잘 어울리는 배우 윤정희. 그리고 언젠가 뇌졸중으로 쓰러진 후 TV에 나온 것을 보았는데, 영화배우로 삶을 마감하고 싶다며 어눌하게 말을 했던 김희라도 정말 대단하다. 꾸밈이 없는 실제 자신의 모습이기도 할 터인데 너무도 잘 어울리고 영화에 대한 집념도 대단하다. 그들이 있어 이 영화가 인생을 담아내기에 더 좋은 그릇이 되지 않았나 싶다.

조연들이 빛난 영화, 〈시〉. 김희라, 미자의 손자로 나온 이다윗과 시인

으로 나온 진짜 시인 김용택, 그리고 서민 아파트에 사는 진짜 조연들이 더 빛났던 영화이며 잔잔한 영상이 너무도 좋은 영화였다. 한 편의 시에 희노애락과 인생을 담아낼 수 있는 꼼꼼한 감독의 연출도 좋았던 영화이다. 시낭송회 회원들이 '누구에게 단 한 번이라도 뜨거운 사람이었는가' '사랑하다 죽어버려라'라고 읊는 시처럼 어느 누구를 죽도록 사랑해본 적 있는가 묻고 있다. 시 강연의 제목처럼 '내 인생에서 가장 아름다웠던 순간'을 노래하듯 영화는 내내 관객들에게 자신의 인생을 돌아볼 시간을 준다. 그리고 묻는다. 자신의 삶은 어떠한지.

'내 인생에서 가장 아름다웠던 순간'은…… 미자는 자신의 어린 시절을 돌이켜보고 인생에서 가장 아름다웠던 순간이라며 울지만, 영화는 그녀가 마지막으로 소녀를 위해 「아네스의 노래」라는 한 편의 시를 완성함으로써 가장 아름다운 순간에 죽음을 택하는 것으로 마무리한다. 예쁜 꽃을 보는 것만으로도 행복하던 그녀는 손자와 그 친구들이 저지른 일로 소녀가 자신의 목숨을 버린 일 등 세상은 결코 자신의 생각만큼 아름답지 않다는 것을 알게 된다. 시간은 흐른다. 얼마 전에 읽은 이외수의 『아불류 시불류』라는

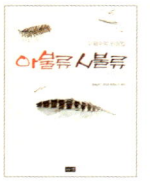
책의 제목처럼 '내가 흐르지 않으면 시간도 흐르지 않는다.' 시간이 흐르고 그 시간만큼 자신도 변하고 흘러간다. 자신의 삶 또한 변해감을 인정해야 하지만 너무도 변해버린 삶과 윤리 의식도 느끼지 못하는 아이들의 불장난 같은 일들이 그녀를 괴롭게 만든다. 그 괴로움은 한 편의 시가 되어 그녀가 삶을 놓게 만든다.

그곳은 어떤가요 얼마나 적막하나요
저녁이면 여전히 노을이 지고
숲으로 가는 새들의 노랫소리 들리나요
차마 부치지 못한 편지 당신이 받아볼 수 있나요
하지 못한 고백 전할 수 있나요
시간은 흐르고 장미는 시들까요
이제 작별을 할 시간
머물고 가는 바람처럼 그림자처럼
오지 않던 약속도 끝내 비밀이었던 사랑도
서러운 내 발목에 입 맞추는 풀잎 하나
나를 따라온 작은 발자국에게도
작별을 할 시간

이제 어둠이 오면 다시 촛불이 켜질까요
나는 기도합니다

아무도 눈물은 흘리지 않기를

내가 얼마나 간절히 사랑했는지 당신이 알아주기를

여름 한낮의 그 오랜 기다림

아버지의 얼굴 같은 오래된 골목

수줍어 돌아앉은 외로운 들국화까지도 내가 얼마나 사랑했는지

당신의 작은 노랫소리에 얼마나 가슴 뛰었는지

나는 당신을 축복합니다

검은 강물을 건너기 전에 내 영혼의 마지막 숨을 다해

나는 꿈꾸기 시작합니다

어느 햇빛 맑은 아침 깨어나 부신 눈으로

머리맡에 선 당신을 만날 수 있기를……

—양미자, 「아녜스의 노래」

흘러가는 물로 시작한 영화는 흘러가는 물을 엔딩으로 끝이 난다. 잔잔한 한 편의 시를 읽는 것처럼, 아니, 귀로 듣고 눈으로 보는 것처럼 화면은 잔잔하면서도 아름답다. 결코 화려하지 않은 사람들의 삶과 생활 그리고 서민적인 사람들이 화면 가득 아름다운 한 편의 시를 만들고 있다. 작가 출신 감독이라 그런지 무척이나 꼼꼼한 영화이다. 그 자체만으로 한 편의 시이며 소설이다. 메릴 스트립을 보면서 주름살이 아름다운 배우라고 생각했는데 몇십 년 만에 나온 배우 윤정희씨도 주름살이 무척이나 아름다운 배우이다. 그 모습 그대로 인생을 노래하고 담아내기에 충분하다. 오래간만에 만난 배우 윤정희씨도 반가웠지만 회장님으로 분한 배우 김희라씨도

무척이나 반가웠고 시인 김용택님은 연기로 직업을 바꾸어도 무색하리만치 자연스러움이 넘쳐나는 연기였고 연기 자체가 시 강좌였다. 튀는 사람들이 없어 더 영화의 매력이 넘쳤던 것 같다. 이 영화로 인해 시가 다시 우리 가슴에서 피어나는 것은 아닌지 하는 기대감을 가져본다. 나 또한 오래전에 시심을 잃어버리듯 그저 낙서처럼 쓰던 시를 쳐다보지 않은 것이 오래되었지만 이 영화를 보니 다시 쓰고 싶어졌다. 내 인생을 노래하고 내 삶을 노래할 잔잔한 시를 다시 가슴에서 꺼내보려 한다.

친정 엄마가 곁에 있어 행복해요

샨티샨티
http://blog.yes24.com/nopark9

〈친정엄마〉 유성엽 감독 | 김해숙, 박진희 등 출연 | 드라마 | 2010

엄마(김해숙 분)는 똑똑한 딸 지숙(박진희 분)이 항상 자랑스럽다. 서울에서 홀로 아르바이트 하며 대학에 다니던 지숙은 졸업과 동시에 방송국에서 작가로 일하기 시작한다. 결혼하여 아이까지 낳으며 살던 지숙은, 어느 날 자신이 암에 걸렸다는 사실을 알게 된다. 지숙은 연락도 없이 친정 집으로 내려가 홀로 사는 엄마를 위해 미뤄왔던 효녀 노릇을 시작한다. 반갑기는 하지만 예전 같지 않은 딸의 행동에 엄마는 왠지 모를 불안감을 느끼는데……

방과 후 집으로 돌아온 녀석은 늘 엄마부터 부르며 자신의 귀가를 알리곤 한다.

"엄마!"

외마디 소리는 직장에서 불리던 호칭을 벗고 비로소 자식을 낳아 기르는 엄마로 돌아오게 하는 각성제이기도 하다. 나이 마흔을 훌쩍 넘어선 엄마이지만 여전히 아이들에게 편안함을 주는 안식처는 아닌 듯하다. 늘 아이들의 앞날을 위한다는 명분 아래 자신의 욕심을 채우기 위해 아이들을 닦달하며 지내온 세월이 자꾸만 자신을 돌아보게 한다. 서른이 채 되기도 전에 서둘러 저승으로 가버린 남편을 대신해 생계 전담자로 나서야 했던 나의 친정 엄마는 경제적 궁핍함 때문에 참혹한 슬픔을 감내하며 살았지만 자식들에게 많은 것을 강요하지는 않았다. 엄마는 그저 어린 자식들을 한 인격체로 대우하며 스스로 살아갈 준비를 해나가길 바라는 마음이 컸던 듯하다.

연초록으로 물들며 청신함을 더하는 5월은 '가정의 달'이라는 말에 걸맞게 특별한 날이 많아 부모뿐 아니라 아이들까지도 마음이 흥성거리기 십상이다. 직장 일로 바쁜 남편을 대신해 어린이날이라고 들떠 있는 아들 손을

잡고 외출에 나섰다. 한 시간 남짓 버스를 타고 진주 영화관에 도착하니 이미 많은 관람객들이 들어서서 시끌벅적했다. 예매한 영화 티켓을 찾은 뒤 한 손에는 손수건을 들고 좌석을 찾아 자리했다. 어린이날, 초등학교 6학년 아들과 함께 본 영화 〈친정엄마〉는 아들에게 병마와 싸워 이기게 한 간병인이었던 외할머니를 생각나게 한 모양이다. 아픈 다리로 스스로 지탱하기도 힘든 상황에서도 손자의 병실을 지키며 지극 정성으로 돌보던 외할머니를 아들도 기억하는 모양이다.

  영화 속에서 온전하지 않은 다리로 버스를 몰며 가장 역할을 해나가는 지숙의 아버지는, 사회에서 인정받지 못해서인지 집에 돌아오면 고단한 일상을 녹이고 누적된 피로를 풀기보다 아내에게 분풀이를 할 때가 많았다. 아이들 뒷바라지에 헌신적이던 아내에게 폭력을 휘둘렀고, 그녀는 고통으로 만신창이가 되어 파멸의 길을 걸으면서도 엄마 역할에 충실했다. 여고생 지숙은 매 맞고 사는 엄마에게 왜 이러고 사느냐고 따져 묻고 차라리 집을 나가라고 권하기에 이르고 만다.

  속이 상해 바깥으로 나가버린 딸을 위해 엄마는 품속에 넣어온 군고구마를 내놓는다. 그것을 함께 베어 물며 나누던 이야기가 가슴에 오롯이 남았다.

  "나 없어지면 니 인생 불 보듯 뻔한다. 나 하나 참으믄 될 것을 나 편하자고 자식 인생 똥 구덩이에 밀어넣겠냐."

  엄마는 늘 자신의 안위보다는 자식이 먼저였다. 그래서 신이 그곳으로 갈 수 없어 자식들에게 엄마를 대신 보냈다는 말이 더욱 더 실감났다. 지숙 엄마의 내리사랑은 바로 나의 엄마 모습을 고스란히 담고 있었다. 딸이 요청하면 곧바로 무엇이든 택배로 부쳐주는 엄마는 예나 지금이나 그 자리에서 자식들의 안부를 기다리고 있었는지도 모른다. 걸음걸이가 시원찮아 점점 땅과 가까워지는 엄마를 볼 때면 콧잔등이 시큰해져 바로 볼 수가 없다. 골다공증으로 피폐해진 육신을 이끌고 오늘도 녹찻잎를 따느라 부지런히 손을 재는 엄마다. 엄마와 함께 보낼 수 있는 시간이 그리 길지 않다는 걸 알면서도 엄마 곁에서 당신의 이야기를 들어주는 것도 귀찮게 여겨 뒤로 미뤘던 못난 딸이다. 엄마가 어디 하소연할 곳이 없어 나에게 전화를 걸면 난 바쁘고 귀찮다는 이유로 전화를 받은 아들에게 엄마 없다고 둘러대라 하기 일쑤였다. 전화 통화라도 먼저 하게 되면 엄마가 전화 끊기도 전에 매정하게 수화기를 놓았던 적이 한두 번이 아니었다.

영화에서 지숙은 엄마가 사는 모습을 지켜보며 늘 자신은 결혼하지 않고 살겠다며 큰소리쳤지만 그녀에게도 사랑하는 사람이 생겼다. 결혼을 염두에 두고 사귀어온 이들은 통과의례처럼 상견례를 통해 서로를 배필로 묶는다. 지숙은 갖은 멋을 내고 상견례 자리에 도착하였지만 사부인 될 어른은 지숙의 불우했던 환경을 탓하며, "내가 저런 애 며느리로 맞으려고 내 아들 유학까지 보낸 줄 아나?"라고 되우 쏘아붙였다. 그러자 지숙의 엄마는 "그 집 아들 부모 잘 만나 부모 돈으로 대학 댕기고 미국 갔을 때 못난 부모 땜시

청바지 하나로 대학 2년 다니고 졸업하자마자 방송국 들어가 돈 벌어서 집에 부치고 동생들 학비 댔어요"라고 말한다. 눈물을 흘리며 아파하는 딸 지숙을 보면서 엄마는 장대비를 뚫고 남자친구의 집을 찾는다. 엄마는 무릎을 꿇고 통한의 눈물을 쏟으며 결혼 승낙을 받아낸다. 자신의 자존심은 버린 지 이미 오래였다. 늘 내 새끼를 입에 달고 살던 엄마는 결혼한 자식에게는 자식이 온갖 푸념을 늘어놓고 살 부빌 수 있는 넉넉한 사랑의 증표, 바로 친정 엄마로 거듭나는 과정을 통해 더없는 내리사랑을 발현하게 된다. 지숙이 결혼하고 딸이 태어나 오롯한 가정을 이루며 바쁘게 사느라 마음의 눈을 돌리지 못한 사이 친정 엄마는 빠른 속도로 늙어만 갔다.

대양으로 나갔던 연어가 자신이 살던 곳으로 돌아와 알을 낳고 죽어간다는 말처럼 지숙은 손을 쓸 여유도 없이 선고받은 시한부 인생을 담담히 받아들이며 고향을 찾는다. 작가 일에 시달리면서도 가정을 지키느라 여념이 없던 지숙이 친정을 찾아가는 길은 모질게만 다가왔던 아버지와 화해하는 시간이기도 했다. 지숙이 친정 엄마와 함께 난생처음 단풍놀이를 가서 그동안 못다 나눴던 정을 확인하고, 돌아오는 길에 함께 사진을 찍으며 주변 정

리를 하는 모습은 통한의 눈물을 더했다.

딸의 돌연한 행동에 의구심을 가지던 지숙 엄마는 모든 사실을 알고는 피눈물을 참아내느라 안간힘을 썼다. 내 새끼를 꼭 살려낼 테니 걱정 말라며 항변하던 엄마는 오래지 않아 딸을 가슴에 묻어야 했다. 지숙 엄마는 그토록 사랑하며 자랑스러워했던 딸을 이승에서는 다시는 못 볼 세상으로 보내고 돌아와 딸의 문집을 꺼내들고는 딸의 체취를 맡는다.

"내가 가장 자랑스러운 것은 너를 낳은 것이고, 내가 가장 후회하는 것도 너를 낳은 것이다."

서른 전에 남편을 떠나보내고 자신을 돌볼 겨를도 없이 억척스럽게 인생을 살며 남매 대학 공부까지 시킨 지숙 엄마의 절규가 귓전을 울리는 듯해 보는 내내 눈물을 흘려야 했다. 아무런 대가를 바라지 않으며 내리사랑을 펼친 나의 엄마가 지숙의 엄마와 동일하게 다가와 더더욱 가슴이 먹먹해졌다. 지숙이 눈을 감기 전 엄마를 외롭게 해서 미안하다며 흘린 눈물은 그동안 잘해드리지 못했던 엄마를 향한 참회의 눈물이었다.

마지막 자막이 올라가고 불이 들어왔을 때까지도 자리에서 일어설 용기가 나지 않았다. 자식을 위해 평생을 바친 엄마들의 헌신적인 사랑 앞에 자식들은 이제라도 무심했던 마음의 자리에 엄마의 방을 만들어 엄마와 소통하며 지낼 수 있도록 해야 한다.

친정은 결혼한 여자에게 영원한 울타리다. 시댁과의 갈등에서도 자신을 위로해줄 최후의 보루. 바로 친정 엄마가 있어 그 모든 게 가능한 곳이다. 그곳은 언제나 아이들에게 무한한 사랑을 주는 외할머니의 따스함이 살아 숨 쉬는 곳이다. 이 세상 엄마라는 이름을 가진 이들은 이 세상에 존재하는 것만으로도 든든한 성으로 자리하기 때문이다. 엄마는 내게 큰 산과 같은 존재이므로 지금 곁에 존재하는 것만으로도 가치 있는 일이다.

영화를 보면서 친정 엄마와 함께 딸이 떠올랐다.

'딸에게 나는 어떤 엄마로 비춰질까? 딸은 나를 엄마로 만나 행복할까?'

사춘기를 혹독하게 보내느라 부모 속을 많이도 썩인 열여덟 살 딸은 엄마에게 늘 숙제를 안겨줬다. 딸의 탄생이 기쁨을 줬지만 그 딸이 커가는 과정에 불러일으켰던 문제들은 또다른 아픔을 수반하여 생채기를 남겼고 그 상처가 곳곳에 흉으로 남아 마음을 아리게 할 때가 있다. 이제 딸도 조금씩 철이 들어 자신의 앞가림을 해내느라 분주하다. 주말이면 공중탕을 함께 다니며 서로의 진정한 목소리에 귀 기울이며 지낼 수 있어 더욱 감사하다. 품 안의 자식이라는 어른들 말대로 딸도 언젠가는 부모 품을 벗어나 새로운 가정을 이루며 살아갈 것이다. 딸을 낳아 엄마가 되고, 그 딸이 반쪽을 만나 결혼하면 나 역시 친정 엄마가 될 것이다.

늘 내 새끼를 입에 달고 사는 친정 엄마의 모습을 따라 하기는 힘들겠지만 내리사랑을 실천하며 살아가는 엄마의 따스함으로 아이를 맞을 듯하다. 엄마는 오랜만에 손자가 왔다고 닭장 속에 있던 닭을 한 마리 잡아서는 갖

은 약초를 넣어 푹 삶아 백발이 성성한 얼굴에 미소를 띤 채, "내 새끼! 오랜만에 왔는디 많이 묵고 건강하게 자라라" 하고 연신 말한다. 들깨를 갈아 머위 대를 넣어 끓인 들깻국에 찰밥을 곁들이며 행복한 시간을 보냈던 기억은 못 배웠어도 자식을 사랑할 줄 아는 보통 엄마들의 모습을 고스란히 담고 있다. 점점 맥없이 오그라드는 엄마를 만나고 돌아올 때마다 생전에 소통하며 살가운 정을 나누는 일이 얼마나 소중한지 절감하게 된다.

   하루하루 생활하며 지숙과 만날 날이 가까워져 다행이라던 친정 엄마의 마지막 말이 오늘도 가슴에서 메아리쳐 울린다.

로빈 후드, 새로운 전설의 시작

껌정드레스
http://blog.yes24.com/mkkorean

〈로빈 후드〉 리들리 스콧 감독 | 러셀 크로, 케이트 블란쳇 등 출연 | 액션, 드라마 | 2010

13세기 영국. 평민 출신이지만 뛰어난 활 실력을 가진 로빈 후드는 리처드 왕의 용병으로 프랑스 전투에서 대활약을 펼쳐 왕의 신임을 받지만, 전투중 리처드 왕이 전사한다. 리처드 왕에 이어 왕위에 오른 존은 폭력적이고 탐욕적인 통치로 오랜 전쟁 후유증을 앓는 영국을 더욱 피폐하게 만든다. 국민들은 가난과 폭정에 시달리고 영국에는 모든 자유가 사라진다. 전쟁 후 고향으로 돌아온 로빈 후드는 이 참담한 상황 속에서 자신의 돌아가신 아버지가 자유를 위해 왕권에 도전하다 처형당했다는 사실을 알게 되고, 동료들과 함께 존 왕에 맞서게 되는데……

5년의 기다림

지금으로부터 5년 전, 2차 십자군 전쟁을 배경으로 한 리들리 스콧 감독의 〈킹덤 오브 헤븐〉이 끝났을 때, 나는 혼자 박수치며 흥분했었다. 고향으로 돌아와 다시 대장장이가 된 올란도 블룸을 찾아와 같이 전쟁에 나가자고 권하는 영국 기사의 등장 때문이었다. 그 고귀한 신분의 영국 기사는 바로 사자왕 리처드임이 확실했다. 아, 그렇다면 리들리 스콧 감독은 다음 영화는 3차 십자군 전쟁을 배경으로 하겠구나! 기사 중의 기사, 사자왕 리처드와 살라딘의 대결을 보여주겠구나! 벌써부터 가슴이 뛰는군, 나는 기다리리라!

그 후로 5년. 〈글래디에이터2〉를 찍는다는 소문이 무성한 가운데 감독은 러셀 크로를 로맨틱 코미디 영화인 〈어느 멋진 순간〉에 등장시키고는, 나의 기대를 그 영화에 등장한 와인처럼 마냥 숙성되게 내버려두시더니, 뜬금없이 〈로빈 후드〉를 들고 돌아오셨다. 흠, 사자왕 리처드가 등장하긴 하는군. 그러나 이 영화, 종래 전설 속의 로빈 후드와 다르다. 무엇보다 로빈의 셔우드 숲 활약과 십자군 전쟁 참전 순서가 뒤바뀌어 있다.

왜 그랬을까? 1992년의 〈1492콜럼버스〉, 2000년의 〈글래디에이터〉, 2005년의 〈킹덤 오브 헤븐〉, 올해 2010년의 〈로빈 후드〉까지 줄기차게 대작 사극 영화를 찍어온 이 감독, 지금까지는 세세한 설정이나 허구의 인물 투입 외에 큰 줄기는 건드리지 않고 사극 영화를 찍었는데 이번에는 왜 이렇게 했을까? 영화를 보고 나서 열흘이 지난 지금까지 이 점을 생각해보다 이제야 리뷰를 쓴다.

좋은 사극 전쟁 영화에 대한 짧은 생각

예전에 인터넷에 들어가 예매하다가 마이 페이지를 클릭해보고 박장대소한 적이 있었다. 내 영화 취향을 '이십대 남성 취향, 전쟁 액션 영화'로 해놓아서였다. 내가 예매했던 영화 장르만 모아 통계를 냈으니, 그럴 수밖에. 그러나 나 껌정, 절대 전쟁 액션 영화광이 아니다. 난 단지 내가 역사책에서 읽고 상상한 장면이 화면에서 어떻게 그려지는가에 관심 있을 뿐이다. 그러나 대부분의 사극 영화에는 꼭 전쟁 장면이 들어가기 마련이다. 그러다 보니, 늘 이십대 총각들 사이에 혼자 끼어 있는 외로운 사면초가 아줌마 관객이 되곤 한다.

그렇다면 전쟁 액션 영화를 좋아하는 다른 관객들은, 액션 장면만 리얼하고 통쾌하면 무조건 좋아라할까? 그건 아닌 것 같다. 아무리 영화가 대중 예술이라지만, 기본적 고증이 잘되어 있고 이야기 구성이 탄탄하며, 나름 신선한 역사 인식을 보여주어야 액션도 비로소 눈에 들어오는 것 같다. 이십대 총각들 틈에서 눈총 받으면서도 17년간 혼자 극장에서 전사하지 않고 버틴 내 입장에선 말이지.

　예를 들어, 에로 영화라고 처음부터 침대 위의 홀랑 벗은 살덩이들만 나오면 전혀 감흥이 일지 않는 것과 같다. 빨간 날고기 실컷 보려면 마트 정육 코너에 가면 되지 않은가. 두 사람이 어떻게 만나 어떤 경로로 서로를 느끼고 받아들이게 되었는지 개연성이 충분히 전제되어야 그 에로틱이 관객에게 전해지는 것처럼, 이런 전쟁 사극 영화도 좋은 영화가 되려면 실제 역사 배경이 제대로 재현되고, 의식주 고증도 철저하며, 그 상황의 인물이 왜 전쟁에 나설 수밖에 없는지에 대해 관객에게 충분한 정보를 주어야 한다. 그리고 최종적으로 주인공이 어떤 시대 인식을 갖고 변모해가는지까지도 보여주어야 한다!

영화 내용과 실제 전승, 역사 배경

　영화 내용은 이렇다. 궁수인 로빈 롱스트라이드는 3차 십자군 전쟁을 마치고 귀국길에 오르다 우연히 전사한 기사 록슬리의 칼과 리처드의 왕관을 전하는 임무를 맡게 된다. 록슬리의 아버지인 노팅엄 성주에게 영지를 지키기 위해 아들 노릇을 해달라는 부탁을 받고 머무르던 로빈은, 존 왕의 독재에 맞서 싸우다 일단 외적 프랑스의 침입을 격퇴한다. 그러나 존 왕은 승전 후 대헌장 승인을 거부하고 로빈을 적으로 돌린다. 이에 로빈은, 동료들과 사랑하는 매리언과 함께 셔우드 숲으로 들어가 의적이 된다.
　한편, 중세에 민요로 전승되다가 낭만주의가 유행하던 19세기에 채집되어 하워드 파일에 의해 집대성된 로빈 후드 전설의 내용은 이렇다. 12세기

헨리 2세 시절, 왕의 사슴을 죽인 죄로 셔우드 숲에 들어가 의적이 된 로버트, 애칭 로빈은 그의 '유쾌한 패거리'들과 여러 모험을 벌인다. 그는 왕의 분노를 사기도 했지만 왕비 엘레아노르가 구해준다. 헨리 2세 사후 사자왕 리처드는 로빈을 찾아가 자신의 부하로 삼고 헌팅턴 후작으로 봉한다. 로빈은 이후 3차 십자군 전쟁에까지 사자왕을 따라 종군하나 귀국 후 리처드에 이어 왕위에 오른 존 왕의 미움을 산다. 로빈은 다시 셔우드 숲으로 돌아와 리틀 존의 품에서 쓸쓸히 죽는다. 이를 기본 내용으로 어느 전승에는 로빈이 원래 귀족 출신이었다는 살도 붙고, 매리언 아가씨와의 사랑 이야기도 들어간다. 월터 스콧의 『아이반호』에 등장하기도 한다.

즉, 영화 내용과 원래 이야기의 가장 큰 차이는 로빈이 셔우드 숲에 들어가 의적이 된 원인과 십자군 전쟁 참전의 전후 관계라 하겠다. 사실, 원래 이야기라는 말도 좀 우습다. 어차피 구비 전승을 기록한 것이며, 이런 이야기는 각 시대마다 민중의 요구에 따라 가감이 가능한 것이므로.

그러므로 다시 생각해보자. 〈로빈 후드〉는 액션에 중점을 둔 전쟁 사극 영화이자 비교적 역사 왜곡 시비에 휘말릴 우려가 적은 '전설'을 다룬 영화인데, 이렇게 구성할 경우 어떤 효과가 있을까? 감독의 의도는 무엇이며, 이 시대의 관객은 새로운 로빈 후드 전설의 탄생을 어떻게 받아들일까? 여기에서 당시 실제 역사를 살펴보겠다.

1066년, 정복왕 윌리엄이 노르만인을 끌고 영국을 침략, 헤이스팅스 전투에서 항전하던 앵글로색슨족 귀족들을 몰살시키고 새 왕조를 연다. 이때, 윌리엄은 대륙의 봉건제를 도입하여 자기 일족, 부하 기사들 위주로 영지를 재분배한다. 또한 영토의 3분의 1이나 되는 광대한 숲을 왕실 전용림으로 삼아 사슴, 토끼 등을 잡는 자는 사형에 처하여 원성을 산다. 그리하여 살아

남은 앵글로색슨 귀족 전사들은 숲속에 들어가 노르만 귀족을 습격하기도 하고, 그들의 재물을 빼앗아 폭정에 시달리는 원주민 백성들에게 나누어주기도 했다. 여기에서 숲속에 사는 유쾌한 사나이들에 대한 전설이 시작된다.

그 유쾌한 사나이들 중의 한 명인 로빈 후드가 활약한 배경이 되는 12세기는 정복왕 윌리엄의 증손자 세대인 헨리 2세, 사자왕 리처드, 존 왕의 시대이다. 노르만족 지배자의 기본적 횡포뿐만 아니라 프랑스 내의 영국 영지에 얽힌 필립 2세와의 전쟁과 십자군 전쟁 등의 전비를 대느라 앵글로색슨족 귀족과 일반 민중의 노르만 왕실에 대한 반감이 더욱 깊어졌던 시대. 영화에서도 로빈의 본명을 들은 성주가 용감한 앵글로색슨족의 이름이라고 감탄하는 장면에서 언뜻 노르만 지배자와 앵글로색슨족 피지배자의 갈등을 암시하는 것이 보인다. 영화의 마지막에서는 존 왕이 말을 번복하며 서명을 거부하지만, 실제로 1215년, 존 왕은 대헌장 MAGNA CARTA을 승인한다. 원래 대헌장은 존 왕이 프랑스 왕과 싸워 프랑스에 있던 많은 영토를 잃고 전비 감당을 위해 무거운 세금을 징수하자 귀족이 봉기하여 그들의 봉건적

특권을 인정하게 만든 문서였다. 그러나 후에 대헌장은 모든 국민의 권리를 보장한, 영국 입헌 정치의 초석으로 평가받는 문서가 되었다.

즉, 이렇게 중요한 대헌장 승인의 기초를 닦은 이가 바로 로빈 후드였다고 영화는 말하고 있는 것이다. 게다가 그는 십자군 참전 후 의적이 되었다고.

새로운 전설의 탄생

리들리 스콧 감독의 1992년 작인 〈1492 콜럼버스〉의 경우 지나치게 콜럼버스를 미화하며, 그의 부정적인 면은 모두 귀족 목시카에게로 몰아서 보여줬던 문제가 있다. 2000년 작인 〈글래디에이터〉의 경우에는 막시무스 장군이 분노하여 끝내 황제에게 칼을 겨누게 되기까지의 과정이 설득력 있게 그려지나 영웅 중심적이었다. 2005년 작인 〈킹덤 오브 헤븐〉을 보면 그 동안 서구의 이슬람에 대한 편향된 시각과 달리 주인공을 이교도에 맞선 영웅으로 미화하지 않으며, 적장인 살라딘 역시 매력적으로 그린다. 뿐만 아니라 다시 대장장이로 돌아간 주인공도 십자군에 과장된 의미 부여를 하지 않는다.

이러한 전작들과 함께 이번 영화의 주인공인 로빈의 모습을 보면, 이 감독의 사극 영화의 주인공이 갈수록 진보된 의식을 보여주고 있음을 알 수 있다.

그것은 지금까지 계속 말했듯, '의적 활동 후 십자군 참전'이 아

니라 '십자군 참전 후 의적'의 전설 뒤집기에서 눈에 띈다. 만약, 원래 전설의 구성대로였다면, 우리의 로빈은 자국 내의 모순에만 항거한 존재이다. 그리하여 성전 참전을 통한 죄 사함을 맹신하거나, 혹은 일확천금을 하고 무용을 떨칠 기회를 잡기 위해 주군을 따라 이민족 학살에 나선 존재가 된다. 2010년 현재 관객의 의식 수준에서, 이는 절대 영웅이 아니다. 자민족만 구원하고 타민족은 학살한다면 그게 무슨 영웅이란 말이냐!

그러나 이 영화와 같은 구성이라면, 로빈은 시대를 초월하여 새로운 전설의 영웅으로 거듭날 수 있다. 아무 생각 없이 궁수로 참전한 3차 십자군 전쟁에서, 전사뿐만 아니라 성에 남은 어린 아이와 노인, 여자까지 모든 포로들을 학살한 '아크레 전투'를 목격한 로빈은 세계관의 전환을 맞이하게 된 듯하다. 영화에서는 이 부분이 귀국중 사자왕 리처드에게 직언을 하다가 형틀에 묶이는 대목으로 표현되었다. 아크레 학살을 목격한 로빈은 더이상 예전의 궁수 로빈이 될 수 없었고, 이는 자연스레 '갑주만 입으면 다 귀족 기사이다'라는 식의 급진적 발언으로, 존 왕의 폭정에 맞서 싸우는 실천의 모습으로 이어지게 된다. 프랑스와의 전투를 승리로 이끌자 그를 두려워한 존 왕이 그를 제거하려 해도 그는 이미 권력의 속성을 알고 있었기에 분노하지 않고 쿨하게 화살을 날려 왕의 칙령을 나무에 고정시켜주고 사슴이나 한 마리 잡아간다. 영국 민주주의의 초석으로 대헌장의 기본을 놓아두고. 그리하여 2010년의 로빈은 계급, 인종, 종교를 초월한 진정한 영웅이 되어 지금 이 영화를 보는 관객에게도 감동을 주는 존재로 다시 전설이 된다.

이렇게 길게 로빈 후드의 전설과 변용 과정을 쓰고 있노라니, 또다른 영국의 전설상의 영웅, 아서 왕이 떠오른다. 아마 영어권에서 로빈 후드만큼이나 빈번하게 영화화된 전설을 들자면 아서 왕과 원탁의 기사들 이야기가 아닐까 싶다. 아서 왕의 경우엔 앵글로색슨족의 브리튼 침략에 맞선 원주민 켈트족의 저항을 배경으로 성립된 전설이고, 로빈 후드는 노르만 정복자의 지배에 항거한 앵글로색슨족(그 당시 원주민이 된)의 저항을 배경으로 성립된 전설이다. 두 이야기 다 이민족의 침략에서 이야기의 싹이 트며, 침략자에 대한 저항과 약자에 대한 보호를 통해 바람직한 영웅의 모습을 구현하고 있다는 데에 공통점이 있다.

시대는 바뀌어도 새로운 버전으로 계승되는 전설들은 이렇게 약한 타자에 대한 강자의 횡포에 저항하는 이야기가 되는 것 같다. 그런 사람이 진정한 영웅이기에 이들을 다룬 영화는 늘 새롭게 제작되는 것이 아닐까.

그러나 피 튀기는 남자들 쌈박질 구경보다 더 좋은 것

이런 전쟁 사극 영화를 볼 때마다 늘 생각했던 것이 하나 있다. 젊은 남자들이 전쟁에 나가 싸울 동안 고향에 남은 여자와 아이들, 노인들은 도대체 어떻게 그 엄청난 전비를 부담하며, 남아 있는 힘센 남자들의 횡포에 어떻게 대처하며 살았을까 하는 것이다.

이 영화는 매리언의 모습을 통해 이 부분도 잘 보여준다. 늙은 시부를 공양하고 토지를 건사하고 세금 수탈에 맞서 싸우며 성희롱까지 감수해야만 하는 당시 여인의 삶을 이 정도로 자세히 담은 영화도 드물 것 같다. 처음에는 '레이디 매리언'의 시선으로 숲으로 들어간 아이들의 모습을 마치 『파리대왕』의 소년들마냥 난폭하게 보여주다가, 마지막 장면에서 스스로 숲에 들어가 그 소년들의 어머니가 된 듯한 '메이드 매리언'의 모습을 보여주는

것도 흐뭇했다. 물론 〈골든 에이지〉에서 절벽 위에 서서 전쟁 독려만 했던 것이 아쉬웠던지, 이번에는 갑주를 입고 뛰어드셔서 좀 황당하기도 했지만.

고증이 엉망인 영화에서는 중세라면 전부 뾰족 탑과 드레스 입은 귀부인들만 등장시키는데 비해, 이 영화는 바닥에 짚을 깔아놓은 저택과 목책을 두른 성 등 당시의 모습을 충실히 보여주어 더욱 좋았다. 밭 갈고 씨 뿌리고 하는 장면은 마치 중세 농민의 삶을 보여준 브뤼겔의 그림 같아 보이기도 했다. 또, 상상만 하던 세 마리 사자가 그려진 리처드의 깃발과 파란 바탕에 백합이 있는 필립 2세의 깃발을 화면 한가득 보니 무척이나 즐거웠다. 영화 〈장미의 이름〉을 제작할 당시, 중세 유럽사의 권위자인 자크 르 고프가 고증을 맡은 바 있듯, 학계와 영화계가 서로 협력하여 보다 고증이 잘된 사극 영화를 관객에게 선사했으면 한다.

하여간, 전쟁 영웅 영화는 볼 만큼 보았다. 이제는 중세를 배경으로 하더라도 소수의 전쟁 영웅과 근육질 남자들의 모습뿐만 아니라 그 이면, 역사에 숨겨진 다수의 약한 자들의 일상을 영화로 보고 싶다.

그밖의 잔상

프랑스 군대와 싸우기 위해 해안 절벽으로 가는 로빈과 영국군.

이 하얀 해안 절벽은 참 영국 배경 사극에 자주 등장하신다. 그래서 영화 보다가 반가워서 손 흔들 뻔했다.

템스 강을 따라 리처드를 위해 준비한 귀국선을 타고 귀국하는 로빈. 12세기 런던의 풍경이 느껴지시는가?

블로그 축제 인기상 10

캐릭터의 매력?
찌질하지만 귀여운

꽃들에게 희망을
http://blog.yes24.com/e10g10

〈하하하〉 홍상수 감독 | 김상경, 유준상 등 출연 | 드라마 | 2010

두 남자가 이야기하는 여름 통영의 이야기들. 캐나다로 이민을 결심한 문경은 선배 중식을 만나 청계산 자락에서 막걸리를 마신다. 둘 다 얼마 전 통영에 각자 여행을 다녀온 것을 알게 되고, 막걸리 한잔에 그 곳에서 좋았던 일들을 한 토막씩 얘기하기로 한다. 안주 삼아 여름의 인연에 대해 이야기 하고 있던 두 남자, 그러나 알고 보니 그들은 같은 사람들을 만났던 것!

남자는 '개 아니면 애'라는 우스갯소리가 있다. 동물적이거나 아니면 철이 없다는 말인데, 이 표현에 가장 적합한 캐릭터를 영화에서 찾으라고 한다면 홍상수 감독 작품에 등장하는 인물들이 먼저 떠오른다. 하나같이 지식인이거나 예술 합네 하고 거들먹거리지만 실상은 백수에 가까운 비루한 인물들, 하지만 여자 밝히는 수컷 기질만큼은 농후한 인물들 말이다. 〈돼지가 우물에 빠진 날〉의 효섭 이후 〈강원도의 힘〉 〈오! 수정〉 〈여자는 남자의 미래다〉 〈생활의 발견〉 등 내가 봤던 홍상수 감독 작품의 주인공 캐릭터들은 하나같이 그랬다.

홍상수 감독은 요즘 말로 하면 찌질남, 트럭남(트럭으로 갖다줘도 싫은 남자) 소리 들어도 할 말 없어 보이는 비호감 캐릭터들을 집요하게 보여주고 있다. 이번에는 또 얼마나 비루한 수컷 기질의 캐릭터가 등장할까 하는 일말의 기대감(?)도 홍상수 감독의 영화를 보게 하는 매력 중 하나일지도 모르겠다.

그런데 〈하하하〉를 보고는 웬일인가 싶었다. 전처럼 주인공들이 한심해 보이지 않았으니. 〈하하하〉라는 제목 값을 할 만큼 유머 감각이 넘쳤다. 문경의 저돌적인 구애와 그 구애를 받는 관광 안내원 성옥의 능청스러운 내숭

을 보면 웃지 않을 수 없다. 밀고 당기기를 하는 건지, 너무나 속이 빤히 보이는 두 남녀의 수작이 의뭉스럽기까지 했지만 그럼에도 귀엽게 보였던 것은 무슨 연유에서였을까. 유부남 중식과 연주 커플, 아내와의 이혼을 요구하는 연주와 그에 대응하는 중식의 반응 역시나 남들에겐 신파지만 당사자들은 심각하기만 하다. 울고 웃고 애원하고 이해하고. 이들의 현실과 애정 문제는 결코 산뜻하지 못하지만 그런 가운데에도 그들은 시를 말하고 문학을 말한다. 아름다움을 추구하는 진지한 말들의 향연이 자신들의 유치한 행동과 묘하게 대조를 이루고, 이런 부조화가 웃음을 유발한다.

이번에도 역시나 홍상수 작품 특유의 남녀 작업 과정이 적나라하게 묘사되지만, 남녀 주인공 캐릭터가 이렇게 귀여워 보일 줄은 미처 예상하지 못했다. 홍상수 감독 전작들의 남자 주인공이 우스갯소리의 '개' 쪽에 가까운 캐릭터였다면 이번에는 '애' 쪽에 가까운 캐릭터로 보였다. 자신의 어머니에게는 남자 앞에서 민소매 옷 입지 말라고 하는 보통 아들내미 모습도 담겨 있어서 더더욱 그랬는지도 모르겠다.

〈하하하〉에서 보여주는 이야기는 '현재'가 아니다. 중식과 문경은 청계산 자락에서 만나 술 한 잔 마시면서 통영에서 겪었던 지난 이야기를 주거니 받거니 풀어놓는다. 플래시백으로 흑백사진을 집어넣은 구성도 독특하고, 통영의 풍광도 영화의 볼거리를 풍성하게 만든다. 홍상수는 늘 그랬듯이 멋진 풍경 자체가 아니라 등장인물의 일상 동선 속에서의 통영을 담았다. 그만의 개성인 일상을 포착하는 솜씨는 녹슬지 않고 여전했다.

아마 그래서였을지도 모르겠다. 〈하하하〉가 여유롭게 비춰졌던 것이. 현재형이 아니라 지나가버린 이야기라 여유 부리며 소회할 수 있었던 것. 복잡한 도시가 아니라 그래도 바다가 펼쳐진 통영이 무대였다는 것.

〈하하하〉를 보게 된 것은 동갑내기 사촌이 보자고 했기 때문이었다. 내 사촌은 홍상수 영화만큼은 꼭 영화관에서 본다고 한다. 이성으로 꼭꼭 억누르고 있던 남자의 본능과 비루한 모습이 신랄하게 까발려지는 게 남자지만 흥미 있다면서. 남자들이 홍상수 영화를 선호하는 이유는 그래서일까. 관객을 보니 남자끼리 온 경우도 몇 있었고 내 앞줄에 앉았던 남학생은 시종일관 웃느라 정신없었다.

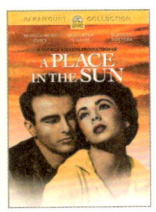

　　　　　　예닐곱 살 때부터 영화 속에서 멋진 남자를 발견
　　　　　　했던 걸 보면 나는 꽤 조숙했던 모양이다. 악당에
　　　　　　맞서 속사포로 총을 뽑던 〈셰인〉의 알란 랫에 매혹
　　　　　　됐던 게 그 첫번째 홀림이었는데, 셰인의 무표정한
　　　　　　매력에 홀렸던 순간이 지금까지 생생하게 기억난
　　　　　　다. 그 뒤로 〈젊은이의 양지〉의 몽고메리 클리프트
　　　　　　등 수많은 멋진 캐릭터의 배우들에게 빠졌지만, 지
　　　　　　금은 더이상 멋지거나 전형적인 캐릭터에 매혹되
　　　　　　지 않는다. 그보다는 작품 속에서 살아 움직이는
　　　　　　문경이나 성옥 같은 인물들에게 더 관심이 간다.
　　　　　　리얼하게 다가오는 인물에게 더 관심이 간다.
　비루하더라도, 냉혹하더라도, 이유 있는 캐릭터는 작품을 끌고 가는 힘이
다. 그리고 그 인물들이 어디로 갈지, 무슨 말을 할지, 영화에 몰입하고 감정
이입하게 만들어 영화 보는 재미를 한층 돋궈준다.

3부

내가
들려주고
싶은
음악
이야기

블로그 축제 우수상 1

그녀의 정원에 한 걸음 내딛다

minihall
http://blog.yes24.com/minihall

《315360》 김윤아 | 2010

●● 김윤아

지금껏 이렇게 솔직한 '여자 김윤아'를 보여준 적은 없었다. 이번 앨범을 통해 김윤아는 뮤지션임과 동시에, 진짜 여자로서의 자신을 여과없이 드러내었다. 김윤아의 3집 《315360》 속에는 그녀 개인의, 그녀를 둘러싼 사람들의, 그녀를 행복하게 하고 절망케 하는 사회에 대한 시선이 포괄적으로 담겨져 있다. 그래서 이번 김윤아의 앨범은 결코 하나의 음악적 카테고리에 머물지 않고 그녀의 몸과 마음이 바라보고 머무르는 곳의 이미지를 오선지 위에 그려내었다. 이 음반을 듣는 이가 여자라면 그 진솔함에 깜짝 놀랄 것이며, 그 솔직함을 홀로 듣는 자신을 자랑스러워할 정도로 김윤아의 일상을 함께 공유하는 뿌듯함마저 생길 것이다. 남자에게도 마찬가지로 자신의 연인, 아내에게서도 듣지 못했던 발가벗겨진 고백이 사랑스러워질 것이다. 이렇듯, 김윤아는 아티스트이기에, 연인이기에, 아내이기에, 어머니이기에 표출할 수 있는 속내를 털어놓았다.

음악이란 지극히 주관적인 형태를 띠기 때문에 어느 작품이든 그것에 관해 쓸 땐 매우 신중해진다. 잘못 이해하고 있진 않을까, 혹여 내 글이 잘못 전달되어 오해를 사지 않을까 하는 우려도 빠질 수 없다. 그럼에도 이렇게 선뜻 글을 쓰게 한 것은 그만큼 매력이 있기 때문이다. 다분히 주관적이고 추상적인 감상인데도 불구하고 '지나가는 나그네님, 여기 좀 보소' 하며 선뜻 건네고 싶을 만큼 욕심이 생겼기 때문이다.

6년 만의 앨범이다. 십대 후반, 이십대 초반까지 거의 맹목적으로 **김윤아**를 신뢰했다. 그녀가 몸담고 있는 밴드 자우림도 사랑했고, 그녀의 솔로 앨범도 몇 번이나 듣고 또 읽을 만큼 좋아했다. 그러면서 잊었다. 누구나 그렇듯, 사춘기의 아픔이 채 치유되기도 전에 또 이십대 나름의 고민과 방황을 하며 잊어버렸다. 김윤아의 음악은 문득 고개를 돌리면 시선 저 바깥에 살포시 자리를 잡고 있는 그런 존재에 불과해졌다.

   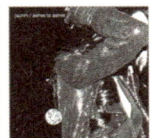 

내가 들려주고 싶은 음악 이야기

우연히 그녀의 앨범 발매 소식을 접하고 반 의무로 앨범을 사고도 그저 모셔놓을 뿐이었다. 내 귀에 울려퍼지는 건 가사도, 음도 그 속을 읽을 수 없이 단순히 반복되는 음악들뿐…… 점점 질려가는 내 귓가에 들려온 건 그녀의 노래였다. 〈315360〉. 난해한 숫자. 이게 뭐지? 오랜만에 꺼내보니 역시나 누렇게 바래 있었다. 그렇지만 싫지 않은 느낌.

나에게 있어 김윤아는 내 속에 있는 어둠을 끌어안아주는 존재였다. 너무 과장하는 거 아니냐고? 그저 나에겐 그랬다는 거다. 그녀를 알게 해준 자우림의 음악도 그랬고, 그녀의 목소리에 빠져들 무렵 듣게 된 〈섀도 오브 유어 스마일〉은 자우림과는 또다른 그녀의 매력이 있었다. 그녀의 노래는 내 안에 있던 어두컴컴한 모습과 조용히 공명했다.

그녀의 두번째 작품 《유리 가면》보다 첫 작품인 《섀도 오브 유어 스마일》이 나에게는 '김윤아'라는 아티스트에 대한 정의의 바탕이 되었다. 그래서 나는 늘 김윤아를 떠올릴 때마다 그녀의 첫 작품 속 음악들과, 내가 느꼈던 감정들을 비교해보고 때론 동일시했다. 《유리 가면》 또한 팬으로서는 너무나 행복한 작품이었지만 그녀의 첫 작품에서 느꼈던 감정들의 소용돌이만큼 충격적이지는 않았다. 그렇다고 좋지 않다는 건 절대 아니지만!

그런 그녀의 이미지, 정의들이 내 안에서 9년간 케케묵은 종이처럼 누런 빛으로 바래가고 있었다. 지금도 살며시 그녀의 첫 작품을 들춰보니 누렇게 바래 시간의 흐름을 보여준다. 자우림의 음악을 듣고, 감탄하며 즐기긴 하였지만 그래도 내 안의 그녀는 2001년, 《섀도 오브 유어 스마일》이었다 (지금 생각하면 이 얼마나 팬으로서 나태한 행동을 보였나 싶기도 하다).

나에게 있어 최상의 음악 감상 환경이란, 고즈넉한 새벽녘 동이 틀 때 즈음, 완벽하게 혼자만의 시간을 누리고 있을 때다. 이때는 몸도 마음도 감정의 꼭지가 완전히 느슨하게 풀려 있어 무엇을 읽어도, 들어도 그 감정이 고스란히 스며드는 것 같다.

귀로 흘러드는 선율을 곱씹고, 악기들의 목소리를 따라가다 그녀의 목소리에 귀를 기울이고…… 그러다 보면 보이지 않던 부분이 보였다가, 혹은 사라졌다가 하는 다양한 모습을 느낄 수 있다. 그렇게 김윤아의 앨범 《315360》을 들었다. 앨범을 차근차근 곱씹은 후 그저 아, 하는 감탄사. 그것만이 나왔다. 왜 이제야 들은 걸까, 왜…… 하며 나 자신을 탓하는 동시에 그녀에게 또 한 번 반했다.

그녀의 음악에서 가장 좋아하는 점은 바로 전달력이다. 반주에 맞춰 속삭이듯이, 때론 선율에 녹여서, 혹은 좀더 강하게 호소하듯…… 그녀는 목소리는 너무나 능숙하게, 그녀의 음악에 자유롭게 녹아들어 있다. 아마 작사, 작곡 등 모든 것을 맡아 하고 있어서라고 생각한다. 그리고 그녀의 그런 '능력'은 음악을 다방면으로 즐기게 만드는 것 같다. 마치 넓은 들판 위로 색색깔의 꽃들이 피어 있는 정원을 둘러보는 듯한 느낌의 곡인 〈Summer Garden〉에서는, 따뜻한 햇살 속에 정원에 나와 즐거운 하루를 보내는 한 소녀에게 '우리를 잊지 말아요, 영원히 사랑해줘요'라고 하는 꽃들의 속삭임이 들리는 것 같다.

〈도쿄 블루스〉는 영화 같은 한 장면이 떠오른다. 낡은 골목길에 금방이라도 바닥으로 추락할 듯이 비스듬히 달려 있는 네온 간판, 이국적인 배경들 사이로 어두컴컴한 계단을 내려가면 밖의 모습과 별다를 바 없는 허름하고 작은 바의 모습이 비춰진다. 새빨간 립스틱에, 몸에 착 달라붙는 새빨간 드레스가 바에 있는 몇 안 되는 손님들을 유혹한다. 거칠지만 애절하게 노래를 부르는 김윤아의 모습이 떠오른다. 상냥하다. 그녀가 그녀의 아이에게 보내는 따뜻한 온기를 느낄 수 있었다. 듣고 있는 나마저도 슬며시 미소가 지어지는 그런 노래…… 그녀는 아이를 품에 안고 어떤 생각을 했을까. 그녀는 어떤 마음으로 이 노래를 만들었을까. '에뜨왈르'는 프랑스어로 '나의 별'이라고 한다. 절로 미소가 지어지는 제목이다.

요즘 제2의 사춘기가 다시 돌아왔나 싶을 정도로 많은 고민을 했던 나에게 〈검은 강〉은 보이지 않는 무언가가 내 심장을 한 번 움켜쥐었다 놓는 그런 느낌을 안겨주었다. "세상에 신이 있다면 왜 사는 게 이렇게 슬픈 건가요"로 시작되는 가사가 한탄하듯, 기도하듯 나에게 들렸다("검은 강의 품속에 한탄을 품고" 이 부분은 왠지 민요의 가락이 떠오르는 구절이었는데, 나만 그렇게 느낀 것인가 싶기도 하다. 민요 가락이라곤, 중고등학생 시절 음악 시간 때 들어본 것이 다인지라 찰나의 느낌인지도 모르겠다).

이 외에도 총 12곡의 곡이 담겨 있다. 〈이상한 세상의 릴리스〉에서 시작한 노래는 타이틀 〈Going Home〉에서 〈에뜨왈르〉, 〈Cat song〉 등 때로는 눈을 질끈 감고, 속삭이듯이, 또는 외치듯이, 다정다감하게…… 그야말로 다채로운 퍼즐들을 끼워맞추고 있다. 이전의 《섀도 오브 유어 스마일》이나 《유리 가면》에서 언뜻 보인 '고독한 나'의 모습에서 나아가 《315360》에서는 고독한 '우리' 혹은 '너'를 보여주는 것 같다. 나만의 갇힌 시선에서 외롭게 노래하다 가끔씩 타인과 손을 잡고 소통하며 두 팔을 벌려 가득 감싸 안는 느낌이 들었다고나 할까. 그렇다고 이전의 색이 바랬다거나 없어지지는 않았다. 빨간색에 파란색을 섞으면 보라색이 나오듯, 빨간색이 파란색에 뒤덮여 색을 잃은 것이 아니다. 빨간색에 가깝지만 새롭고 좀더 깊이 있는 보라색으로 또 하나의 색을 보여준 게 아닌가 생각한다.

2001년의 김윤아와, 2004년의 김윤아 그리고 이어서 2010년의 김윤아를 듣고 느낄 수 있어서 나는 행복하다. 삶의 기쁨 중에 김윤아의 음악이 자리잡는다는 것은 굉장히 행복한 일이 아닐까? 누군가에게는 그저 '스쳐 지나갈 하나의 물건'이 나에게는 수많은 감정의 교류를 맛보여준다는 것은 하기 힘든 경험일 것이다.

  웅크리고만 있던 나의 캄캄한 어둠과 소곤소곤 이야길 나눴던 김윤아와, 이번에는 마주 손을 잡고 그녀가 정성 들여 가꾼 정원에 한 발을 내딛은 기분이다. 앞으로도 많은 경험과 생각을 이어나갈 그녀의 음악적 행보에 함께하길 기대한다. 몇 년 후가 될지 모르지만 그녀의 또다른 감성들이 찾아와 나 또한 새로운 감정들로 함께 소통해보길 바란다.

날 지켜줘서 고마워, 코리아 인디

유리턱
http://blog.yes24.com/feelthisway

〈Become Clear〉 피아 | 2005

'갈수록 명확해지다'라는 의미의 앨범 타이틀처럼 1집과 2집, 3집의 작업과 다양한 활동을 거치면서 그동안 있었던 여러 가지 일들(린킨 파크, 림프 비즈킷 내한 공연 게스트 참여, 린킨 파크와의 동남아시아 투어 참여 등 국내외에서의 외국 밴드들과의 공연들, 피아 개인적인 문제들, 자연에 대한 문제 등)에 관한 것들이 밴드 피아를 채찍질하고 다듬어 수면 위로 서서히 올라오듯 뚜렷해지고 있음을 이번 앨범을 통해서 알 수 있다.

〈Let It Rain〉 넬 | 2007

어떤 밴드에게서도 느낄 수 없는 감성의 선을 지닌 넬. 이번 앨범의 전체를 관통하는 맑은 슬픔과 서정미는 넬만의 고유한 코드이다. 인간관계 속에서 경험하게 되는 수많은 감정들을 넬만의 서정적인 단어들로 아름답게 표현한 가사, 절제로 일관하다가 어느 순간 거침없이 쏟아놓는 보컬의 음색은 이내 듣는 이의 아픈 감정선을 건드리고 만다.

〈Transistor〉 피터팬 컴플렉스 | 2004

피터팬컴플렉스는 공연이나 인터뷰 등에서 1집 음반은 유년기, 2집 음반은 성장기라고 공공연하게 밝혔고 약속대로 두번째 음반은 성장기에 어울릴 만한 음반을 들고 나왔다. 하지만 피터팬컴플렉스는 두 번째 음반에서 '성장'이라는 느린 표현보다, '증폭'이라는 성장보다 한 차원 위에 있는 더 빠르고 강력한 표현을 쓰고 있다. 마치 사춘기에 접어든 소년처럼 슬픔의 증폭, 외로움의 증폭, 궁금증의 증폭, 기쁨의 증폭, 사랑의 증폭을 담았다.

〈Another Secret〉 네스티요나 | 2008

중독적인 음악세계와 카리스마로 정평이 난 네스티요나. 1년 반의 기간이 무색하게도 새로운 앨범에는 전작과는 또다른, 더욱 달콤하고, 더욱 치명적인 중독성 열매들이 주렁주렁 매달려 있다. 달콤하게 속삭이다가도 이내 분노를 터뜨리고, 짓궂은 장난을 치다가도 깊은 슬픔에 울부짖는 멀티페르소나 요나의 보컬은, 그녀의 내밀한 비밀과 꿈으로부터 시작된 가사들을 연주하는 감각의 악기가 되어버린 듯, 이전의 카리스마를 넘어서는 슬픔과 기쁨을 동시에 안겨준다.

〈2집 지은〉 오지은 | 2009

2007년, 셀프프로듀스와 유통까지 도맡아 큰 화제가 되었던, 1집 〈지은〉은 신촌의 향음악사에서만 판매되었음에도 불구하고, 3천 장을 넘는 판매고를 기록, 모든 사람을 놀라게 했다. 솔직한 그녀의 목소리와 노랫말은 다양한 삶을 살아가는 수많은 사람들이 그녀의 가사에 공감할 수밖에 없는 이유이다. 언어를 넘어 음악으로 표현되는 목소리의 힘에 주목하자. 지금, 가장 뜨거운 홍대 인디씬의 올스타들이 오지은을 위해 모두 모였다. 장기하와 얼굴들의 정중엽, 콘트팝스의 Jimvok, 디어클라우드의 김용린, MOT의 이언, 전자양 등 감각 있고 실력 있는 뮤지션들이 각 곡에 가장 어울리는 음을 위해 도움을 주었다.

밤을 새는 아이

요즘 나는 밤에 자지 않는다. 밤 12시부터 아침 7시까지 뭔가에 홀린 듯이 컴퓨터를 붙들고 뭔가를 보고 쓰고 듣고 7시 반이 되어서야 탈진한 채로 내 분홍색 이불에 둘둘 말려 잠에 든다. 이 시간 동안은 낮 동안 그리 바쁘던 샤프펜슬도 아이라이너도 선크림도 심지어 카메라와 튼튼한 내 다리마저도 모두 다 휴식을 취한다. 방문은 굳게 닫혀 있고 오직 스탠드만이 그 은은한 빛을 낸다. 낮에는 그리 말이 많던 내 입도 닫힌 채 떨어지지 않는다. 오직, 이따금씩 왔다갔다하는 열 개의 손가락과 말똥말똥한 눈, 수많은 미세한 구멍 사이로 뭄뭄거리고 뚱뚱거리고 방방거리는 소리를 내뿜는 스피커, 그리고 그 소리들 가운데 마치 잠수하듯이 잠겨 있는 나의 열린 두 귀만이 밤새 바쁘게 나를 조종한다. 이 글은, 밤새 스피커의 무수한 구멍들 사이로 흘러나오는 그 경이로운 '사운드'들에 깊은 밤을 헌납해버리는 정신 나간 열아홉 소녀의 삶 전반에 미친, '한국 인디 음악'의 그 무지막지한 영향력에 대한 이야기다.

첫 만남은 피아였네

열몇 살 소녀들의 동기가 다 그렇지만 역시나 나에게도 뭔가 행동을 하게 만든 원동력은 바로 '멋진 오빠'였다. 내가 중학교 1학년 때 다니던 교회에는 중학생 시절부터 밴드에서 기타를 치면서 간간이 홍대에서 공연도 하던, 어딘가 무지 세련되고 멋있어 보이던 고등학생 오빠가 있었다. 그 오빠는 훤칠한 키와 마른 몸에 당시 유행하지도 않던 스키니 진을 입고 항상 머리를 멋지게 세우고 다녔으며 귀에는 피어싱까지 했었다. 당시 그 오빠는 같이 교회를 다니던 내 또래 아이들에겐 선망의 대상이었다. 특히 나는 그에게 좀 많이 빠져 있어서 찬양 시간에 앞에서 기타 반주를 하고 있는 그를 아주 오랫동안 바라보곤 했다. 그러나 나는 그와 어울리기에는 너무 어리고 그다지 예쁘지도 않은 꼬맹이였고, 그분은 마르고 얼굴이 하얀 인형 같은 언니들이랑만 다녔다. 그래서 그저 그의 미니홈피를 찾아내 생활을 엿보는 게 내가 팬으로서 할 수 있는 가장 적극적인 활동이었다. 어찌 됐든 나는 그 오빠의 미니홈피에 처음 발을 들여놓게 되었다. 그 나이 또래치고 꽤 많이 꾸며놨던 걸로 기억한다. 졸업식 전날 밤 처음 클럽에 들어선 고등학생처럼, 나는 약간 움츠린 채로 조심스럽게 그의 공간에 입성했다. 아주 작은 것들조차 나에겐 동경의 대상이었으므로 나는 숨을 죽이고 그의 세계를 관찰했다. 그런데 나의 호흡을 조금씩 가쁘게 만들어버리고 결국은 내 심장을 미칠 듯이 뛰게 한 것이 있었는데, 그 오빠 미니홈피의 BGM이었던 **피아**의 〈My Bed〉였다.

지금 생각해보면 허접하게 피아의 곡을 카피하는 고등학생 밴드 주제에 그 밴드 기타리스트인 자신을 '헐랭(피아의 기타리스트)'이라고 칭한 것이나 얼굴도 제대로 안 나온 사진을 폼만 잔뜩 잡고 올려댄 것이나 뭐든 다 멋있는 게 아니라 허세에 가까웠지만, 지금 생각해봐도 그때 들었던 BGM은 나에게 제대로 통했었다.

막다른 길에 멈춰 울며 떨었던, 어둡고 혼자임을 느낀 그때.
어디에도 따스함은 없었어. 겁에 질려 모든 게 두려웠고 모든 게 떠나버릴 것 같아. 난 차마 난 손을 내밀 수도 없었어.

—피아 〈My Bed〉

충격이었다. 거친 옥요한의 목소리와 공격적인 사운드, 그리고 유리 조각 같은 가사는 또한 단순히 충격이었다고 설명하기엔 너무나 정확히 내 가슴팍을 뚫고 지나갔다. 당시 피아의 노래들에서 강렬하게 표출되던 분노는 내가 중학교에 입학하고 나서 학교와 몇몇 선생님들에게 가졌던 반항의 감정과 아주 근접하게 맞닿아 있었다. 단지 나는 그 분노와 반항의 감정이 음악이라든가 어떠한 예술의 일종으로 표출되고 창작될 수 있다는 사실을, 피아의 음악을 듣고 나서야 깨닫게 되었던 것이다. 순수함과 아름다움뿐만 아니라 그렇게 거칠고 괴로운 감정도 멋진 노래가 되고, 공감이 되고, 누군가에게는 위로가 될 수 있다는 사실을 나는 그때 처음 알았다. 그 후 피아의 음악을 들으면서 길거리를 걷고 눈을 부릅뜨고 다니는 아이가 되었다. 부모님이 보시기엔 매우 걱정스러운 상황이었겠지만 그것은 나름대로 사춘기였던 당시 내 마음속에 조금씩 생기고 있던 상처를 애써 달래는 최선의 방법이었다. 교복을 입히고 일정 시간 많은 아이들 틈에 날 꽂아두었던 학교나 전교 등수, 특목고와 학원 등 나를 억압하는 모든 것들에 직

접 소리칠 용기는 없었지만, 요한의 목소리와 피아의 거친 사운드로나마 나는 그것들에 대항할 수 있었다.

Stay, 내 안에 남은 마지막 온기

사실 넬보다 피아를 더 먼저 들었던 건 아니다. 넬은 내가 중학교 1학년이던 5년 전에도 이미 꽤 유명한 밴드였고 인디와 오버의 경계도 매우 모호했던 것으로 기억한다(하지만 넬도 처음에는 인디에서 활동했고 처음의 음악과 지금의 색깔이 크게 달라지지 않았기 때문에 나는 여전히 넬을 인디 음악으로 받아들이고 있다. 굳이 선을 긋자면). 나는 피아를 듣기 전에도 넬을 듣기는 했지만 뭔가를 느끼면서 듣는다기보다는 그 멜로디와 김종완의 목소리가 좋아서 마치 음식을 제대로 씹지도 않고 넘기듯이 대충 듣는 편이었다.

넬을 유심히 듣게 된 것은, 피아랑 같이 서태지컴퍼니에 소속되어 있다는 점을 알게 되어서인 것도 있지만 중학교 2학년 때쯤 내가 겪게 된 감정의 변화 때문이었다. 나는 중학교 때부터 공부를 잘했는데 공부를 잘하는

요즘 아이들이 으레 그렇듯이 내가 하겠다고 한 것 반, 부모님이 떠민 것 반으로 특목고를 준비하게 되었다. 그렇게 내가 뛰어들게 된 거대한 교육의 열강은 제각기 다른 수많은 아이들 사이에 계속해서 금을 긋는 일종의 생존 게임이었고, 아이들 사이에 생긴 선들은 갑자기 입체가 되어 그 높이가 기하급수적으로 자라났으며 결국엔 벽이 되어버렸다. 규제가 있고 획일화의 억압이 있던 학교가 날 묶는 끈이었다면, 내가 멋모르고 발을 들여놓아버린 입시는 자꾸 나를 높은 벽으로 둘러싸버렸다. 끈만이 나를 옥죌 때는 화를 내서라도 그것을 끊어버리려는 노력을 했지만, 자꾸만 두꺼워지는 벽은 아무리 소리를 지르고 괴로워해도 결코 부술 수가 없었다. 나는 결국 벽에 기대고 쪼그리고 앉아서 우는 편을 택했고 내 성격은 침울해져갔다. 그때쯤 나를 강타한 사춘기 탓도 있었을 것이다. 이번엔 나는 직접 손을 뻗어 음악을 찾기 시작했다. 그때 내 마음에 정확히 와닿은 게 넬이었다.

> 그럼 내가 어떡해야 되는 건데. 울지 못해 웃는 건 이제 싫은데. 한 번쯤은 편히 울어볼 수 있게 내가 비가 될 수 있음 좋을 텐데.
>
> —넬 〈고양이〉

일요일 아침 9시에 있었던 물리 수업에 들어가기 전에 근처 빵집에서 빵을 사가지고 학원으로 돌아가면서, 또 밤 9시에 20분간의 쉬는 시간 동안 근처의 불 켜진 거리를 걸으면

서 나는 넬 노래를 듣는 것 말고는 아무것도 할 수가 없었다. 그렇게도 많았던 내 머릿속의 생각들이 하나씩 죽어나갈수록 나는 더욱더 간절하게 넬의 외로운 노래들을 들었던 것 같다.

> 조금의 따뜻함이라도 간직할 수 있게 해줘. 난 이미 얼어버릴 듯 한없이 차가워. 너마저 떠나면 나에겐 이젠 아름다움이 없어. 난 이미 버려져 있고 한없이 더러워.
>
> ―넬 〈Stay〉

김종완은 누구를 생각하며 그 가사를 썼는지는 모르지만 그 당시의 나에겐 그의 음악만이 내가 가진 유일한 온기이자 아름다움이었다. 나는 마치 처방을 받듯이 또는 약을 먹듯이 음악을 들었다. 〈Stay〉. 넬의 음악 덕분에 나는 내 안에 아주 작은 빛을 간직할 수 있었고, 결국 내 정신은 꺼져버리지 않고 살아남을 수 있었다.

미칠 듯이 사랑해, You know I love you

물론 나의 과학고 입시가 온통 벽으로만 둘러싸여 있고 거기에 아무런 무늬도 없었던 것은 아니다. 그 안에서 무지 고통스러웠지만 그래도 내 나름대로의 환경을 구축했으니까. 나를 가둔 무지막지한 벽에 나는 친구들과 함께 멋진 그림을 그리기 시작했고, 그 그림은 아주 서툴고 촌스럽지만 어딘지 모르게 아름다워서 보고 있으면 눈물이 나는, 그런 종류의 것이었다. 그리고 그림이 반쯤 그려졌을 때, 그 벽의 가장자리에 난데없이 꽃이 하나 불쑥 피기 시작했다.

그 남자애의 이니셜은 J였다. 그 아이는 내가 다니던 학원에 중간에 들어왔는데, 처음엔 그 아이가 내가 싫어하는 우리 학교 '노는 애'랑 닮아서 별로 좋아하지 않았다. 그런데 큐피드가 화살을 쐈는지, 내가 나도 모르게 러브 포션을 먹었는지, 그것도 아니면 호르몬 분비가 이상해져서인지는 몰라도 언젠가부터 난 그 아이를 좋아하고 있었다. 초반에는 J를 볼 때마다 그 '노는 애'가 생각나서 싫었는데 나중에는 학교에서 '노는 애'를 볼 때마다 J가 생각나서 기분이 좋아지는 것이었다. J는 키도 크지 않고 얼굴도 별로이며 그렇다고 무지 날렵한 스타일도 아니었고 심지어 난 J와 말을 해본 적도 없었다. 조금 설명이 안 되는 짝사랑이지만 당시 나는 학원 전단지에 나온 J의 사진을 오려서 다이어리에 붙이고 다니고 심지어 'J에게'라는 (뻔한 제목의) 시를 쓸 정도로 그 아이에게 깊이 빠져 있었다. 실제로 만나면 말도 한마디 못 하면서 마음속으로 누군가를 그렇게 깊이 좋아한다는 것은 정신적으로 매우 힘든 일이었다. 그 당시 내가 정한 J의 테마곡은 **피터팬 컴플렉스**의 〈보고 싶어〉였다.

> 하루 종일 눈물이 나 널 기다리다 난 기다리다 버릇처럼 두리번거려 혹 너를 볼까 이런 날 알까 보고 싶어. 니가 난 보고 싶어서 자꾸만 눈물이 나이야이야.
> ―피터팬 컴플렉스 〈보고 싶어〉

그 아이가 학원 수업에 지각할 때마다 수업도 안 듣고 책에 이 노래 가사만 계속 적어댔고, J가 이유 없이 학원에 결석할 때에는 그 아이의 집 근처까지 걸어가보던 나의 로맨스는 거의 눈멀었다고 표현해도 좋을 정도로 강렬한 것이었지만, 결국 그 아이가 학원을 끊으면서 산산조각나버렸다. 과학고 입시보다 조금 일찍 입시를 치르는 학교에 지원했던 J는 우수한 성적으로 결국 합격을 했고, 그 후 학원을 그만두기 전에 친구들 얼굴을 보러 잠깐 학원에 나왔을 때도 나는 두근거리며 창문 너머로만 그 아이의 모습을 바라보다 돌아서서 한참을 울어야 했다. 참 어리석게 들끓기만 하던 짝사랑이었지만 그렇게도 용기가 없던 내가 할 수 있는 건 이번에도 그저 노래를 듣는 것뿐이었다.

You know I love you 제발 날 버리고 떠나지 말아줘.
—피터팬 컴플렉스 〈you know I love you〉

그때 내 이어폰에서 끊임없이 나오던 그 노래가, 그 외침이, J에게 들릴 리 없었다. 나는 역시 전단지에서 오린 그 아이의 증명사진을 끌어안고 하루 더하기 반나절을 울다가, 보다 못한 부모님이 자장면 먹자고 끌고 나가시는 바람에 겨우 울음을 그칠 수 있었다.

마치 언니가 내가 되고 내가 언니가 된 거 같아

성적의 벽과 각종 올림피아드의 벽에 둘러싸여 괴로워하고 그 벽들에 수학 공식이 아닌 온갖 그림들을 그려대긴 했지만, 불행인지 다행인지 다행 중 불행인지도 모르게 나는 과학고에 입학했다. 많은 아이들 가운데에서 몇 명의 아이들을 뽑아내 새로운 특별한 집단을 만들었다는 것, 그리고 그 일원이 되었다는 것은 쉽게 생각하면 흥분되는 일이었다. 하지만 실상은 조금 더 두터운 성곽 안에서 조금 더 어려운 룰의 새로운 게임을 하는 거라는 걸 과학고 학생으로 살아가면서 나는 조금씩 깨달아갔다. 과학고는 대부분의 학생들이 학교를 2년 만에 졸업하고 대학에 진학하기 때문에 학교의 커리큘럼 자체가 그에 맞춰 정해져 있었다. 따라서 고등학교 3년의 과정, 특히 과학 과목의 경우엔 대학교 1학년까지의 과정을 우리는 1년 반 만에 모두 소화해야 했다. 아무리 시험을 통해 선발된 아이들이라고는 해도 당연히 그게 가능할 리 없었고 나의 경우엔 그게 조금 더 힘들어서 고등학교 2년 내내 마치 소화불량에 걸린 듯 머리 한쪽이 꽉 막힌 것 같은 기분으로 지내야 했다. 게다가 우리 학교만 그랬던 건지는 모르겠지만 학생들에게 유난히 무뚝뚝하고 엄하게 대하는 선생님들이 많이 계셨고 걸핏 하면 호통을 치거나 심지어 학생을 감정적으로 체벌하는 분들도 있었다. 그리고 우리나라 고등학생이라면 피할 수 없는 야자 시간인 저녁 7시부터 밤 12시까지, 쉬는 시간 30분을 제외한 긴 시간 동안 학습실에 조용히 앉아 '공부만' 해야 했다. 혼자 음악을 듣거나 심지어 책을 읽는 것도 금지되어 있었다. 그러다가 선생님께 걸리면 mp3, CD플레이어, 그리고 과학책이

아닌 일반 소설책 등은 모두 압수당했다.

　사실 우리나라에서 고등학교를 다니는 학생이라면 내가 위에 서술한 경험을 그대로 또는 약간 변형된 버전으로라도 거의 똑같이 겪게 된다. 별로 특별한 일도 아니고 가장 평범한 아이라도 겪는 일이지만, 공공연하게 행해진다고 해서 그 일이 한 개인에게 미치는 부정적 영향을 무시하거나 간과할 수는 없다. 나는 정말 힘들어 죽겠고 이런 공부를 왜 하는지도 모르겠는데 "괜찮아 좀만 참아 어차피 다른 애들도 다 똑같잖아" 이런 말들로 그저 그 고통을 대충 참아내라고 할 수는 없다는 것이다. 그러나 수많은 학생들은 모두 다 저런 틀에 박힌 말들로만 위로받고 결국은 혼자서 그 거대한 입시의 짐을 지게 된다. 나도 예외일 수는 없어서 부모님이나 선생님, 그리고 몇몇 친구들로부터 항상 똑같은 말만 들어야 했다. "너만 그런 거 아냐, 고등학교 땐 다 그래. 대학만 가봐, 대학 가면, 대학 가면……" 그러나 나는 막연히 '대학'이라는 환상에 눈이 멀어 그 무엇도 아랑곳 않은 채 앞만 보며 달려가기에는 자신에 대해, 또 나의 꿈에 대해 너무 많은 생각을 하고 있었다. 심지어 나의 그런 모습을 보고 엄마가 '감정 낭비'하지 말라고 화를 내신 적도 있었다. 끓어오르는 감정들을 주체할 수가 없어서 쏟아내버린 것뿐인데 낭비라니? 나의 이런 혼란스럽고 외로운 기분을 이해하는 사람의 진심 어린 위로가 필요했다. "그만 좀 울고 너의 감정을 소모해버리지 말란 말이야"가 아니라 "그래 마음껏 울어라 울어라"라고 말해줄 사람이.

　그런 시점에서 내가 네스티요나를 알게 된 건 거의 운명이었다. 물론 친구들 중에도 나를 이해해주고 너의 감정이 흐르는 대로 내버려둬, 라고 말해주는 사람은 있었지만, 네스티요나의 노래만큼 나를 이불처럼 포근히 감싸고 그 안에서 엉엉 울도록, 그래서 울다 지쳐 깊이 잠들 수 있게 감싸주는 것은 없었다. 네스티요나는 이렇게 노래했다.

> 시간이 흘러도 열일곱의 아픈 널 잊지 마, 울고 싶은 만큼 더 울어라. 서러운 날들이 언젠가는 너를 도울 테니, 울어라 울어라.
> ― 네스티요나 〈별, 열일곱의 너에게〉

그리고 실제로 나는 아주 많이 울었고 한바탕 울음을 쏟아낸 뒤엔 언제나 푹 잘 수 있었다. 자고 일어나도 여전히 학교 생활은 힘들었고 매일 멍이 든 부분을 손으로 겨우 감싸 쥐고 살아가는 것 같았지만, 나는 적어도 내 마음에 쌓인 부담감과 슬픔을 매번 눈물과 함께, 네스티요나의 음악과 함께 흘려보낼 수 있었다. 그러고 나면 언제나 전보다 마음이 편했다.

네스티요나의 음악을 점점 더 많이 알게 되면서 나는 거의 항상 그들의 음악을 듣게 되었다. 그러다 보니 네스티요나의 보컬 요나가 작사한 가사라던가 피아노와 기타의 음 하나하나가 내 마음 가장 가까이를 스쳐지나가는 걸 느낄 수 있었다. "난 미워하는 것만큼 사랑한 것도 많아 (〈어쩌면 처음부터 정해져 있던 이야기〉)"라고 분명히 요나가 노래를 하고 있는데, 그걸 말하고 있는 건 나 자신이었다. 다른 반 남학생을 짝사랑할 때에도, "기억의 종이 위에 네 이름을 담고, 감춰온 눈물을 넌 알 수 없겠지. 닫혀 있던 입술이 전하지 못한 말들, 이 밤이 지나면 더 멀어지겠지 (〈내 곁에 있어줘〉)"라고, 그 아이를 좋아하지만 어떻게 할 수 없는 내 안타까운 마음을 요나가 직접 노래하는 걸 들을 수 있었다. 마치 언니가 내가 되고 내가 언니가 된 거 같아, 라고 나는 매일 생각했다. 나 혼자 내 생각을 읊조렸을 땐 몹시 외로웠지만, 분명 다른 사람들인 네스티요나가 내 가장 진실한 속마음을 음악이라는 아름다운 언어로 귀에 속삭여줬을 때 난 매우 깊은 동질감을 느꼈고, 내가 가지고 있었던 고질적인 외로움이 훨씬 덜어진 것을 느낄 수 있었다. 인디 음악을 4년간 들어온 끝에 받은 놀라운 처방이었다. 그 어떤 가사도 무책임하게 희망을 얘기하지 않고 심지어 매우 폐쇄적이고 어둡기까지 하지만, 그 깊은 내면의 소리를 들은 나는 공감이라는 손을 건네 그들의 음악과 악수하고 있었다. 내가 느끼는 감정을 전부 이해할 수는 없었지만, 그때 나의 기분은 몹시, 아름다웠다.

그리고 지금, 내가 우는 이유

그렇게 피아와 넬과 피터팬 컴플렉스, 그리고 네스티요나 외에 많은 인디 뮤지션들의 도움으로, 나는 2010년 1월 말경 드디어 고등학교를 무사히 졸업했다. 뭔가 해방된 것 같으면서도 얼떨떨한 기분이었다. 전에 졸업식을 생각할 땐, 뭔가 애잔하고 엄숙한 졸업식 중간에 일어나 크게 "아아! 자유우!"를 외친다거나 학교의 담벼락에 "엿 먹어라!" 등의 험한 글귀를 남기는 등 온갖 짜릿한 일들을 벌이는 상상을 했지만, 막상 졸업을 하게 되니 꽤 덤덤하고 그저 마음 깊숙한 곳에서만 작게 거품이 이는 듯한 느낌이었다. 나는 기숙사와 사물함을 비우고, 식을 치르고, 선생님들께 인사를 하고, 친구들과 사진을 찍고, 마지막 급식을 먹고, 친구들과 다시 인사를 하고, 학교를 떠나왔다. 집에 도착해 옷을 갈아입고 침대에 털썩 주저앉은 것도 평소와 똑같았다. 단지, 주말이 지나고 월요일이 되어도, 아니, 이제 다시는 그곳에 돌아가지 않아도 된다는 점만 내 머릿속에 또렷이 각인될 뿐이었다.

그리고 언제든 내가 원할 때 음악을 들을 수 있고 그것이 '단속'의 대상이 되지 않는 곳에 왔다는 점만이, 아주 현실감 있게 다가오는 것이었다.

졸업을 하고 얼마 지나지 않은 1월 말에 피아의 단독 공연이 있었다. 홍대 클럽 중에서는 꽤 넓은 곳에서의 공연이었다. 나는 5년간 피아의 팬으로서 음악을 듣고 음반을 사면서도 공연을 본 적은 한 번도 없었기 때문에 엄청나게 흥분했고 기대에 차 있었다. 공연 날이 가까워오자 나의 미니홈피는 피아의 노래들로 채워졌고 그들의 사진을 보면서 마음 설레는 시간이 길어졌다. 드디어 공연 날이 되었는데 나는 공연 시작 시간보다 세 시간 정도 일찍 가 미리 표를 받아놓고 그 주위를 마구 서성거렸다. 공연장 건물 1층에 있는 도넛 가게의 주방을 엿보기도 하고 그 옆에 있는 베트남 음식점의 아르바이트 모집 공고를 열 번도 넘게 읽었다. 그리고 클럽 건물 주위를 돌아 조금 가면 있는 디자인 소품 가게에도 괜히 들어가보았다. 그렇게 시간이 흐르고 어느새 나는 깜깜한 클럽의 무대 앞에 서서, 공연 시작하기 전에 심심해하지 말라고 공연장 측에서 틀어놓은 음악이 끝나고 피아의 멤버들이 어둠 속에서 하나둘 나타나 그들의 음악을 연주해주기를, 기다리고 있었다.

어느 순간 공연장에서 틀어놓은 음악이 멈췄다. 나만큼이나 기대에 부푼 다른 팬들이 소리를 지르기 시작했다. 공연장이 팬들의 탄성으로 가득 찰 무렵, 조명이 켜지면서 피아의 멤버들이 들어오기 시작했다. 베이스를 치는 기범, 드럼을 치는 혜승, 기타 치는 헐랭, 보컬 요한, 그리고 내가 가장 좋아하는 멤버인 키보드와 F.X파트의 심지. 그들이 들어와 각자의 위치에 서는 것을 보면서 한 명씩 그들의 얼굴을 확인하는데, 첫 곡인 〈Walk in

waterfall〉을 듣는데, 베이스와 드럼과 기타를 치고 노래를 부르고 키보드를 치는 것을 보는데, 갑자기 목에서 이상한 소리가 터져나오기 시작했다. 눈물이 차고, 흘러내리고, 목에서 소리가 나고…… 내가 울고 있었다. 크고 많은 앰프들에서 뿜어져나오는 강렬한 소리 덕분에 나에게도 내 울음소리가 잘 들리지 않았지만, 나는 목에다가 무진 힘을 주면서 엉엉 울고 있었다. 옆에 있는 사람들은 밝은 표정으로 환호하고 있고, 앞에 있는 피아 멤버들도 너무나 해맑고 아름다운 표정으로 음악을 느끼고 연주하고 있는데…… 나는 무슨 나쁜 일이라도 당한 사람처럼 슬프게, 도저히 울음을 주체하지 못하고 있었다. 그렇게 첫 곡 〈Walk in waterfall〉이 끝나고 두번째 곡 〈Look at URself〉를 할 때까지 나는 나도 모르고 피아도 모르고 아무도 이해하지 못할 울음을 뱉어냈다. 매우 거칠고 신나서 슬램하기 좋은 곡인 〈Look at URself〉를 할 때 나는 입은 헤벌리고 눈물은 흘리면서 주위에 있는 여러 사람들과 같이 몸을 흔들고 뛰고 했으니 무대에서 날 봤다면 꽤나 웃겼을 것이다. 어쨌든 그때 나는 정말 참을 수 없이 감정을 쏟아냈고 마음속에 똘똘 뭉쳐 있던 거대한 실타래가 갑자기 풀리면서 마음 밖으로 쏟아져나오는 것 같았다. 그렇게 격하게 울고 나니 감동적일 정도로 기분이 개운했다. 그 후 나는 약 두 시간 정도 되는 공연 시간 내내 주위에 있는 팬들과 마음도 몸도 하나가 되어(사람들 모두 서로에게 딱 달라붙어 같이 뛰고 같이 흔드는 혼연일체의 경험을 했다) 정말로 기진맥진해질 때까지 공연을 '뛰었다.' 중간에 몇 번 울고 몇 번은 울컥하고, 사진으로 봤을 때랑 실제로 본 거랑 어쩜 저리 똑같냐는 생각도 하고, 앙코르 첫 곡으로 내가 가장 좋아하는 〈유리턱〉을 연주하는 것을 들으면서 전율을 느끼기도 했다. 또, 키가 나보다 훨씬 커서 턱을 힘껏 내리꽂으면 딱 내 정수리에 닿는데도 쉴 새 없이 고개를 힘차게 흔들어대는 무한 슬램 언니의 앞에 서는 바람에 정수리에 제대로 타격을 받아 정신이 없기도 했다. 땀투성이가 되었고, 나중엔 앞에 있는 사람이 누군지도 모르면서 어쨌든 매달리고 기대는 상황까지 왔지만 그래도 좋았다. 내가 늘 이어폰과 스피커로 듣던 녹음된 노래를 이제는, 내 앞에서 직접 연주되는 버전으로 듣고 그들이 보는 앞에서 신나게 춤을 출 수 있었다. 음악이, 살아서 내게 힘차게 헤엄쳐오고 나는 그 거대한 음악의 물고기 위에 타서 아찔한 곡선을 그리면서 머리가 어떻게 되든지 표정이 얼마만큼 일그러지든지 상관없이, 드넓고 차가운 바닷속을 아주 빠른 속도로 헤엄치는 기분이었다. 클럽 안은 더웠지만 내가 이렇게, 음악을 들으면서, 살아 있다는 느낌은 사이다처럼 칼칼하고 시원하고, 짜릿했다.

그러니까 나는 살아 있었다. 그 엄청난 사운드의 홍수 안에서, 같은 음악을 좋아하는 끈적끈적한 사람들 속에서, 다들 어질어질해질 정도로 풍부했던 감정과 감동 그 사이에서, 나는 숨을 쉬고 내 마음 다해 느끼고 내 몸을 바쳐 그것을 토해내면서, 아주 팔팔하게 살아 있었다. 나는 마음 깊숙이 감동받은 사람이 지을 수 있는 가장 아름다운 표정을 짓고 있었고, 그 마음을 통제하지 못해 공연 시작과 중간 중간에 울음으로 그걸 뱉어냈다. 가장 절절하게 살아 있는 사람만이 쏟아낼 수 있는, 기쁨과 감동의 눈물이었다. 유령처럼 살아온 순간들, 선생님께 mp3를 뺏길까봐 책상 밑으로 교묘히 숨겨서 음악을 듣던, 살면서도 온 마음 다해 죽어 있던 그런 순간들이 아니라 내 몸이 있는 곳에 내 마음도, 정신도, 모든 기억들도 다 같이 그 순간과 그 자리에 생생하게 살아 있었다. 나의 모든 존재를 바쳐 살아 있다는 말, 이 순간 어느 때보다 충실하게 살아 존재한다는 말이 피아의 음악과 함께 내 마음 위로 비처럼 후두두두 떨어졌다. 눈부시게 밝은 별이 무더기로 떨어지는 것처럼, 눈을 뜰 수 없이 찬란하고 아름다웠다. 드디어 내가 원해서, 그러고 싶어서 숨을 쉬고 있는 것이었다.

나를 온통 휘감은 황홀한 음악의 휘장 안에서, 내가 할 수 있는 생각은 오로지 고맙다는 것뿐이었다. 어느 순간 내 마음을 벅차게 하던 그 고마움의 감정에 압도된 나는 어느새 입으로 "고마워, 너무 고마워"를 중얼거리고 있었다. 그 마음의 정체는 그러니까, 이런 것이었다—당신들이 혼신의 힘을 다해 만든 그 음악이 없었더라면, 내가 걸어온 이 슬프고 축축한 길의 중간 어느 지점에서 이미 죽어버렸을 거란 걸 알 수 있어서—그래서 그들은 음악으로 나의 소중한 생명을 구해준 셈이었다. 지쳐 쓰러져갈 때 그들의 음악을 들으며 조금의 위로를 받은 나는 기어서라도 그 힘든 길을 어떻게든 걸어왔고, 지금은 이렇게 생생하고 온전히 살아 그들의 음악을 실제로 듣고 가슴 벅찬 감동을 눈앞에서 전달받은 것이었다. 공연이 끝나고 색색의 불이 켜진 간판이 반짝이는 홍대 거리를 마음 닿는 대로 걸어다닐 때에도 내 가슴은 고맙다는 생각으로 가득 차 있었다. 토요일 밤 홍대 거리에는 수많은 사람들이 자신의 삶을 이어나가고 있었다. 그들 삶의 색깔과 풍요로움은 가장 가까이에 붙어 있는 연인들끼리도 서로 많이 달랐을 것이다. 그리고 그 수많은 색깔의 인생들 속에서 나의 삶은 적어도 그 순간만큼은 가장 아름답게 반짝였으며 활기차게 고동쳤다. 음악은, 그냥 만들어지고 그저 소비되는 것이 아니라는 나의 오랜 생각이 확실하게 느껴지는 밤이었다. 누군가 마음 깊숙이 숨겨둔 작은 단지에서 오래된 작은 봉제 인형을 꺼내듯이, 또는 깨지기 쉬운 도자기를 신중하고 조심히 빚듯이, 여린 마음을 용기 있게 꺼내서 만드는 것이 음악이고 그 속에 들어 있는 누군가의 개인적인 경험이나 상처, 또는 기쁨의 순간이 듣는 자의 귓가에선 마법이 된다는 것. 그리고 마법이 된 음악은 결국, 나의 경우처럼, 그의 인생을 지탱해준다는 것.

그 후에 내가 사랑한 밴드들의 공연을 볼 때도 나는 자주 울었다. 매번 똑같은 이유에서였다. 공연을 볼 때마다 고맙다는 생각을 하면서 운다는 게 참 진부할 수 있는데도 몇 차례 눈물을 쏟고 나서야, 공연을 보면서 그저 음악이 신나서 들뜨고 춤출 수 있었다. 지금은 피아 공연에서 〈Jasmine〉과 〈The Oracle〉(그 둘이 피아의 노래 중에 가장 감성적이고 슬픈 곡이라고 생각한다)을 연달아 부르지 않는 한 주체할 수 없이 눈물을 흘리는 일은 없다. 그렇지만, 단지 감정이 폭발적으로 일어나지 않는다는 것뿐, 내가 들어온 인디 음악에 대한 고마움의 감정이 퇴색된 것은 결코 아니다. 그 후에도 나는 **오지은**, 검정치마, 국카스텐, 아침 등 많은 인디 가수들의 노래를 듣고 있고 여전한 마니아다. 단지, 책상 앞에서 그들의 노래를 들으며 '언젠가' 그들의 공연을 볼 수 있길 바라는 입시 준비생이 아니라 홍대 클럽이나 록 페스티벌에서 직접 그들의 연주와 노래를 들으면서 가슴 벅찬 그 순간을 생생하고 소중하게 느끼며 살아가는, 요동치는 록 스피릿을 가진 인디 소녀가 되었다. 한국 인디 음악은 분명히 모든 사람들의 사랑을 받는 소위 말해 '주류'의 음악은 아니다. 그렇지만 서로 너무 다른 색깔을 가지고 있는 우리나라 인디 음악들을 오래 듣다보면 어딘가 마음 아주 가까이 느껴지는 특유의 감정이 있다. 마치 오랜 시간 기숙사에 있다가 집에 왔을 때의 친근함과도 같은 편안한 감정, 또는 혼자 구석에 처박혀 울고 있던 나를 안아주는 것 같은 포근함이다. 아일랜드 음악을 들을 때 느껴지는 그들의 음울한 고독처럼, 우리나라 인디를 들을 때는 어딘가 낯설지 않은 쓸쓸함이 느껴진다. 그런데, 그 미묘한 느낌이 아주 큰 힘을 발휘한다. 열아홉 살짜리 소녀의 아픔을 이해해주는 힘. 행여 악몽을 꾼다고 해도 깊이 잠들 수 있게 만들어주는 힘. 아무리 캄캄한 밤을 무서워하는 아이라도, 〈작은 자유〉를 들으며 어둠에 대한 두려움을 쫓아버리고 침대 속에 파고들 수 있게 해주는 힘.

　너와 따뜻한 커피를 마실 수 있다면, 쓸데없는 얘기를 나눌 수 있다면 좋겠네. 너와 즐거운 시간을 보낼 수 있다면, 아름다운 것들을 같이 볼 수 있다면 좋겠네. 작은 자유가 너의 손 안에 있기를, 작은 자유가 너와 나의 손 안에 있기를. 너의 미소를 오늘도 볼 수가 있다면, 내일도 모레도 계속 볼 수 있다면 좋겠네. 내가 꿈을 계속 꾼다면 좋겠네, 황당한 꿈이라고 해도 꿀 수 있다면 좋겠네. 너와 나는 얼굴은 모른다 하여도, 그래도 같이 달콤한 꿈을 꾼다면 좋겠네. 지구라는 반짝이는 작은 별에서 아무도 죽임을 당하지 않길. 지금 나는 먼 하늘 아래 있지만, 그래도 같은 하늘 아래 네가 조금 더 행복하길. 지금 나는 먼 하늘 아래 있지만, 그래도 같은 하늘 아래 네가 조금 더 행복하길. 작은 자유가 너의 손 안에 있기를, 작은 자유가 너와 나의 손 안에 있기를.

—오지은 〈작은 자유〉

지금과 마찬가지로 쉽게 잠들지 못하던 고등학생 때의 밤, 어두운 방 안이 무서워 작은 등 하나를 켜놓고 듣던 음악은 내게 정말로, '작은 자유'가 되었다. 내 귀를 통해 들어오는, 내 손 안에 든 작은 자유. 그 덕분에 나는 먼 하늘 아래에서도 조금 더 행복할 수 있었다. 그리고 활기차게 움직이는, 살아 있는 영혼으로 그리고 내 존재 다해, 우리나라 인디와 인디 음악, 그리고 그 음악가들에게 말한다. 날 지켜줘서 무척 고마워, 코리아 인디. 앞으로도, 잘 부탁해.

블로그 축제 우수상 3

빛나는 선율에 감싸여

blueruiner
http://blog.yes24.com/blueruiner

〈Ballade of Ballade: Best Album〉
토쿠나가 히데아키 | 2010

●● 토쿠나가 히데아키

발라드계의 대표 주자 안전지대와 함께 최고의 인기몰이를 주도하는 남자 솔로 아티스트 토쿠나가 히데아키. 국내에 첫 선을 보이는 토쿠나가의 슈퍼 발라드 베스트 컬렉션 〈발라드 오브 발라드〉! 히트곡이 24곡 담긴 2CD음반으로 국내에서 대히트한 〈사이고노 이이와케(마지막 변명)〉을 비롯, 〈Rainy Blue〉 〈망가져가는 라디오〉 등이 수록되어 있다. 2003년 다시 리마스터링되어 일본에서도 절찬리에 판매중인 명품 앨범이다. 오리콘 차트 5위권에 진입한 곡이 6곡 이상이며, 10위권 내에 진입한 곡은 총 9곡이다. 각종 드라마 주제곡, CF 곡으로도 널리 알려진 곡들이며 국내 뮤지션인 포지션 등도 토쿠나가의 음악을 커버하여 발표하였다.

그때는 세상 전부가 무료했다. 더 솔직하게는 공허했다. 주택가 2층에 있는 셋방의 천장을 보며 눈을 떴고 다시 눈을 감을 때까지 다른 천장, 다른 벽을 보는 일은 드물었다. 나는 집 안에 틀어박혔다. 내가 살던 셋방은 2층이었지만 바로 앞에 조금 더 높은 건물이 있어 햇빛이 거의 들지 않았다. 한낮에도 전등을 켜야 생활할 수 있었다. 그 무렵의 나는 할 일이 없었고 불을 켜지 않은 채로 하루를 보내곤 했다. 늘어진 어둠 속에서 축 늘어져 어렴풋한 천창의 무늬를 그저 볼 뿐이었다. 무언가를 하고 싶다는 생각도 무언가를 가지고 싶단 생각도 들지 않았다. 햇빛도 인공적인 빛도 사라진 집 안은 언제나 고요했다. 표면적으로는 그랬다. 정적 속에 홀로 있을 때만큼 자신이 선명하게 보이는 때가 또 있을까? 외부 세계가 고요할수록 내 안은 소란스러웠다. 나는 소리 없이 난동을 부리고 소리 없이 화를 냈다. 내 안에서 나 홀로 벌리는 난장, 나는 제 무게를 이기지 못한 초거성이었다.

안정을 잃은 초거성은 내파하며 짜부라들어 블랙홀이 된다. 블랙홀의 강력한 중력장은 물질과 소리를 삼키고 빛마저 삼켜버린다. 무엇보다 블랙홀이 최초로 삼키는 대상은 자기 자신이다. 나는 내 무게를 감당하지 못한 채 내파해갔고 이윽고 블랙홀이 되었다. 잘 어울렸다. 빛 없이 어둠뿐인 방 안과 검은 구멍이 된 나. 외부와 단절되어 하나의 독립적인 세계를 구축하는 블랙홀처럼 외부와 단절된 셋방, 단절된 나. 블랙홀이 접근하는 물질을 삼키듯이 나는 지나간 시간과 그 속에 담았던 마음을 원자 단위로 철저하게 분해해 야금야금 먹어치웠다. 그때의 내 상태는 예견된 일이었다. 다만, 질척거리는 미련과 차선이 존재한다는 눈먼 집착을 처덕처덕 발라놓은 자기 위안을 버리고 싶지 않았다.

나는 일찍 진로를 결정한 편이었다. 고1 때 마음을 정했고 다행히 원하는 학과에 진학했다. 폭풍 같은 사춘기도 없었고 대학 생활은 평탄했다. 취업에 대한 불안감은 있었지만 적어도 어떤 직업을 가질지에 대한 문제에서는 별다른 고민이 없었다. 내리막도 오르막도 없는 평지를 걷는 기분이었다. 졸업 무렵 내가 꿈꾸던 일을 시험 삼아 해볼 기회가 생겼었다. 운이 좋았다고 잘된 일이라고 생각했다. 새옹지마라고 했던가. 발밑이 서서히 부서지기 시작한 무렵이 그때부터였다. 내가 꿈꾸고 바라던 일이 얼마나 큰 착각 위에 세워진 누란이었는지를 나는 몰랐다. 누구나가 현실과 이상 사이에 거리가 존재한다는 사실을 안다. 나 역시 그랬고 내 꿈이 현실에 바짝 붙어 있는 달콤한 상황을 기대하진 않았었다. 다만, 둘 사이의 거리가 가늠할 수 없을 만큼 멀다는 사실을 몰랐다. 꿈이 꺾인 채 졸업을 했지만, 그때까지도 나에겐 차선을 선택할 여유는 있었다. 나는 꿈꾸던 일이 아닌 해보고 싶었던 일을 직업으로 삼았다. 무언가 빠진 느낌이었다. 종착역이 다른 열차를 탄 채 달려가는 기분이었다. 안정이 없는 비어 있는 일상은 안개 낀 절벽 같았다. 나는 또다른 차선으로 달아났지만, 그곳 또한 마찬가지였다.

내 나침반의 자침은 처음부터 단 한 번도 북쪽을 가리킨 적이 없었다. 나는 내 위치를 알지 못하는 여행자였다. 치졸한 오기와 집착에 가려졌던 현실이 본모습을 드러내는 순간 나는 겁에 질렸고 외부와 단절된 방 안으로 도망쳤다. 어둠에 싸인 방 안에서 나는, 오랜 시간 품었던 꿈이 산산이 부서져 손가락 사이로 빠져나가는 모습을 멍하니 바라만 보았다. 나와 현실 사이에 놓인 아득한 높이에 절망하면서.

그날은 어렴풋한 천장과 정적이 지나치게 무료했다. 무언가가 발음되는 것을 듣고 싶었다. 서랍에서 CD플레이어를 꺼냈다. 몇 개의 곡이 흘러갔지만, 변함없이 무료했다. 곡과 곡 사이의 휴지가 끝나고 새로운 곡의 전주가 흘러나왔다. 차분하고 덤덤하게 한 발, 한 발 걸어가는 사람의 뒷모습을 떠오르게 하는 전주였다. 안개가 걷힌 새벽 산을 오르던 사람이 산 중턱에 걸터앉아 숨을 고르더니 운을 떼었다.

"살아간다는 산을 나는 얼마나 올랐을까. 이상이라는 형태도 없는 동경을 뒤쫓으면서……겁쟁이인 자신이 슬퍼서 가슴이 터질 거 같아."

토쿠나가 히데아키 德永英明라는 가수가 부른 〈Positions of life〉이라는 곡이었다. 가수 자신의 인생에 대한, 애달픈 인생을 끌어안고 살아가는 모든 사람을 위한 영가였다. 적어도 나에겐 그랬다. 곡이 끝나는 순간 가슴이 먹먹해졌다. 심장이 꿈틀거렸다. 나는 그 곡을 듣고 또 들었다.

"강하지 않다는 이유로 약한 사람을 하찮게 여기는 사람이 있지만, 우리가 가진 약함 안에는 숨겨진 강함이 있어. 상처 입어서 가슴이 부서질 듯해도 눈동자만은 저 하늘을 봐. 어떤 날도 강한 마음이 있다면 거기에 이름이 남아."

그는 수없이 꺾이고 길을 잃고 좌절하고 절망의 구렁텅이에서 허우적거리는 일이 인생의 일부라는 당연한 사실을 진솔하게 이야기한다. 내가 헤매던 길마저도 내 삶이라는 길 위에 존재한다며 겁쟁이인 나를 토닥여주었다. 겁쟁이에다 비겁한 나에게도 실은 어떤 강함이 잠들어 있으니 그 강함을 소중히 하면 된다고 말해주었다. 그의 노래는 빛났다. 어두운 방 안에 있다는 사실을 잊을 만큼 빛났다. 또다시 곡이 끝나고 잠시 후 나는 울었다. 조용히, 차분하게 웃으면서 울었다. 그 무렵의 내게 가장 필요한 것은 바로 눈물이었다. 10년 가까이 움켜쥐었던 바람에 닿지 않는다는 사실을 인정할 수 없었던 치기를 버릴 어떤 계기가 필요했다. 토쿠나가의 노래를 통해 비로소 나는 애틋했던 과거의 시간을 눈물로 애도하고 삶의 흔적으로 놓을 수 있었다.

블랙홀과 반대되는 개념으로 화이트홀이라는 가설이 존재한다. 블랙홀은 물질을 빨아들이고 화이트홀을 방출한다. 블랙홀과 화이트홀은 웜홀을 통해 연결된다. 진지하고 따뜻한 토쿠나가의 〈Positions of life〉는 웜홀이었다. 안으로 틀어박히던 나는 그의 노래를 통해 밖을 바라볼 수 있게 되었다. 〈Positions of life〉뿐만 아니라 〈輝きながら〉나 〈Myself, 風になりたい〉 같은 곡처럼 삶을 바라보는 그의 노래는 맑고 상냥하다. 따뜻하고 포근한 물에 감싸인 듯해서 마음이 차분해진다.

지금도 그때처럼 길을 잃고 헤맨다는 생각이 들곤 한다. 여전히 아무것도 변하지 않은 채 잠시 방향을 바꿨을 뿐일지도 몰라 고민하곤 한다. 그럴 때면 토쿠나가 히데아키의 노래가 문득 떠오른다. 그의 노래를 들으며 내가 삶의 어디쯤을 걷는 중인지 생각해본다. 죽음에 다다를 때까지 삶에 종착역이란 없다. 매 순간 걸어가면 걸어간 만큼 삶의 길이 이어질 뿐이다. 그의 노래는 담담하게 이 소박한 사실을 전해준다. 나지막하지만 그 무엇보다 강하게 빛나며.

블로그 축제 우수상 4

스물한 살, 가시밭길을 걸어
선인장의 갑옷을 얻게 해준 노래

z772kr
http://blog.yes24.com/z772kr

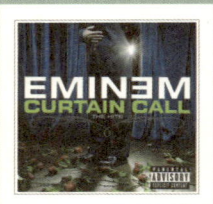

《Curtain Call : The Hits》 에미넴 | 2005

●● 에미넴

힙합계, 음악계, 엔터테인먼트계 모두에 지대한 영향을 끼쳤던 거물 에미넴. 그가 랩퍼로서의 한 챕터 Chapter를 정리하는, 2005년 음악 팬들이 가장 기다린 앨범! 1999년 《Slim Shady LP》부터 2004년 《Encore》까지 그의 전 히트곡들과 〈When I'm Gone〉〈Shake That〉〈FACK〉 등 신곡 총 3곡 수록.

스물한 살, 가시밭길을 걸어 선인장의 갑옷을 얻다

The soul's escaping, through this hole that it's gaping.
This world is mine for the taking.

누구나 한 번쯤 깊은 절망으로 인해 깊든 옅든 고독 속에 빠진다. 그 고독 안에서 우리는 두 갈래로 나눠진 길 위에 떠 있는 두 별을 바라볼 수 있다. 신호등같이 빛나는 하나의 붉은 별, 다른 하나는 파란 별. 흔히 쉽게 좌절하고 포기하는, 바위 같은 견지를 잃은 극소수의 사람들은 붉은 별이 빛나는 길을 밟아 나선다. 그 길엔 길이 없다. 그 길 바로 앞에는 신을 모욕한 자들이 우글거리는 지옥만 기다리고 있다. 자살이란 나락의 길 밑 우주의 신비로움만큼 깊은 절벽의 저지선만 그어져 있다.

붉은 별이 뜬 길이 아닌 파란 별이 뜬 길을 선택한 자들은 삶에 대해 지나치든 아니든 애착을 가진 사람들이다. 파란 별이 뜬 그 길의 끝에는 낭떠러지도, 언덕도, 울퉁불퉁한 길도, 가파르거나 그렇지 않은 내리막길도 없다. 바로 눈앞에 사진으로 찍힌 듯 아무런 변화의 기미조차 보이지 않는 지평선을 따라 늘어진 평탄한 길만 있다. 이 길을 걷는 사람들의 끝은 어떨까. 하루 종일이 걸리든 몇 년이 걸리든 결국엔 걷다가 지쳐 죽는다. 갈증과 배고픔이 겹겹이 쌓여가다 피곤함과 지루함에 지쳐 죽는다. 그들에겐 다른 것은 없다. 그들은 그저 그 길 끝에만 도착하면 안락한 집과 풍성한 음식들이 미리 마중 나와 자신을 기다리고 있을 거라 착각하지만 그것은 크나큰 착오다. 처음부터 그 길에 '끝' 따위는 없다. 아무것도 없다. 적어도 그 길 위에는 아무것도 없다. 수많은 변화를 몰고 오는 바람이 지나가기

꺼리는 길이다.

하지만 파란 별을 뜬 길을 선택한 수많은 사람들 속에 몇몇의 극소수의 사람들은 살아남는다. 그들은 과연 누굴까? 자기 자신을 진정으로 사랑하고 자기 자신이 선택하고 들려주는 소리에 귀 기울일 줄 알고, 행동함으로써 극히 모험적인 도전 정신으로 정해진 길이 아닌 다른 길을 찾기 위해 두려움과 위험을 무릅쓰고 그 길을 이탈할 줄 아는 사람들이다. 흔히들 말하는 평범한 사람들은 파란 별이 뜬 길을 이탈한 자들을 향해 매섭게 손가락질하며 그들을 가엾고 한심하게 여길 것이다. 그러나 길을 제대로 이탈한 그들은 새로운 길을 찾거나 눈부시게 독창적인 길을 만들어 신과 황제가 내려주는 위안과 안식의 도시 속에서 살 수 있게 된다. 내가 이런 말을 하는 것은 **에미넴**의 〈lose yourself〉란 노래를 통해 나의 이야기를 들려주고 싶어서이다. 이 노래를 들은 후에 나는 내 안의 숨겨진 열정을 태울 줄 알았고 나중엔 절망 속에서 새로운 길을 개척하고 건설한 그 길을 다듬고 다듬는, 값진 땀을 흘릴 줄 아는 인부가 되었기 때문이다. 이 노래를 듣기 전에 나는 어땠을까. 새로운 길을 개척하는 게 힘들다고 엉덩이를 뒤로 내빼고 내빼다가 평생 앉은뱅이가 되고 다시 파란 별이 뜬 정해진 길을 걷거나 빨간 별이 뜬 길로 떨어지지 않았을까.

나란 놈은 아주 평범한 놈이다. 뭐, 그렇다고 그렇게 평범한 것도 아니다. 외모는 못났고, 키 때문에 루저로 취급받고 혀는 짧아 책을 읽을 때나 말할 때 발음이 새기도 한다. 또 노래를 좋아하고 사랑하고 즐길 줄 알지만 음치라는 단순한 이유로 내 안에서 울리는 소리 하나 수줍은 티도 내지 못한다. 이런 것들을 제외하면 나는 흔히들 말하는 평범한 놈에 속했다. 공부도 중간, 친구 관계도 중간, 연애 횟수도 중간, 노는 것도 중간. 모든 것들이 중간이었다. 내가 들어간 대학도 중위권. 늘 그렇게 중간, 중간만 좇은 내 인생은 모든 것들이 깡그리 다 지루함과 졸림의 연속이었다.

지루함과 고루함의 무한 반복을 되풀이하던 내가 에미넴의 〈lose yourself〉를 듣는 그 순간, 내 가슴속에서 몰래 숨 쉬며 은신해온 열정이 뜨겁게 타올랐고, 그 후로 내게 중간은 없었다. '최고가 아니면 죽음'이라는 짧지만 임팩트 있는 슬로건이 가슴속에 새겨졌다. 묵직하게 내려 빗발치는 비트 때문인가? 아님 에미넴 특유의 풍자적이고 공격적인 가사? 그것도 아니면 앙증맞게 귀여운 중저음의 미성 악동 에미넴의 목소리 때문인가? 그때 왜 이 노래가 내게 살갑게 다가왔을까. 아마 그것은 방금 말한 그 세 조건이 하나로 어우러지고 거기서 나란 놈의 정체성의 고립감까지 더해져서 그랬을 것이다.

His palms are sweaty, knees weak, arms are heavy.

정말로 무언가, 내가 원하는 그 무언가를 위해 새로운 모험과 무모한 도전을 한다는 것은 꿈만 같은 일이지만 그에 따른 상당한 대가가 따른다. 그 대가가 어떤 건지는 아직 세상이란 바다에 몸을 제대로 담그지 않아, 그 바

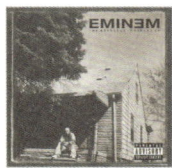
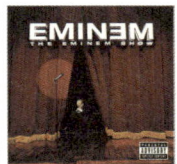
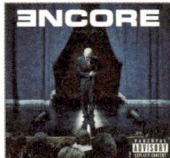

다의 소름 돋는 깊이와 위엄 있는 장관, 헤아릴 수 없는 온기, 바닷속의 잃어버린 꿈만 같은 미지의 보물들을 잘 알지 못한다. 알지 못해서였을까? 그래서 나는 그 대가가 더 두렵고, 더 무섭고, 더 겁이 났다.

> Mom, I love you, but this trail has got to go.
> I can not grow old in salem's lot.

나의 꿈은 작가다. 어릴 때, 해리 포터를 읽은 그 순간부터 나는 미래에 작가나 그쪽과 관련된 일을 할 거라고 스스로 확신했다. 내 꿈과 목표를 정한 뒤에 나는 그것들을 부모님께 말씀드렸다. 내 말을 들은 아버지와 어머니는 근시적으로 보면 각기 다른 반응이었지만 원시적으로 보면 같은 반응을 보이셨다. 아버지께선 내게 "작가가 되려면 명문대 국어국문학과에 들어가라." 어머니께선 내게 "작가? 돈 많이 못 벌 텐데." 부모님의 반응은 이랬다. 두 분 모두 그리고 두 분을 제외한 다른 사람들 모두가 다 같은 반응이었다. 대학이나 돈. 아무도 내게 글을 많이 쓰라는 말은 하지 않았다. 이 사실은 충분히 나를 우울하게 만들었다. 좋은 작가가 되기 위해선 명문대 국어국문학과에 들어가야 하고 예술적 작가는 늘 배고픔과 공허함으로 빈속 대신 글로 종이를 채운다는 사실(사실인지 아닌지는 아직 모르겠지만).

그 말들 때문이었을까. 마음속으로는 작가의 대한 강한 염원과 열망을 가졌지만 나는 글을 쓰려 하지 않았다. 내 나약함까지 더해져 글을 쓴다는 것 자체가 아무짝에도 쓸모없는 일처럼 느껴졌기 때문이다. 그러다 작가란 꿈을 접고 다른 꿈을 꾸면서 나는 헛된 로망의 대학 생활에 들어갔다.

대학 생활은 소문대로 그다지 낭만적이지 않았다. 재미없고 지루하고, 유익하게는 들리지만 실은 전혀 아닌, 몇몇 교수님들의 최면 같은 강론을 듣거나 친구를 만나 밥을 먹거나 술을 마신다. 내가 꿈꾼 대학 생활은 고작 이랬다.

A normal life is boring, but super stardom's close to post mortar.

그러던 어느 날, 형이 내게 읽으라며 책 한 권을 던져주었다. 형이 내게 건네준 『연금술사』란 이 책을 읽은 순간, 먼지로 쌓인 빗장 속에 숨겨두었던 내 꿈 하나를 다시금 열어보게 되었다. 그 책을 읽고 난 후에, 미친 듯이 독서에 빠졌다. 파울로 코엘료의 작품은 모조리 싹 다 읽었고 그 외에도 폴 오스터, 에쿠니 가오리 등 몇몇 유명한 해외 작가들의 작품들을 머릿속으로 쑤셔넣었다. 나는 더이상 대학의 필요성을 느끼지 못했다. 내가 작가가 되는 데 대학은 필요가 없었다. 진정으로 내게 필요했던 건 아직도 읽어야 할 산더미같이 쌓인 미로 같은 마법 책들과 그 마법을 부릴 펜을 집어 진정으로 실체하는 마법을 일으키는 것이었다. 『호밀밭의 파수꾼』의 홀든 코울필드같이, 나는 강단 있게 학교를 때려치우고 바로 글쓰기에 도전했다. 고등학교 시절 내가 느낀 굴욕감과 패배감, 늘 같은 방향으로 지루하게 회전만 하는 과거 시곗바늘의 역사를 글로 적어나갔다.

Oh there goes rabbit, he choked.
He's so mad, but he won't give up that .

글을 쓸 때, 나는 내가 괴테 같은 반신적 인물인 줄 알았지만, 쓴 글을 읽고 난 후에는 따뜻한 미풍에 찢겨 날아가는 거미줄 같은 내 주제를 깨달았다. 나는 내 글을 휴지통에 넣고 휴지통을 비울 수밖에 없는 거대한 한계에 부딪혔다. 내 글은 정말 형편없었다. 그래도 나는 금방 좌절하지 않고 다시 글쓰기에 몰입했다.

실패. 실패. 실패, 실패.

나는 스스로를 원망하지 않을 수 없었다. 나름 모든 걸 포기하고 작가가 되기 위해 글을 쓰는데 고작 쓴다는 글이 이것밖에 안 된다니! 그 순간, 나는 빨간 별이 뜬 길을 향해 발길을 돌리는 형편없는 생각까지 해봤지만, 행운이라면 행운인 게 나란 놈에겐 붉은 별을 바라볼 용기조차 없었다. 그 시기에 나는 의심으로 가득 찬 내 재능과 고여 있는 물같이 한결같은 착상에 깊은 절망감을 느꼈고 사랑하는 여자에게 차여 깊은 절망 속에서 흐느끼며 소용돌이치는 내 절규의 목소리를 들었다. 어떻게든 좋은 글로 절망에서 헤어나오고자 새벽 2시까지 눈에 쌍심지를 켜고 글을 썼다. 야속하게도 그 생경한 글은 나를 더 괴로운 나락 같은 절망감과 패배감으로 배달해주었다. 그때 나는 정말로 한없이 크고 슬픈, 괴로운 절망감을 느꼈다. 문서 프로그램을 닫고 컴퓨터를 끄려다가 습관적으로 인터넷을 켰다. 인터넷에서 우연히 화가 뭉크의 짧은 일대기를 보았다. 그때 본 뭉크의 〈절규〉란 그림을 나는 결코 잊을 수가 없었다. 바로 몇 분 전 화장실에서 거칠게 세수를 하다가 눈앞에 보이는 나 자신을 향해 머리를 잡아뜯었던 내 모습이 그

Music

려져 있었기 때문이다! 정말로 그 그림 안에는 내가 있었다. 절망 속에서 고립된 절규를 외치는 나 자신의 모습. 그것은 그 그림의 인물이 아니라 그 인물을 둘러싼 물결무늬로 헤엄치며 어지럽게 채워진 바탕에서 느껴졌다. 고통 속에서 절규를 외치면, 나를 둘러싼 세계들은 모든 경계를 잃고 혼돈 그 자체가 되고, 그 속에서 나는 세상과 강제로 격리된 듯한 고립감을 느낀다는 것을 명작의 예술 작품과 벌레같이 꿈틀거리는 내 감성을 통해 알게 되었다. 그 그림을 통해서 나는 나 자신이 깊은 좌절감에 물들어 있었단 걸 일시에 깨닫게 되었다.

나는 그 어둡기만 하던 좌절 속에서 단 한줄기의 더 어둡고 시커먼 빛줄기를 생각했다. 고등학교 친구들과 함께 들으며 항상 뒤 꿍꿍이를 숨기는 세상을 향해, 선생님 말씀에 뜨거운 땀을 식혀버린 나를 향해 가운뎃손가락을 곧추세우게 만든 그 노래를 생각했다. 그때 그 시절 에미넴의 〈lose yourself〉를 들으면서 나는 스스로에게, 항상 뒤 꿍꿍이를 숨기는 세상에 느끼고 던졌던 회의감을 다시금 떠올렸다.

'아, 존나 다 시발 같아.'

Would you capture it or just let it slip?

고등학교 졸업 이후, 오랜만에 들은 〈lose yourself〉의 슬픈 피아노 반주와 묵직한 비트, 에미넴 특유의 사나운 얇은 목소리는 나를 감싸 안았고 마치 굶주린 악령이라도 깃든 듯, 내 영혼이 더럽게 강해지는 축복 같지 않은 축복을 느끼게 해주었다.

나에겐 기회가 왔었다. 나 자신 스스로를 깨닫고 되돌아볼 기회, 짧고 따뜻한 위로 따위의 필요성을 지울 기회, 쌓이고 쌓여 더이상 쌓아올릴 수 없는 내 비통한 감성을 한 방에 무너뜨릴 기회, 총이 없다고 등을 돌려 도망치기보다 맨주먹만으로도 수사자와 맞서 싸워 이겨야겠다는 생명체의 끈질기게 강한 생명력을 태울 기회. 이 노래를 들으면서 나는 나 자신을 다스렸다. 내가 너무 서둘렀다는 것을 깨달았고 무엇보다 아직 잠재된 내 감성을 끄집어내지 못했다는 것을 일깨웠다. 나는 나 자신에게 보내는 한 편의 노래 가사를 적었다. 그 가사에서 나고 자란 강한 의지의 뿌리는 수많은 시 줄기를 낳았고 그 시들은 내게 있어 한없이 소중하고 귀중한 단편소설을 맺게 했다. 난 실패를 딛고 일어서 미래를 향해 발을 디딜 준비를 했다.

  Feet fail me not cuz maybe the only opportunity that I got.

 내가 원하는 그 목표와 그 정점에 다다르는 길은 정말로 돌처럼 무겁고 허수아비처럼 외로운 길이다. 누구도 나와 함께해주지 않는다. 누구한테 도움을 청해야 할지도 모른다. 흔히들 말하는 고독한 싸움이다. 그래도 그 피 튀기는 싸움 속에서 아무도 모르게 흐르는 아름다운 땀방울이 만들어주는, 파울로 코엘료가 한결같이 말하는 연금술을 발견하게 된다. 나는 지금 그 발견을 하고자 이 음악을 들으면서 다시금 일어서서 해가 지기 전에 조금이라도 더 걸으려 한다. 나에겐 언제나 마지막 기회가 왔다. 그 기회가 〈lose yourself〉의 가사 중에 나오는, 내 인생을 한꺼번에 뒤집어줄 행운 정도는 못 되더라도 찾아왔다. 흩날리는 꽃송이에, 아무 생각 없이 지나치는 기차에, 그릇에 담다가 흘린 라면 면발에, 텅 빈 객석에 정차된 버스 등. 일상적인 것을 새롭고 유려하게 느끼게 해주는 기회가 왔었다.

지금 나에겐 모든 것들이 기회다. 이 노래에 대해, 다시금 느낀 절망에 대한 깊은 회의감에 대해, 웃기게 씁쓸한 그때에 '나'에 대해 글을 쓰면서 조금씩 성장하는 기회. 나는 더이상 내게 올 기회를 놓치기 않고 그 기회를 잡아 세계 최고가 되고자 하는 내 광활한 포부와 꿈의 기틀을 다듬고자 한다. 설령 그 기회를 놓친다 해도 놓친 그 순간마저도 내게 있어 행운이 담긴 기회로 나는 바꾸고자 한다. '기회' 스스로에겐 존재성이 없다. 누군가 그 기회를 잡아줘야 그 속에서 존재성이, 그 이름에 걸맞는 꽃이 피어난다.

Cuz man, these goddamn food stamps don't buy diapers.

내가 가진 것이라곤 식량 배급표로도 사지 못할 기저귀조차 장만하지 못하는 자신에 대한 믿음이다. 올인의 미덕을 아는가? 올인의 미덕은 자기 자신의 믿음에 대한 결단력 있는 배포다. 그렇다면 올인의 탄생 배경을 아는가? 그것은 희망이다. 아주 적은 돈만으로도 남들과 같은 승부를 볼 수 있다는 점이다. 아무리 가진 것이 없는 놈이라도 마지막에 건 1원만으로도 제대로 된 승부를 다시금 펼칠 수 있게 해주는. 나는 스스로를 믿고 내 잔재주를 걸어 세상을 향해 올인하고자 한다. 어차피 한판이다. 사느냐 죽느냐는. 마지막 총알 한 발을 하늘에 대고 저격이라도 하듯 나는 내 꿈에 올인한다. 분명 회심의 포 카드가 나올 것이다.

No more games, I'm change what you call rage.

미래의 불확실성으로 인한 두려움 때문에 아직도 파란 별이 뜬 길을 이탈하지 않은 친구들에게 나는 항상 말했다. '우리 꿈을 이루자.' 하지만 그들 모두 보이지도 실제로 느껴지지도 않는 현실을 핑계로 뒤꽁무니만 내빼고 있다. 흔히들 체 게바라를 목격자 체라고 칭한다. 체 게바라 스스로가 주체가 아닌 목격자로서 세상을 평등하게 바라보고 편협하지 않게 세상을 고르게 느꼈기 때문이다. 체 게바라가 목격자라면 나는 실험체이다. 파란 별이 뜬 길을 이탈하는 것이 바른 것인지 그렇지 않은 것인지, 나 자신을 실험체로 삼아 직접 실험을 할 것이다. 나의 실험 결과에 따라 에미넴이 내뱉은 마지막 말을 확인할 수 있을 테고 더이상 내 친구들도 도망치지 않을 수 있다.

You can do anything you set your mind to, man.

내가 지은 노래 가사 〈lose yourself〉.

두려워 눈을 감지 마, 세상은 늘 변하게 되어 있잖아.
지금 내가 눈을 뜨는 순간, 세상은 달라져 있을 거야.
더 더러워져 있든가, 더 냄새가 난다든가.
거봐, 아까 진작 눈뜨지 않은 걸 후회하잖아.
전진 없는 행진에 죽어가는 다리.
가시거리 안 목적지는 이미 사라져버린 도시.
같은 자리를 잡지 못해 갈팡질팡, 왔다갔다.
더이상 흐르길 거부한 혈관은 나 자신을 도살.
제기랄, 더이상 생각의 나래가 펼쳐지지가 않아.
이 망할 놈의 비난은 호시탐탐 내 의사를 묵살.

이른바 타락한 판관의 심판에 장차 몰락할 성직자.
This is my life.
괜히 펜의 심지가 부서져
심기가 불편해, 심히
숨 쉬고 싶어, 잠시.
마치 정전기 난 스웨터같이
돌돌 말려 감긴, 꼬여버린
자기 자신을 잃은 좀비 같은 견지
창작의 신호 불이 안 켜져 정지선에 멈춰진 발걸음.
몸은 들썩이고 머리통은 썩었어.
머리는 쓸모없어. 오히려 해로워.
최종적으로 오로지
소몰이 치듯 소용돌이치는
당돌한 사고만이 소용.
실패를 눈앞에 둔 패배자 내 신세.
낙제 계단 밑에 고개 숙인 내 미래.
폭격으로 찢어진 천을 덮은 세상을 향해
헝그리 정신으로 뭉친 복서의 주먹, 턱도 없지.
질적 개선을 위한 목적으로 쏜 저격, 끄떡도 없지.
구찌 구두코에 키스하는 알거지.
그게 어디야, 그것마저 감지덕지?
give you fuckin!
고지 앞에 고개 숙인 어리버리 고삐리.

고통 속에 벗어버린 어머니가 입혀준 저고리.

괴로움에 숨통 조이며 소리 죽이는 고양이.

교복 벗은 공부, 그 끝은 개고생.

꼬리 흔들며 남정네 꼬시는 여고생.

요즘엔 이런 게 대세래, 여보게

비 내리는 날, 젖비린내 나는 난

어린 고삐리가 준 연필을 빌리며

busy하게 겁나 피비린내 풍기며.

숨 막히는 빌딩 사이사이

숨은 비밀을 적어낸

에미넴이 들려주는 노래에, 메시아의 조용한 메시지에

마침내 내 한계를 통째로 붕괴, 장애 어린 내 방해물을 몰아내.

박대당한 지혜의 고객을 밤새, 기쁘게 접대해.

불량배가 들려주는 해결책에 깊게 감사해.

끝끝내 꽃피는 글을 써낸

선택된 모태를 집어낸 내 자세.

신께서 우리에게 주신 과제의 보배.

그 결과에 결정될, 우리들의 생김새.

김광석, 젊음을 노래하다

믿음의 청년
http://blog.yes24.com/lpw5289

《노래 이야기 + 인생 이야기》 김광석 | 2007

●● 김광석

다시 만날 수 없는 김광석, 그의 이야기를 한꺼번에 만날 수 있게 되었다. 기존에 발매되었던 김광석의 《노래 이야기》, 《인생 이야기》가 하나로 묶여 새로운 디자인으로 발매됐다. 김광석의 소극장 공연을 중심으로 김광석이 라이브로 들려주었던 노래들 이외에 그가 그의 팬들을 앞에 두고 했을 그의 인생, 그의 노래 이야기를 그가 없는 지금 그를 기억하고 추억하며 다시 듣는 감회에 젖을 수 있을 것이다.

격동하는 6, 70년대 미국 젊은이들의 저항을 노래로 항변한 이가 밥 딜런이나 조앤 바에즈였다면 시대는 다르지만 8, 90년대 고뇌하는 한국 젊은이들을 노래로 대변한 이는 바로 김광석이 아닐까 싶다. 그는 민주화가 한창 일어나던 시기에는 '노찾사'란 팀에서 자유를 위해 노래하고, 90년대 젊은이들이 존재론적 고민에 빠져 있을 때엔 노래로 그들의 마음을 달랬다. 그래서 김광석 주변에는 늘 젊은이들이 끊이지 않았다. 그러나 그는 어느 순간 갑작스럽게 안녕이란 말도 없이 우리 곁을 떠나갔다.

 김광석의 노래를 처음 듣기 시작한 건 고등학교 1학년 때이다. 그때 그의 나이가 서른 살 초반인 지금 내 나이 정도로 기억한다. 처음 그 노래 제목이 〈그녀가 처음으로 울던 날〉로 기억한다(몇 년 전 이 노래를 가사와 비슷한 사연으로 불렀던 적이 있다). 그리고 그해가 지나고 얼마 되지 않았을 때 그의 살아 있는 모습을 더이상 볼 수 없었다. 그는 딱 그의 노래만큼 살다 간 사람이다. 그래서 그의 노래에는 다른 데서 느낄 수 없는 특이함과 다른 나이대에서 느낄 수 없는 짙은 향수와 아쉬운 그리움이 배어 있다.

 김광석, 그의 노래는 들으면 들을수록 빠져드는 묘한 매력이 있다. 굵은 듯 청아한 그의 목소리는 통기타와 가장 잘 어울린다. 그리고 인간 본연의 감성을 밖으로 가장 잘 끌어내 사람들에게 깊은 호소력을 가진다. 자신도

그것을 잘 아는 것 같다. 어느 방송에서 했던 그의 콘서트를 보니 기타와 하모니카 그 이상의 악기는 보이지 않았다. 아마도 그만큼 자기 목소리에 자신감이 있어서 그런 것이 아닌가 한다. 그의 노래는 가슴에서 울려나온다. 듣고 있다보면 나도 모르게 침묵을 지키고 가만히 귀 기울이게 된다. 그리고 그와 나는 하나가 되어 가사와 멜로디 속에서 함께 여행을 한다. 울기도 하고 웃기도 하고 푸념을 내뱉고 그러다 노래가 끝나면 다시 반복해서 듣고 또 듣게 된다. 지금도 후회되고 안타까운 것이 있다면 그가 살아있을 때 콘서트에 가지 못한 것이다. 그 나이에 내가 조금만 더 성숙해서 그의 진가를 알았더라면, 한 번쯤 실제로 그의 얼굴을 바라보고 교감하며 노래를 들을 수 있었을 텐데 하는 아쉬운 한숨이 나오기도 한다.

십대에 처음 그의 노래를 들었을 때 난 그의 노래를 제대로 이해 못했다. 물론 그 당시에도 그의 노래를 즐겨 들었다. 그땐 기타를 배우던 중이어서 마침 그의 노래가 기타 치기에 좋은 곡이라 생각해 들었다. 그러다 이십대가 되고 나니 그의 노래가 가슴에 조금씩 와닿기 시작했다. 그의 노래엔 이십대 청춘이 담겨 있다. 시대의 방황, 사랑의 아픔, 삶의 번뇌 등 청춘의 다양함이 그의 노래 속에 있다. 어느 순간 그의 노래는 나를 말하고 있었다. 나는 그의 노래와 함께 이십대를 보냈다. 군대에 갈 때쯤 〈이등병의 편지〉를 부르며 사랑하는 지인들과 헤어짐을 아쉬워했고, 이십대 중반 누군가를 사랑했지만 이루지 못했을 때엔, 그가 불렀던 사랑에 관한 노래들을 가슴의 응어리를 풀어내듯 목이 터져라 불렀다. 그리고 이십대 후반, 대학을 졸업하고 고뇌하던 시기엔 그가 지니고 있던 인생의 가치관이 담긴 노래들을 들으며 이곳저곳 싸돌아다니듯 여행을 했다. 그리고 서른쯤이 되었을 때, 애매한 청춘에 대한 씁쓸함이 담긴 〈서른 즈음에〉란 노래를 손에 쥐어짜듯 마치 노트에 아무렇게나 갈겨 적어나가며 함께 부르며 아쉬움을 달랬다.

  다시 한번 강조해 말하지만 그의 노래는 청춘의 심정을 나타낸다. 그는 여태 많은 곡을 불러왔다. 하지만 일일이 그 모든 곡들에 대해 이야기할 수는 없고 나는 여기서 내가 가장 인상 깊게 들었던 두 곡에 대해 이야기하려 한다. 첫번째 곡은 바로 〈사랑했지만〉이다. 이 노래는 언뜻 남몰래 누군가를 사모하는 용기 없는 청년의 모습을 그려내는 듯 보인다. 하지만 자세히 들으면 이 노래에 내포되어 있는 또다른 면을 찾을 수 있다. 바로 갈 길을 잡지 못해 헤매는 이 시대 청년들의 모습이다. 가사를 한번 찬찬히 살펴보며 의미를 찾아보도록 하겠다.

> 어제는 하루 종일 비가 내렸어.
> 자욱하게 내려앉은 먼지 사이로
> 귓가에 은은하게 울려퍼지는
> 그대 음성 빗속으로 사라져버려.
> 때론 눈물도 흐르겠지 그리움으로.
> 때론 가슴도 저리겠지 외로움으로.
> 사랑했지만 그대를 사랑했지만
> 그저 이렇게 멀리서 바라볼 뿐
> 다가설 수 없어.
> 지친 그대 곁에 머물고 싶지만
> 떠날 수밖에 그대를 사랑했지만……

  젊은이들이 꿈꾸는 미래는 마치 앞을 제대로 볼 수 없는 비 오는 날과 같다. 그 사이를 아무리 헤쳐나가려 해도 항상 지저분한 진흙과 먼지들이 그들을 가로막는다. 그래도 그들은 포기하지 않고 들떠오르는 희망의 소리가 들리는 곳으로 꿋꿋이 걸어가려 애를 쓴다. 하지만 그것도 잠시뿐, 결국 현실이란 벽 앞에 조금씩 그들의 미래도 하나둘 사라져버린다. 그 때문에 너무 힘들어 울기도 하고 지치기도 한다. 그래도 꿈을 포기하지 못해 아쉬워하고 또 아쉬워한다. 결국 그것도 잠시뿐 주어진 삶 앞에 미래를 떠나보낸다. 이루고 싶었지만 어쩔 수 없이 떠나보낸, 젊은이들의 이룰 수 없는 사랑이 나는 왠지 이룰 수 없는 꿈으로 들린다. 결국 많은 젊은이들이 그렇게 살아가고 청춘을 잃어간다. 김광석은 살아생전 이 노래를 싫어했다고 한다. 사랑했으면 용기 있게 다가가야지, 너무 나약해 보인다고 말이다.

그래서 그는 젊은이들에게 용기를 심어주고 싶은 곡을 부르고 싶었던 모양이다. 두번째로 소개하고 싶은 노래가 바로 〈일어나〉이다. 이 노래의 후렴을 보자.

> 일어나, 일어나
> 다시 한번 해보는 거야.
> 일어나, 일어나.
> 봄의 새싹들처럼

더이상의 해석이 필요 없어 보인다. 의미 그대로 인생을 포기하지 말라는 소리다. 아무리 힘들고 어려운 상황이 닥치더라도 젊기에 포기하지 말고 다시 한번 해보고 또 일어나보라는 것이다. 젊은 너희들은 봄의 새싹들처럼 젊기에 그 젊음으로 끝까지 해보라는 것이다. 가끔 힘이 쭉 빠져 있을

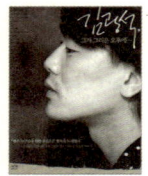 때 이 노래를 듣고 있으면 실제 기운이 막 솟는 듯한 느낌이 든다. 뭐랄까? 그의 노래에는 힘이 있다. 사람을 일으켜 세우고 다시금 마음을 가다듬을 수 있을 것 같다. 그 속에 끈적함이 깊게 배어 있어 한 번 빠지면 헤어날 수 없는 묘한 마력을 갖고 있다. 그래서 많은 사람들이 찾고 또 찾게 된다. 기호식품 외에 이처럼 중독성이 강하다고 말할 수 있는 무언가가 있다면 아마 그의 노래도 분명 포함될 것이라 생각한다.

김광석, 지금 그는 우리 곁에 없지만 그의 숨결은 사라지지 않고 언제까지나 우리 곁에 있다. 그래서 그가 떠난 지 벌써 15년이 지났음에도 불구하고 많은 사람들이 그에게서 헤어나지 못한다. 아직도 그의 노래는 우리 주변에서 끊임없이 흘러나온다. 그리고 방황하는 청춘들은 항변하듯 그의 노래를 부른다. 그의 노래에는 청춘을 일으켜주는 힘이 있나보다. 많은 젊은이들이 알게 모르게 그의 노래처럼 살아가고 헤매며 다시 또 길을 찾는다. 김광석은 이웃집 친한 동네 형 같다. 지금이라도 전화해서 "형, 나 지금 힘들어"라고 하면 나와서 소주 한잔 사주며 신세를 한탄하는 내 이야기를 들어줄 듯, 그러면서 울먹이는 젊음의 등을 토닥이며 따뜻하게 위로해줄 듯하다.

이루어질 수 없다는 것을 알면서도 한 번은 그를 만나보고 싶다. 그리고 고마웠다고 말하고 싶다. 당신 때문에 내가 많이 이겨내고 참아낼 수 있어서 감사하다고 전해주고 싶다. 그의 노래는 서글프고 가라앉는 듯 보이지만, 내 심정을 잘 표현하고 이해해주는 것 같아 더 고맙다. 나는 오늘 밤 당신과 이야기하기 위해 기타를 치며 당신의 노래를 부른다. 그리고 당신을 만난다. 그리고 누구도 겪어보지 못한 화려하지만 소박한 둘만의 콘서트를 연다.

나의 대중음악 연대기

빨간비 ♥
http://blog.yes24.com/smhan99

〈Physical〉 올리비아 뉴튼 존 | 1981

올리비아 뉴튼 존은 '팝계의 신데렐라' 혹은 '팝계의 꾀꼬리'라는 애교스런 별명으로 1970년대와 1980년대를 통치했다. 1981년 연말, 제목만큼이나 육감적인 뮤직비디오를 앞세운 〈Physical〉이 세상에 그 모습을 드러냈다. 이 곡은 데비 분의 〈You light up my life〉과 함께 빌보드 싱글 차트 10주간 1위 고수라는 당시로서는 기네스적인 기록을 세운 대형 히트곡이었다.

〈Thriller〉 마이클 잭슨 | 1982

스튜디오에서 퀸시 존스와 같이 작업한 앨범 〈Thriller〉는 지금까지 가장 많이 팔린 앨범이다. 팝과 R&B의 완벽하고 절묘한 만남과 최고의 뮤지션들(게스트 기타리스트 에디 반 헤일런과 폴 매카트니)로 전 곡 모두 싱글로 커트돼도 손색이 없는 앨범을 만들게 된다. 또한 마이클은 새로운 매체 MTV를 통해 〈Billie Jean〉, 〈Beat It〉과 최고 중의 최고 〈Thriller〉의 뮤직비디오를 선보이게 된다. 이 뮤직비디오를 통해 MTV 사상 최초의 흑인 아티스트 뮤직비디오가 상영되었으며 2,600만 장 이상이 미국에서만 팔렸다.

《Kissing To Be Clever》 컬처 클럽 | 1982

1980년대를 대표하는 뉴웨이브 밴드 컬처 클럽은 1981년 영국 런던에서 음악 활동을 시작했다. 그룹의 보컬이자 간판인 아이콘 보이 조지는 데이비드 보위와 티 렉스 같은 글램 록에 흠뻑 빠져 십대 시절을 보냈고 이는 그의 외모에 그대로 반영되었다. 1982년에 싱글 〈White boy〉와 〈I'm afraid of me〉를 발표했고 보이 조지의 독특한 스타일은 음악과 패션계에서 주목을 받게된다. 이어 데뷔 앨범 《Kissing To Be Clever》이 발표되었다. 영이 첫번째 음반은 록과 댄스, 소울까지 뒤섞인 잡종 음악에 보이 조지의 다분히 게이 성향이 짙은 현란한 옷차림과 메이크업, 그리고 복고적인 목소리로 '보이 조지' 라는 하나의 트렌드를 탄생시킨다.

《Metal Health》 콰이어트 라이엇 | 1983

1975년 보컬리스트 케빈 더브로우와 전설적인 기타리스트 랜디 로즈를 주축으로 하여 드럼에 드류 포시스, 베이스에 켈리 가니와 함께 4인조의 라인업으로 출발한 콰이어트 라이엇은 전형적인 하드록 사운드를 추구하는 밴드로서 한때 록 팬들로부터 많은 사랑을 받았던 팀이다. 1979년 팀 내에서 기타를 담당하며 밴드의 중추적인 역할을 하던 로즈가 오지 오스본의 기타리스트로 자리를 옮기면서 밴드는 좀더 부드럽고 팝적인 성향으로 사운드를 바꾸게 된다. 덕분에 1983년 앨범 《Metal Health》는 헤비메틀 밴드로서는 처음으로 앨범 차트 1위에 오르는 엄청난 성공을 거둔다. 수록곡 〈Cum On Feel the Noize〉와 〈Metal Health〉는 싱글 차트에서도 좋은 성적을 내며 일반 대중들로부터 관심을 얻게 된다.

《크게 라디오를 켜고》 시나위 | 1986

국내 최초로 헤비메탈만을 연주하는 팀들의 탄생은, 1960~70년대를 주름잡았던 기타의 화신 신중현의 장남 신대철이 조직한 시나위가 표면으로 뛰쳐나오면서부터였다. 서태지, 김종서, 임재범, 강기영, 김민기 등 기라성 같은 슈퍼스타를 배출한 이들의 첫 앨범은 지금 들으면 조악한 녹음 상태를 보이지만, 당시에는 국내 메탈 팬들의 기분을 들썩하게 만든 음반이었다.

〈Led Zeppelin I〉 레드 제플린 | 2003

"우리는 우리가 최고 밴드라고는 생각지 않는다. 다만 2등인 그룹보다는 나은 그룹이라고 생각한다." 로버트 플랜트는 지난 75년 록 평론가 리자 로빈슨에게 자신의 그룹 레드 제플린을 이렇게 묘사했다. 그의 겸손한 자부처럼 제플린은 대중 음악 역사상 명백한 베스트 록 그룹 중 하나로 손꼽힌다.

〈Nevermind〉 너바나 | 2004

너바나는 1990년대 록의 주도적 경향이었던 그런지 록 그리고 얼터너티브 록의 상승과 음악계의 전면 장악을 주도한 역사적인 그룹이다. 거칠고 폭발적인 펑크를 개량한 그런지 록은 인디와 언더그라운드에서 암약하다가 이 그룹의 기념비적인 1991년 앨범 〈Nevermind〉와 함께 광채를 맞았고 때마침 공격적인 X세대의 부상과 맞물려 사회적 폭발력마저 내뿜었다.

〈Yo! Taiji!〉 서태지와 아이들 | 1992

서태지와 아이들의 데뷔곡 〈난 알아요〉는 순식간에 차트를 점령했으며 앨범은 신세대들의 전폭적인 지지를 얻었다. 〈난 알아요〉로 정상을 차지한 이들은 후속곡 〈환상 속의 그대〉로 다시 한번 권좌를 두들겼다. 그리고 전곡이 라디오를 타며 앨범의 완성도와 작곡, 춤, 어느 것 하나 뒤지지 않는 실력을 증명했다. 역사상 전무후무한 혁명의 시작이었다.

〈공무도하가〉 이상은 | 2008

이상은은 《공무도하가》로 다시 한번 아티스트의 이름에 도전장을 내민다. 일본 음악인들과 함께하며 만든 이 앨범은 우리의 음악을 다시 돌아보게 만들었고 우리 나라를 비롯한 제3세계를 돌아보도록 만들었다. 한마디로 〈공무도하가〉〈새〉〈삼도천〉은 미래가 없어 보이던 우리 음악계에 신선한 공기를 제공했다.

《18일의 수요일》 허클베리 핀 | 2005

1990년대 후반부에 생성된 홍대 앞의 해방구는 우리에게 인디라는 결과물을 산출해냈고 몇몇 유망한 펑크 밴드들을 안겨주었다. 그중 허클베리 핀은 모두가 너바나의 위치에 서고자 했을 때 스매싱 펌킨스의 역할을 수행해낸 팀이다. 단선적인 저돌성 대신에 서정과 몽환의 하모니를 격렬함에 살짝 얹었으며 어지러울 정도의 심오함을 추구했다. 이런 방향성은 높은 완성품이 되어 데뷔 앨범에 실렸고 이기용의 음악성과 남상아의 보컬이 만들어내는 합작품은 셀 수 없이 많은 컬트팬들을 제조해냈다.

《Blow By Blow》 제프 벡 | 2007

지미 페이지가 그랬던가, '기타리스트의, 기타리스트를 위한 앨범'이라고. 이른바 면도날로 상징되는 섬세한 톤 감각, 혁신적인 방법론과 정교한 테크닉이 만나 이뤄낸 탁월한 사운드로 빚어진 수록곡들을 듣는 순간 그간 이 작품에 쏟아진 수많은 찬사에 공감하게 된다. 제프 벡은 예나 지금이나 여전히 천재적인 록 뮤지션이자 기타리스트이며, 앨범 《Blow By Blow》는 세월을 뛰어넘는 설득력을 지닌 희대의 걸작이다. 비틀스의 프로듀서 조지 마틴이 만들어낸 이 앨범은 상업적으로도 커다란 성공을 거뒀으며, 수록곡 〈Cause We've Ended As Lovers〉는 스티비 원더의 오리지널보다 오히려 더 많은 사랑을 받고 있다.

나는 어릴 때부터 대중음악을 좋아했다. 기타 소리가 좋았고 말랑말랑한 멜로디도 좋았다. 거울을 보면 지금 내 얼굴은 짜글짜글해졌지만 그래도 관악기보다는 (전기 꼽힌) 현악기가 더 좋고, 내려치는 스네어snare 소리에 가슴이 벌렁거린다. 중학교 1학년 때부터 음반을 하나씩 사모으면서 대중음악을 사랑하고 미워하며 살고 있다. 대체로 록 음악 취향이긴 하지만 포크나 소울, 알앤비와 댄스까지 여러 가지 장르의 대중음악도 좋아한다. 예전엔 듣기 편한 팝송이나 가요가 대중음악의 왕좌를 잡았고 언더 뮤직으로는 록 음악이 꿋꿋이 자리를 지켰다.

대중음악이 동시대, 동세대 대중들이 즐기는 음악이라고 정의한다면, 이제 우리나라에서 대중음악을 즐기고 사람들과 얘기를 나누려면 아이돌 스타들의 음악을 꾸준히 들어줘야 한다(오로지 음악만 들어준다면 10년은 더 버틸 자신이 있지만, 아이돌 스타들의 특정 춤과 예능 프로그램까지 놓치지 않아야 하기 때문에 좀 버겁다는 생각은 든다). 그렇지 않으면 힙합을 들어줘야 하거나. 그래서 이순재한테 대드는 정보석의 환상적인 랩 정도는 날려줘야 하겠지. 내가 보기에 요즘의 대중음악은, 오버에서는 아이돌 댄스 뮤직이고 언더는 힙합이다.

30년 동안 나름대로 대중음악을 사랑했고 사람들과 얘기할 때 대중음악이라는 양념을 섞어넣으면서 살아온 나는, 갈수록 그 양념 섞을 일이 줄어들고 양념 맛도 예전처럼 달콤쌉싸래하지 못하다는 걸 느낀다. 그래서 앞으로는 어떻게 대중음악을 들어야 할지 좀 고민이다. 아침에 한강 둔치와 여의도 공원에 산책 갔다가 집에 와서 시원하게 샤워하고, 주말 설거지 당번으로서 임무도 끝내고, 애들은 각자 방에 들어가 자거나 놀거나 하는 한가한 일요일 오후. 평소 같았으면 DVD를 한 편 보거나 추리소설을 읽거나, 아니면 데이비드 보위의 CD라도 징하게 들었을 시간이지만, 오늘은 내가 옛날에 대중음악을 어떻게 들어왔는지 한번 돌이켜봐야겠다. 꽉 막힌 오늘의 문제도 가끔은 지나간 세월에 답이 있을 수 있다.

그럼 시계를 거꾸로 돌려본다. 그리 많이 돌릴 필요도 없이 80년대로만 돌려보자(다른 사람의 시계는 어떨지 모르겠지만 내 시계를 기준으로 하면 80년대는 살짝만 돌려도 되는 짧은 시간이다). 송골매와 김수철 그리고 이문세가 있었지만 그땐 팝송이 큰 인기를 끌었다. 하루 종일 라디오를 틀어놓으면 팝송이 끊임없이 흘러나왔던 시절이다. 80년대는 팝송의 시대였고 우리나라에서도 대중음악의 왕좌는 팝송이 차지했다.

80년대가 시작하면서 중학교에 들어갔다. 나이 많은 우리 누나 덕분에 초등학교 때부터 라디오로 팝송을 무척 많이 들었는데, 그게 쌓여서 내공이 되었는지 중학생이 되자 스스로 팝송을 찾아 듣기 시작했다. 용돈을 조금씩 받거나 벌기 시작해서 팝송 테이프를 하나씩 사모았고, 중학교에서 미지의 언어였던 영어를 배우며 아주 간단한 노랫말을 이해하는 재미도 알았다. 무엇보다 몇몇 친구들하고 최신 팝송을 얘기하면서 팝송을 듣고 나누는 재미를 들였다. 잔잔하게 심금을 울리는 가요도 있었지만, 어른들 노래를 아직 이해 못하던 어린 나한테는 가요가 크게 와닿지는 않았고, 가사를 모르는 신나는 팝송이 오히려 세련되고 좋았다.

내 기억에 내 돈으로 처음 산 팝송 테이프는 **올리비아 뉴튼 존**의 《Physical》이었다. 당시에 최고 인기를 끌던 앨범이었는데, 건강한 모습으로 헬스를 하는 올리비아의 뮤직비디오를 TV에서 계속 틀어줬다. 오늘날, 골반을 흔드는 브아걸의 새 노래가 나오면 다음날 학교에서 주요 화제로 빠질 수 없듯이, 그때는 새로 나온 팝송과 가수를 얘기하며 친구들과 동시대를 공유했다. 아바와 놀란스처럼 듣기 말랑말랑한 노래는 우리들 대화의 가장 중심에 있지는 않았지만 그렇다고 빠지지도 않았다. 최신 팝송은 길을 걷다가도 항상 흘러나왔고, 우리도 그렇게 팝송이라는 대중음악을 즐겁게 공유했다.

팝송을 하나둘씩 주워듣던 그때 큰 사건이 하나 터졌다. 전 세계를 때린 괴물 앨범인 **마이클 잭슨**의 《Thriller》가 우리나라에도 상륙한 것이다. 애들은 모두 문 워크를 흉내 내기 바빴고 좀비 춤도 따라 췄다. 〈The girl is mine〉과 〈Billie jean〉이 히트하며 나 역시 《Thriller》 테이프를 샀는데, 그때부터 앨범에 있는 곡이 하나씩 하나씩 빌보드 싱글 차트에 오르더니 마침내 모든 곡이 다 히트하는 경이도 목격했다. 마이클 잭슨은 팝송 가수 이상이었고 대중문화의 아이콘이었다. 그는 학교 친구뿐만 아니라 주위 모든 사람들까지 팝송에 관심을 쏟게 만든 핵폭탄이었다.

나는 마이클 잭슨과 마돈나 그리고 영국의 뉴로맨틱스 밴드들이 주축이 된 80년대 팝의 태풍을 동시대에 즐기는 행운을 잡았다(60년대 비틀즈와 70년대 디스코의 열풍을 동시대에 즐기는 행운은 놓쳤지만 말이다). 프린스의 〈Purple rain〉이 등장하며 마이클 잭슨의 왕위를 위협했고, 신디 로퍼는 마돈나와 라이벌이 되어 끊임없는 얘깃거리를 제공했다. 듀란듀란을 대장으로 한 영국의 뉴로맨틱스는 척박한 한국 땅에 한줄기 로맨티시즘을 뿌렸다. 여장을 한 남자(**보이 조지**)가 〈Do You Really Want to Hurt Me〉를 감미롭게 부르는가 하면, 남장을 한 여자(**애니 레녹스**)는 매력적인 〈Sweet Dreams〉를 불렀다. (나중에 알았지만 게이 삼총사인)조지 마이클, 엘튼 존, 프레디 머큐리도 번갈아가면서 멋진 히트곡을 쏟아냈다. 듀란듀란의 예쁘장한 외모와 아하의 뮤직비디오는 여자애들까지 팝송 폭풍에 휘말리게 만들었다(나는 당시에 모든 여학생이 이 폭풍에 휘말렸다고 생각했지만 듀란듀란을 잘 모른다는 두 살 어린 내 아내와 같이 살면서 그런 생각은 조금 수정할 수밖에 없었다).

84년, 고등학교에 올라가자 새로운 음악을 만났다. 더욱 거세진 뉴로맨틱스와 뉴웨이브의 낭만에는 계속 빠져 있었지만, 심장을 강하게 두드리는 새로운 소리가 들리기 시작했다. 내려치는 드럼 소리와 디스토션이 잔뜩 걸린 기타, 내지르는 보컬까지…… 삐딱한 사춘기 소년의 혈관에 록 음악이 주입된 것이다. **콰이어트 라이엇**의 〈Come On Feel The Noise〉가 빌보드 싱글 차트 1위를 하면서 헤비메탈 노래들도 속속들이 라디오 전파를 타기 시작했다. 반 헤일런, 래트, 트위스티드 시스터 같은 미국의 헤비메탈 밴드들이 80년대 팝 유행에 영향을 받아서 듣기 좋은 록 히트곡을 만들어냈다. 나는 이런 시끄러운 록 음악이 좋았지만 친구들 사이에 절대적인 인기를 끌지는 못했기 때문에 록 음악을 가지고 얘기할 기회가 적어서 내내 아쉬웠다. 하지만 고등학교 3학년을 마치기 전에 다행스럽게도 그 록 음악을 친구들과 공유할 기회가 엉뚱한 곳에서 생겼다. 들국화, 시나위, 부활, 백두산 등 한국의 록밴드들이 어디 숨어 있다가 약속이나 한 듯이 한꺼번에 데뷔 앨범을 쏟아낸 것이다.

절규인지 노래인지 구분이 안 되는 전인권의 〈그것만이 내 세상〉을 시작으로 우리는 록 음악의 매력에 빠졌다. 좀더 거친 **시나위**의 〈크게 라디오를 켜고〉가 흘러나올 때 라디오 이어폰을 나눠 들으면서 한국에도 이런 헤비메탈이 되는구나 하고 설렜다. 같은 때에 전자오락실 뽕뽕 소리 같은 이재민의 불량스러운 신스팝 〈골목길〉도 유행을 했고, 우리들 공책 위에 쌍

코피를 흘리게 만들던 한국의 마돈나 김완선의 〈오늘 밤〉도 유행했다. 심지어 선생님 몰래 고고장에 가서 춤추며 듣던 모던 토킹의 댄스곡도 유행을 했지만, 한국형 록 음악과 헤비메탈이 이 땅에서 대중음악으로서 왕좌를 잡은 때가 1986년이었다. 헤비메탈이 잠시 왕권을 잡던 그때를 다른 시대, 다른 친구가 아닌 오만 가지 감수성 범벅인 고3 친구들과 공유할 수 있었던 나는 운이 좋았다고 생각한다. 최신 팝송을 계속 즐겼지만 〈아침이 밝아올 때까지〉 같은 곡의 감수성에 마음을 뺏기기도 했다.

고등학교를 졸업할 무렵, 한겨울에 누나가 월급 받은 돈으로 조그만 인켈 오디오를 사들고 왔다. 테이프 시대가 끝나고 나에게도 LP 시대가 왔다. 용돈을 모아서 첫 LP 레코드판을 살 때까지 한동안 인켈에서 끼워준 데모 레코드(비제의 《카르멘》)를 계속 들었다. 이젠 라디오에서 들어주는 최신 팝송에만 매달리지 않아도 되었고, LP를 사모으면서 음악을 장르별로 찾아서 들었다. 학교 앞 뮤즈 레코드방과 국제 시장의 먹통 레코드방에서 파는 3백 원짜리 백판은 내 주머니 사정을 잘도 달래줬다(얼마 안 가서 백판 가격이 5백 원으로 올랐는데 비싼 인상률에 분개했던 기억이 난다).

대학생 때는 하드록과 헤비메탈로 한 우물을 팠다. 화이트스네이크의 《1987》, 데프 레파드의 《Pyromania》 같은 동시대 헤비메탈 앨범도 많이 들었지만, 레드 제플린과 레너드 스키너드의 데뷔 앨범도 사면서 70년대 하드 록도 찾아 듣기 시작했다. 프로그레시브 록에서 펑크 록까지 록 음악의 역사책을 한 장씩 열어젖히던 때였다. 그리고 말랑한 최신 팝송을 듣는 대신에 이지연, 박남정, 심신이나 김현식, 봄여름가을겨울, 유재하, 한영애의 최신 곡을 들으면서 친구들과 음악을 나눴다. 고등학교 때와 달리 술을 먹고 몽롱한 상태에서 음악을 나누는 맛이 참 좋았다.

92년, 군대에 갔다 오자 내가 사랑하던 하드 록과 헤비메탈이 고무신을 거꾸로 신고 도망가고 없었다. 너바나의 〈Smells Like Teen Spirit〉이 91년에 터져나오면서 80년대 헤비메탈은 순식간에 구시대 록 음악이 되어버렸다. 너바나를 대장으로 해서 펄 잼과 R.E.M, 스매싱 펌킨스의 90년대 펑크 록은 점점 여성스러워지는 80년대 헤비메탈에 일침을 가하면서 록 음악의 새로운 대안을 제시했다. 바로 얼터너티브 록의 탄생이었다. 하지만 국제적인 얼터너티브 록의 폭풍은 우리나라에 상륙하면서 미풍으로 바뀌었다. 이 땅의 많은 록쟁이들은 70, 80년대 하드 록과 헤비메탈의 영광을 그리워하면서 얼터너티브 록을 대안으로 받아들이는 것을 거부했다. 메탈리카와 메가데스 같은 더욱 강력한 형식미를 갖춘 슬래시 메탈이나 잉베이 말름스틴의 바로크 메탈에 집착했다. 국제적으로 사그라지는 비주류의 이런 헤비메탈이 이 땅에서는 오히려 대안이 되면서 명맥을 유지하고 있었던 것이다. 나 역시 뭐 이리 싱거워…… 라고 하면서 얼터너티브 록을 생소하게 생각했다. 그래서 그때부터 최신 팝송과 최신 록 음악을 동시대에 즐기지는 못했다. 군에서 막 제대한 예비역 병장에겐 마침 급변한 팝 음악의 흐름을 따라가는 것 말고도 신경 쓸 게 많았다.

같은 때, 가요에도 대중음악의 새로운 폭풍이 불었다. 시나위의 베이스 주자였던 서태지가 데뷔 앨범을 내놓으면서 온 나라의 젊은이들은 "난 알아요!"를 외쳤다. 〈환상 속의 그대〉가 또다시 전국을 강타할 때쯤엔 팝송은 더이상 길 가다가 어디서나 들을 수 있는 대중음악이 아니었다. 80년대에 마이클 잭슨에게 빼앗긴 이 땅의 대중음악 민심을 서태지가 다시 찾아온 것이다. 하지만 서태지에 밀려난 것은 팝송뿐만이 아니었다. 80년대를 풍미했던 국내 가수들까지 서태지의 아류 댄스 그룹의 물량 공세에 등

떠밀려서 쓸쓸히 무대를 내려오기 시작했다.

군대 제대와 함께 80년대도 저물었고 팝송, 헤비메탈, 그리고 80년대 가요도 같이 저물었다. 이치현과 벗님들이나 빛과 소금 같은 밴드의 멋진 노래를 더이상 들을 수 없어서 아쉬웠고, 안혜지의 〈벌써 이 밤이 다 지나가고〉 같은 80년대다운 예쁜 노래를 더이상 들을 수 없어서 아쉬웠지만, 90년대 가요는 크게 진화했다. 이십대와 삼십대를 오가는 사회 초년병인 나에게도 동시대를 누릴 수 있을 만큼 다양하고 멋진 노래들이 많이 나왔다. 김광석, 강산에, 안치환, 이상은의 포크 록을 들으면서 한국 록 음악의 감수성도 긴급 수혈받았고, 룰라의 엉덩이춤과 현진영의 고고춤을 따라 하고 철이와 미애의 어 '우어-우어'를 흥얼거리면서 후배들하고도 어울릴 수 있었다. 한때 서태지의 아류로 잘못 취급받았던 한국형 힙합의 선봉 듀스의 힘 있는 음악도 좋았고, 마로니에와 동물원의 예쁜 노래도 좋았다. 십대들 취향은 HOT와 SES, 핑클이 잘 메워주었다. 90년대 가요는 녹음 수준, 음악성, 다양성에서 모두 한 단계 진화해서 르네상스를 누렸다. 이제 팝송이 대중음악으로서 발붙일 자리는 거의 없었다.

90년대 가요의 다양성은 언더그라운드 음악에도 힘을 주었다. 80년대 초 헤비메탈이 시차를 두고 80년대 후반에 한국형 록 밴드들한테 전해졌듯이, 90년 초부터 국제적인 인기를 끈 얼터너티브 록은 90년대 중반 이후에 홍대 인디 밴드들에 의해 마침내 이 땅에도 뿌리를 내리기 시작했다. 킴 고든인지 헷갈릴 정도로 귀를 찢는 남상아의 목소리와 기타 노이즈로 가득한 허클베리 핀 데뷔 앨범과 치질을 소재로 만든 미선이의 데뷔 앨범은 다른 사람들과 공유하기에 쉽지 않았지만, 언더 중에서도 오버로 올라온 〈미안해 널 미워해〉 〈말달리자〉 〈안녕하세요〉 같은 노래들은 사람들과 90년대 인디 밴드들의 존재를 논할 수 있게 해주었다.

이제 내 시계는 다시 2010년으로 돌아왔고, 철없는 행동을 꾸준히 하는 데도 나이는 마흔을 넘기고 말았다. 맨 처음 쓴 대로 이제는 대중음악을 동시대에 누리려니 오버에서는 소녀시대 아홉 명 이름도 다 외워야 하고, 언더에서는 힙합 뮤지션들 랩핑도 따라 해줘야 할 것 같다. 음악을 장르별로 즐길 수 있었던 90년대 가요의 다양성은 어느새 희미해졌다. 홍대의 인디 밴드들은 여전히 다양성을 실험하면서 고군분투하는 것 같지만, 90년대 인디보다 가까이하기 어려운 것 같고, 갈수록 장르 음악으로 분류되어서 마니아만 양산하는 것은 아닌지 모르겠다. 음악을 만드는 사람들도 고민이 많겠지만 나처럼 음악을 듣는 사람도 고민이 있다.

나는 아침에 출근할 때 차에서 들을 CD를 골라서 나온다. 햇볕 쨍쨍한 날은 AC/DC의 《Back In Black》을 집어 들고, 꿉꿉한 날은 제네시스의 《Selling England by the Pound》를 집어 든다. 소녀시대 2집을 집어 들지 않는 이상 그날 만나는 사람들과 내가 아침에 들은 노래에 대해서 말 꺼내기는 쉽지 않을 듯하다(소녀시대 2집은 지난 2월에 나오자마자 샀다). 하지만 지나간 록 음악으로는 동시대, 동세대와 들어줘야 하는 대중음악이라는 당위성을 충족시키지 못한다.

궁지에 몰렸지만 아직은 대중음악을 버릴 생각은 없다. 타석에 선 나는 지금 투 스트라이크이고 상대편 투수는 나를 아웃시키려고 시속 150킬로짜리 빠른 직구를 계속 던져대지만, 어렵게 어렵게 파울로 걸어내면서 버텨볼 생각이다. 소녀시대 멤버 이름도 하나씩 외우면서(현재 태연, 제시카, 윤아, 유리까지는 얼굴과 이름이 확실히 겹쳐진다), 주말엔 〈생방송 인기가요〉도 가끔 보면서 힘겹게 버티다보면 언젠가 대중음악은 다시 다양성과 진정성을 찾을 날이 올 것이다. 쉰이 되고 예순이 되더라도 트로트나 클래식 그리고 재즈에 포섭되지 않고 버틴다면, 어른 취향의 록인 어덜트 컨템퍼러리 록이라도 우리나라에서 작은 유행을 타는 날이 오지 말란 법은 없다. 예전에 봐온 대로 대중음악은 생각보다 변화무쌍하다.

그렇지만 팝송까지 힘겹게 따라가면서 버틸 힘은 없다. 이미 우리나라에서는 대중음악의 왕좌를 오래전에 내준 이상, 동시대 대중음악으로서 최신 팝송을 즐겨야 할 이유가 점점 줄어들기 때문이다. 안타깝지만 받아들일 때가 되었다. 하지만 록 음악에 대한 배신은 결코 없다. 살면서 바꾸지 않으려고 고집 부리는 것 두 개가 정치적 성향과 음악적 성향이다. 클래식의 유혹을 심하게 받을 땐 프로그레시브 록 밴드 ELP의 〈전람회의 그림〉을 들을 거고, 재즈의 유혹을 심하게 받을 땐 제프 벡의 재즈 록 〈Blow by Blow〉를 들을 거다. 아직도 드럼과 전기기타 소리를 들으면 가슴속에서 뜨거운 것이 꿈틀거리고, 그 꿈틀거리는 것의 정체가 무엇인지 정확히 모르겠지만 왠지 놓치고 싶지 않기 때문이다.

아내가 듀란듀란만 알았더라도 조금은 덜 외롭겠지만 그래도 이 정도 벌렁거림이라면 10년 정도는 더 버틸 만하다.

4부

내가
만나보고
싶은
블로거들의
이야기

블로그 축제 다음블로그상

내 안에 잠든 '나'를 흔들어 깨운 너

바람꽃
http://blog.daum.net/mylove616

『은교』 박범신 | 문학동네 | 2010

●● 박범신(약력은 34쪽 참고)

이적요의 죽음 일주기에서부터 이야기는 시작된다. 그가 남긴 미공개 노트에는 일흔의 나이로 열일곱 소녀를 사랑했으며 제자 서지우를 교묘하게 죽였다는 충격 고백이 담겨 있다. 유언 집행자인 Q변호사는 노트 속 이야기를 좇아 진실을 파헤쳐가는데……

3월 말 무렵, 잠깐의 일본 여행을 마치고 인천공항 입국장을 걸어 나오는데 하늘에서는 때 아닌 함박눈이 펑펑 내리고 있었다. 일본에서도 유독 눈이 많이 내리는 지역에 머물다 오는 길이라서 눈이 반갑기는커녕 집으로 돌아갈 일부터 걱정이었다. 그리고 이내 '이러다 잔뜩 심술이 난 지구에게 봄을 빼앗기는 것은 아닐까?' 하는 생각도 들었다. 해마다 조금씩 길어지는 겨울과 빨리 오는 여름 사이에서 봄은 점점 제 자리를 내어주고 있었다. 결국 올해의 봄도 올 때는 더딘 걸음으로 늑장을 부리더니, 오기가 무섭게 저만치 달아나버렸다. 안타까운 이별이 많았기에 더 슬프고 아쉬웠던 2010년의 봄. 그 봄을 떠나보내기가 못내 싫었던 어느 날에 나는 『은교』를 만났다. 그리고 첫 문장-"나는 2009년 이른 봄에 죽었다"(7쪽)-을 읽자마자 다음 내용에 대한 기대와 궁금증으로 마음이 술렁이기 시작했다.

『은교』를 읽는 동안 나는 마치 바람에 꽃잎이 흩날리는 벚꽃나무 아래 서 있는 기분이었다. 주인공 '이적요'가 회상하던 '은교'와의 첫 만남. 그 순간 그가 느꼈던 '관능'의 미는 이 작품을 관통하는 중요 모티브다. 이 관능을 나는 떨어지는 벚꽃들을 바라보며 느꼈다. 알알이 맺힌 순결한 분홍의 꽃봉오리들은 바람이 제 몸을 스치는 순간, 그 바람결에 온몸을 맡긴다. 어디로 가는지도 모르고, 구태여 알려고도 하지 않는다. 바람이 이끄는 대로 그저 따를 뿐이다. 자신을 잊고 오롯이 상대에게 몰입하게 만드는 이 감각의 마술, 관능은 『은교』속에 농밀하게 녹아 있었다. 그리고 그 관능의 모태는 '은교'였다.

일흔의 노시인이 죽는 순간까지 사랑했던 열일곱 살 소녀, '은교'. 노시인이 내게 보여주고 들려주었던 '은교'는 환상적인 존재였다. 그러나 실상

'은교'는 길을 가다 스치는 수많은 여고생 중 한 명일 것이다. 그럼에도 불구하고 '이적요'와 '서지우'에게는 남다른 그 '누구'였고, 그들에 의해 특별한 의미를 부여받게 된 '은교'는 더이상 수많은 여고생 중 한 명이 아닌 '은교' 그 자체가 되었다. 그녀는 자신을 두고 두 남자가 벌이는 신경전을 알았을까? 두 남자를 대하는 그녀의 모호한 태도는 무슨 의미였을까? 때로는 아이처럼 순수하고 때로는 요부처럼 당돌한 그녀의 진짜 모습은 무엇일까? '은교'를 떠올릴 때마다 그녀에 대한 의문이 꼬리에 꼬리를 물었다. 그러다 어느 순간에는 도무지 속을 알 수 없는 이 맹랑한 소녀를 마음에 담은 두 남자가 애처로울 지경이었다.

　'은교'를 둘러싸고 시인 '이적요'와 그의 제자 '서지우' 사이에 벌어졌던 사건의 전말은 두 남자의 일기라는 지극히 비밀스런 형식을 빌려 관계의 제3자인 'Q변호사'에 의해 공개된다. 무릇 일기란 무엇인가. 세상을 향한 고요 속의 외침이자, 내적 자아의 서툰 고백이다. 그리고 사람이 가장 감성적으로 변한다는 '밤의 기록'이기도 하다. 따라서 주인공들의 고해성사와도 같은 이 내용들을 '일기'로 드러내는 게 가장 자연스러울 것이다. 게다가 타인의 일기를 통해 비밀을 알아간다는 것은 한 개인의 가장 깊은 곳을 몰래 들여다본다는 점에서 관음의 장치이기도 하다. 독자들은 일기를 따라 읽음으로써 노시인과 그의 제자가 '은교'와 그들의 문학 '작품'에 품었던 애정, 욕망, 질투, 시기 등의 흔적들을 생생히 엿보게 된다. 그럼으로써 독자들도 자연히 주인공들의 시선을 따라 은밀해지고, 결과적으로 관음의 쾌락은 극대화되는 것이다.

　이 작품의 드러난 소재만 놓고보면 막장 드라마를 방불케 한다. 그러나 금지된 사랑과 치정 살인사건을 이 책이 담고 있는 내용의 전부라 여긴다면 큰 오산이다. 소설 『은교』는 제목의 주인공인 소녀 '은교'를 참 많이도 닮은 작품이기 때문이다. 낯선 사람에게는 좀처럼 제 속을 내보이지 않던 그녀처럼 『은교』가 진심으로 하고자 하는 이야기도 사건의 정황이 아닌 등장인물과의 심리적 합일이 이뤄졌을 때 비로소 들리기 시작한다. '이적요'와 '서지우', '은교'라는 세 인물은 이 작품에서만큼은 인간의 대표성을 띠고 있다. 그러므로 이들에게서 내가 느낀 것은 보편적인 사람들의 본능적 욕망과 정서였다.

그러나 끝내 바닥까지 드러난 인간의 내면을 마주하게 되자, 나는 뒤로 주춤 물러섰다. 이런 치졸한 질투와 이율배반적인 감정들, 낯 뜨거운 욕망 따위는 나와 상관없는 것이라고 애써 부정하고 싶었다. 욕망은 억제하는 것이 미덕이라 배웠고 드러내는 것보다 숨기는 것에 더 익숙해진 탓이다. 하지만 이미 판도라의 상자는 열렸고, 뒤늦게 부정하기에는 너무 많은 것을 보았다. 그리고 깨달아버렸다. 내 안에도 단단히 빗장이 채워진 작은 방이 하나 숨어 있었다는 것을. 그런 점에서 『은교』는 인간의 근원에 맞닿아 있다고 할 수 있다. 그래서 '이적요'는 자기 파괴의 길을 선택했던 것일까? 이미 빗장을 풀고 나와버린 자신의 영혼을 다시는 그 좁은 곳에 가두기 싫어서 차라리 육신이란 감옥을 버리기로 했는지도 모른다.

『은교』 속 '이적요'를 통해 나는 노년의 삶과 회한, 시간의 힘도 무력하게 만든 사랑과 욕망을 보았고, '서지우'에게서는 결코 닿지 못한 꿈에 대한 갈증과 허기를 느꼈다. 그리고 '은교'……그 알 수 없는 아이는 끝까지 내게 곁을 주지 않은 채 홀연히 떠났다. 그러나 나는 더이상 그녀가 궁금하지 않다. 그녀를 궁금해하지 않아도 앞으로 내가 만나게 될 수많은 사람들을 통해 나는 그녀를 보고 느끼며 생각할 것이다.

지금 이 순간에도 봄은 점점 더 멀어지고 있다. 그러나 지금의 헤어짐은 곧 다시 만나기 위함이다. 하루가 멀어졌으니, 우리의 재회는 하루만큼 더 가까워졌다. 따라서 이 글을 끝으로 잠시 떠나보내게 될 세 사람에게도 작별의 인사는 무의미하다. 다시 만날 사람들과의 이별이니 그저 살다가 문득 떠오르면, 어딘가에 있을 '이적요', '서지우', '은교'에게 잘 지내느냐는 안부 인사나 전하고 싶다. 그리고 언젠가 세월이 흘러 이들을 다시 만나게 된다면, 그때는 서로의 껍질 따위는 훌훌 벗어버리고, 흐르는 시간도 감히 범접하지 못했을 우리의 순수한 알맹이만 조심스럽게 꺼내 보일 수 있기를 희망한다.

아메리카의 나치 문학

smells
http://smells.egloos.com

「아메리카의 나치 문학」 로베르토 볼라뇨 | 을유문화사 | 2009

●● 로베르토 볼라뇨

가르시아 마르케스 이후 라틴 아메리카에 등장한 최고의 작가, 스페인어권 세계에서 가장 추앙받는 소설가, 라틴 아메리카 최후의 작가. 지금은 이 땅에 없는 라틴 아메리카 문학의 '시한폭탄', 로베르토 볼라뇨에게 바치는 찬사들이다. 볼라뇨는 1953년 칠레에서 태어나 유년기를 보내고 멕시코로 이주해 청년기를 보냈다. 항상 스스로를 시인으로 여겼던 그는 15세부터 시를 쓰기 시작해 20대 초반에는 '인프라레알리스모'라는 반항적 시 문학 운동을 이끌기도 했다. 이어 20대 중반 유럽으로 이주, 30대 이후 본격적으로 소설 쓰기에 투신한다. 볼라뇨의 첫 장편 「아이스링크」를 필두로 거의 매년 소설을 펴냈고, 각종 문학상을 휩쓸며 '볼라뇨 전염병'을 퍼뜨렸다. 로물로 가예고스상을 비롯하여 스페인과 칠레, 미국의 문학상을 휩쓸었다. 대표작으로 「야만스러운 탐정들」과 「2666」을 비롯해 장편소설 「먼 별」, 「부적」, 「칠레의 밤」, 단편집인 「전화 통화」 「살인 창녀들」(2001) 「참을 수 없는 가우초」(2003), 시집 「낭만적인 개들」 등이 있다.

"물살이 완만하고 좋은 자전거나 말을 가지고 있다면 같은 강물에 두 번(개인의 위생적 필요에 따라 세 번까지도) 멱을 감을 수 있다."

—아우구스토 몬테로소

헤라클레이토스는 자신의 철학을 통해 세상의 만물이 끊임없이 변화한다고 주장하면서 다음과 같이 말했다고 한다. "사람은 똑같은 강물에 두 번 들어갈 수 없다." 강물의 흐름은 곧 시간의 흐름, 역사의 흐름으로 볼 수 있다. 시간은 멈추지 않고 흘러가기 때문에 우리는 당연히 이미 지나간 과거(흘러간 강물) 속으로 다시 들어갈 수 없다. 강물뿐 아니라 우리 자신도 시간의 흐름에 따라 변화한다. 그렇기 때문에 우리는 결단코 똑같은 강물에 두 번 들어갈 수 없다. 로베르토 볼라뇨는 잘 알려진 이 경구를 풍자적으로 비튼 문장을 인용함으로써 소설의 방향을 암시하는 듯 보인다. 소설 역시 백과사전의 형식을 차용해 허구의 이야기를 하고 있기 때문이다. 그렇지만 조금 더 곱씹어보면 소설 속에 등장하는 극우 작가들의 행적에 이 경구를 적용할 수 있지 않을까 하는 생각도 든다. 나치의 시대는 이미 1945년 이후 끝났다. 그러나 이들은 흘러가버린 시간에도 아랑곳하지 않고 끈질기게 과거의 망령에 매달린다. 이 경우 우리는 이 작가들을 '두 번 같은 강물에 멱을 감으려는 자들'로 해석할 수 있다.

소설은 시간, 역사의 흐름에 저항하는 극우 작가들을 그려내고 있다. 소설의 형식을 통해서도 두드러지듯이 볼라뇨가 본 작품에서 즐겨 사용하는 도구는 바로 풍자이다. 보통 백과사전의 형식에서 우리는 객관적 서술을 기대한다. 외견상으로 작가는 인물들의 행적을 있는 그대로 그려내고자 하는 것처럼 보이기도 한다. 그러나 조금만 자세히 들여다본다면 작가의 목적이

객관적인 인물 서술이 아니라는 것은 분명하다. 작가는 진지하게 "사실주의 소설가, 자연주의자, 표현주의자, 데카당스와 사회주의 리얼리즘의 숭배자, 카프카적 반향"과 같은 수식어를 사용한다. 상식적으로 이 모든 수식어를 붙일 수 있는 작가는 도대체 누구란 말인가. 에드거 앨런 포우의 에세이 속 가구 묘사에 감명을 받아 실제로 똑같이 방을 꾸미고 난 후 이 방을 묘사하는 것만으로 작품 분량 대부분을 채워버리는 작가도 등장한다. 이 진지한 서술을 독자가 그대로 받아들이는 게 가능할까? 때로는 직접적이고 적나라한 조롱의 표현들 또한 나타난다. 나치 작가들의 저작은 대개 형편없는 평을 받으며 많이 팔리지도 않는다. 어떤 작가의 작품은 그의 사후 아무 반향도 얻지 못하며 유고는 양로원 관리인들에 의해 쓰레기장이나 불길에 내던져진다.

그렇다면 아메리카 대륙의 작가들을 나치와 연결시킨 볼라뇨의 의도는 무엇이었을까? 소설 속에서 한 작가는 "왜 중남미 작가인 당신의 작품에 독일적 요소들이 나타나는가?" 하는 질문에 다음과 같이 대답한다. "나는 남자의 몸속에 갇힌 여자 같은 존재입니다." 이같이 우스꽝스러운 묘사는 둘째치고서라도 몇 가지 점들을 생각해볼 수 있다. 우선 나치와 중남미의 역사적인 연관관계가 작품 탄생의 원동력이 되었을 수 있다. 많은 중남미인들이 나치의 전성기 동안 유럽을 방문하고 그 사상에 동조했을 것이다. 또한 2차 세계대전 패배 이후 많은 나치의 잔당들이 남미로 몸을 숨겼다고 한다. 소설에는 두 명의 독일인 2세의 예가 나오며, 실제로 전범 아돌프 아이히만은 아르헨티나에 정착해 있다가 덜미를 잡히기도 했다.

또 한 가지, 중남미의 역사에 비추어 중남미와 나치의 관계를 해석할 수도 있다. 작품 제목에 '나치'란 단어가 들어가 있고 작품 속에서 몇몇 작가들은 나치와 직접적 인연을 갖고 있는 것은 사실이다. 하지만 많은 작가들은 나치와 아무런 연고도 없으며 나치에 대해 언급하지도 않는다. 그렇기 때문에 이 경우 단어 '나치'를 넓은 의미에서 극우적 사상을 나타내는 대표적인 표현으로 이해하는 것이 작품 이해에 도움이 될 것이다. 스페인으로부터의 독립 이후 중남미의 역사는 독재와의 싸움으로 설명 가능하다. 대지주들, 보수 카톨릭 세력을 기반으로 정권을 잡은 독재자들이 스페인에서 온 총독들의 지위를 대체한다. 이후 혁명으로 독재 체제를 무너뜨린 나라들도 많았지만, 냉전시기를 거치면서 공산주의의 확산을 막고자 한 미국이 중남미에 큰 영향력을 행사하게 된다. 미국은 주로 친미, 보수 성향의 군부 독재 세력을 지원했고 중남미의 경제, 정치에 직간접으로 관여했다. 유럽에서 나치의 지배는 1945년에 막을 내렸지만 또다른 이름의 나치, 군부 독재는 중남미에서 오랜 세월 동안 지속되었던 것이다. 그리고 물론 이에 동조한 세력들도 많았을 것이다. 볼라뇨는 극우 작가들의 한심하고 처량한 모습을 묘사하면서 이 세력에 조롱을 보내고 있다.

볼라뇨의 개인적 체험 또한 작품에 큰 영향을 미쳤을 것이다. 칠레 출신인 볼라뇨 자신이 1973년 아우구스토 피노체트의 군사 쿠데타가 일어났을 때 체포되어 감옥에 갇힌 경험을 갖고 있다. 이 때문인지 소설 말미(악명 높은 라미레스 호프만)에서는 그 전까지의 서술과 달리 볼라뇨가 직접 등장해 1인칭 시점에서 이야기를 풀어놓는다. 그리고 소설 속 작가들의 경우 몇몇의 사망연도가 2000년대로 설정되어 있는 것을 볼 수 있는데, 이는 이 소설이 출간된 시기가 1996년이란 것을 생각했을 때 시사하는 바가 크다. 극우 작가들은 별 주목도 받지 못하는 경우가 대부분이지만 끈질기게 살아남는다. 극우 세력에 대한 조롱 뒤에는 시대가 바뀌고 독재가 끝나도 사라지지 않는 이들에 대한 불안 또한 존재한다. 언제가 되었건 사람들이 과거의 역사를 잊고 그들의 행적을 기억 속에서 지워버린다면 충분히 또다른 라미레스 호프만들이 등장할 수 있는 것이다. 볼라뇨의 불안이 근거 없는 것이 아님을 우리는 1996년 이후 칠레의 상황을 통해 알 수 있다. 이미 1990년에 피노체트는 권좌에서 물러나고 민주적인 정부가 선출된다. 그러나 피노체트는 과거의 범죄들에 대한 처벌을 받지 않고 외국을 돌아다니다 2000년에 칠레로 귀국한다. 이때 많은 군 지휘관들을 비롯한 그의 지지자들이 깍듯이 예의를 갖추어 그를 환영했다고 한다. 이는 중남미에서 '나치'의 역사가 현재진행형임을 보여준다. 제3제국의 몰락 후에도 그 뒤를 잇는 제4제국 출판사, 아리안 자연주의자 코뮌의 후예들이 존재하지 않는가.

이쯤 살펴보았을 때 『아메리카의 나치 문학』의 메시지는 분명하다. '과거의 역사를 잊지 말라.' 볼라뇨의 백과사전식 정리가 단순히 풍자와 조롱의 의도만 내포하는 것은 아니다. 체계적으로 정리된 사실들의 목록은 역사에 대한 기억으로 작용한다. "잊지 말아야 한다. 비록 허구의 기록들이긴 하지만, 진실을 반영하고 있는 어두운 역사를 잊어서는 안 된다." 이것이 볼라뇨의 의도가 아니었을까? 여기에서 다시 글 처음에서 인용했던 "같은 강물에 여러 번 떡 감기"가 유효할 수 있을 것이다. 즉 우리는 과거의 역사를 한 번 겪은 채로 그대로 흘러가게 내버려두어서는 안 된다. 때로는 흘러간 강물을 따라 거슬러올라가 다시 한번 들어갈 필요가 있다. 그리고 암울한 역사가 반복되는 것을 막기 위한 의식적인 기억의 행위로서 볼라뇨의 소설을 평가해볼 수 있을 것이다.

블로그 축제 티스토리상

스탕달 『적과 흑』, 욕망과 혁명의 사이에서

용짱
http://nermic.tistory.com

『**적과 흑**』 스탕달 | 민음사 | 2004

● ● 스탕달

1783년 프랑스 그르노블의 유복한 가문에서 태어났다. 『이탈리아 미술사』, 『1817년 로마, 나폴리, 피렌체』를 발표하여 작가로서 첫발을 내디뎠다. 이어서 『연애론』, 『라신과 셰익스피어』, 『로시니의 생애』, 『아르망스』, 『로마 산책』 등을 차례로 발표했다. 1830년 『적과 흑』을 발표함으로써 낭만주의 문학이 만개하던 프랑스에 사실주의 문학의 새로운 장을 열었다. 1839년 『파르마의 수도원』을 발표하고 1842년 58세의 나이에 뇌졸중으로 세상을 떠나 파리 몽마르트 묘지에 안장되었다.

하나의 지층이 사라지고 새로운 지층이 생겨난다는 것은 새로운 상황, 새로운 생활양식의 탄생을 의미하고 이러한 새로움의 탄생은 스스로 과거와의 단절을 불러오게 된다. 지층을 가로지르는 경계의 강렬함은 그 시대를 살아가는 사람들의 강렬함을 내포할 수밖에 없는 것이고, 이는 우리가 흔히 19세기라고 부르는 그 시작점. 그 경계에서 살아가는 사람들에게도 마찬가지일 것이다.

흔히 19세기의 시작은 1830년대부터라고 칭하곤 하며 이때부터 프루스트의 『잃어버린 시간을 찾아서』에 이르기까지 하나의 거대한 지층으로써 동질성을 이루게 된다. 이러한 19세기적 지층구조는 현대라는 또다른 지층구조를 살아가는 우리와 다르지만 하나의 공통점을 끌어낼 수 있는 바 그것은 정신적 동일성을 가진 근대인이라는 측면일 것이다. 이러한 동일성은 욕망이라는 측면에서 많은 유사점을 보여준다.

당시의 상황을 유심히 살펴보면 상당히 복잡다단하다. 프랑스 대혁명 이후 사실상 권력은 부르주아층이 가지게 되며 귀족은 그냥 명맥만을 이어가는 존재로 전락하게 된다. 그리고 대혁명 당시에는 노동자 계급과 부르주아 계급이 혼재된 상태로 계급투쟁을 하였지만 이러한 시민계급 혁명이 완성된 후 프롤레타리아 계급의 소외를 통해 또다른 계급투쟁이 시작된다.

이러한 상황을 문학이라는 측면으로 다시 좁혀보았을 때 사르트르의 『문학이란 무엇인가?』는 상

당히 재미있는 이야기를 들려준다. 18세기까지는 작가란 자기 독자층의 대변인에 불과하다. 그들은 한정된 독자층을 위해서만 작품을 썼고 새로운 독자층을 얻을 필요가 없었다. 그러므로 현실의 독자와 잠재적 독자 사이의 긴장이 형성되지 않는다.

하지만 독자층은 18세기에 이르러 양분되고 대립되는 경향을 보여주면서 예술가 역시 대립양상을 띠게 된다. 이른바 보수적 귀족과 진보적 부르주아의 대립이다. 사실 이러한 대립은 단순히 양진영논리로 바라보는 것보다 보수와 진보의 측면에서 바라보면 자신의 가치에 대해 의심하던 새로운 귀족들을 발견할 수 있게 된다. 이 시점의 상승계급인 부르주아는 노동자계급과 혼재된 상태의 계급투쟁을 하게 되고 문학은 이러한 억압된 계급을 위한 새로운 가치관의 창조에 일조하게 된다. 즉 이 시대의 상승계급을 위한 새로운 이데올로기 공급과 귀족의 경제적 비호의 사이에 선 작가는 보편적 이성을 구현하는 인간을 지향하여 귀족에 대한 견제와 상승계급의 의식화를 동시에 추구할 수 있었다.

그러나 이는 다시 19세기의 초입, 즉 왕정복고와 1830년대 혁명기에 이르러 상승계급이었던 부르주아가 억압계급으로 바뀌면서 작가의 소외가 발생한다. 즉 부르주아 출신인 작가가 자기 계급을 위한 글을 쓸 수 없는 역설에 처하게 된다. 만약 그렇다면 대혁명 이후로의 회귀와 동시에 자신의 글이 사회적 문화적 억압의 수단으로 작용할 것이기 때문이다.

프랑스의 1830년 혁명이 불러온 강렬함은 귀족의 완전한 패배인 동시에 그들이 서로를 신으로 바라보게 만들어버렸다. 과거 왕이라는 단 한 사람에 대한 우상숭배와 그를 통한 욕망의 매개는 새로운 시대의 평등성 앞에서 수많은 경쟁자에게 분유되면서 선망과 질투 그리고 증오를 가져오게 되었다.

이때부터 몰락한 귀족의 욕망의 매개자는 부르주아 그 자체가 된다. 새롭게 탄생한 지층의 신권력의 소유자인 상승계급을 통해 과거의 허영을 꿈꿔보지만 이는 결국 스스로의 파멸을 재촉할 뿐이다.

스탕달의 『적과 흑』은 바로 저 두 지층의 사이를 가로지르는 아주 강렬한 단절면에서 존재한다. 그곳을 살아가던 줄리앙 소렐은 뛰어난 머리를 가지고 태어난 프롤레타리아 계급의 사람이다. 그는 작품 전체를 통해 크게 두 가지 욕망을 꿈꾸게 되는데 첫째, 소규모 부르주아를 향한 욕망과 둘째, 귀족을 향한 욕망이다.

대혁명 이후 몇 번의 혁명을 더 거치면서 지속적으로 싹터오르게 되는 점진적 평등의 발전은 수천수만의 줄리앙을 낳았다고 볼 수 있다. 그중 능력이 정말 뛰어난 사람도 있을 것이고 능력도 없으면서 그냥 무작정 파리로 달려간 사람도 있었을 것이다. 중요한 것은 능력의 경중과 무관하게 그들이 가지는 욕망의 크기는 실로 어마어마했을 거라는 점이다. 그들의 욕망은 사용가치에 의한 욕망이 아니라 교환가치에 의한 욕망이다. 자신들의 경쟁자가 욕망하는 것을 욕망하면서 욕망을 간접화시키게 된다.

이러한 수천수만의 줄리앙의 욕망을 첫째로 매개하는 자는 바로 레날. 레날은 참 재미있는 사람이다. 적당히 부유하고 아름다운 부인과 함께 살아가는 그는 전형적 프롤레타리아 계급의 줄리앙의 입장에선 욕망의 매개자가 될 수밖에 없는 것이고 레날과 줄리앙은 경쟁적 관계로 나아갈 수밖에 없다.

이런 레날은 초반엔 과격왕정복고주의자였지만 나중에 1827년 선거 시기에 자유주의자로 변모하게 된다. 이는 그의 정치적 성향이 바뀌었다는 상징이라기보다는 레날이 가지는 욕망의 상징성을 잘 보여주고 있는 대목이다. 사실 그에게 있어 군주주의냐 자유주의냐는 문제는 크게 중요하지 않다. 즉 레날에겐 그와 같은 동네에 살고 있는 발르노를 매개로 한 욕망의 성취와 경쟁관계과 중요한 것이다.

이러한 레날과 발르노의 관계는 줄리앙과 레날의 관계와도 크게 다르지 않다고 판단된다. 줄리앙 역시 자신이 원하는 사용가치에 의한 삶보다는 상황과 경쟁관계에 있는 사람과의 비교를 통한 교환가치의 크기가 더 중요하다고 여기는 사람이니 말이다. 그러니 줄리앙은 시대상황에 따라서 군인이 될 수도 있는 것이고 성직자가 될 수도 있었던 것 아니겠는가?

그 후 줄리앙은 라몰 후작을 만나게 된다. 라몰 후작은 왕정복고 시기의 엄청난 영향력을 가지고 있는 귀족이다. 후작 역시 재미있는 인물이다. 귀족이긴 한데 부르주아에게서 질투심을 느끼지는 않는다. 사실 과격왕당파의 사람들은 혁명 이후 영향력이 높아진 부르주아 계층에 대한 질투와 욕망의 화신이라고 볼 수 있다. 상승계급을 매개로 하여 어떤 대상을 욕망하는 것이다. 하지만 라몰 후작에게서는 부르주아에 대한 질투와 욕망을 찾아보기 힘들다. 그는 심지어 평민인 줄리앙을 사위로 삼으려 하지 않았던가? 결국 줄리앙의 두번째 욕망의 매개자는 라몰 후작이 된다. 라몰 후작을 통해 귀족 직전까지 나아갔던 줄리앙을 통해 알 수 있는 것은 결국 앞서 보았던 것과 마찬가지로 경쟁자와의 비교를 통한 욕망의 해결과 그의 허영이다.

이러한 줄리앙의 허영은 오늘날 우리에게도 많은 시사점을 던져준다고 판단된다. 이 시대를 살아가는 대부분의 사람들은 줄리앙과 똑같다. 어떤 대상을 욕망하지만 스스로의 사용가치에 의한 욕망이라기보단 타인에 의해 매개된 욕망에 불과하다. 저 사람보단 잘나고 싶어서, 저 사람에게는 이기고 싶어서. 이것이야말로 현대인의 기본 사고방식 아니던가? 결국 이러한 욕망의 매개 상태와 욕망의 발생 과정에 대한 고찰은 노예상태에 빠진지도 모른 채 자유를 추구하고 있다고 착각하는 수많은 사람들에 대한 가르침이 아닐까.

블로그 축제 티스토리상

『세계명화 비밀』, 모니카 봄 두첸이 들려주는 적당한 깊이의 예술 가이드

엘로스
http://elros.tistory.com

『세계명화 비밀』 모니카 봄 두첸 | 생각의 나무 | 2006

● ● 모니카 봄 두첸

프리랜서 작가, 강사, 전시 기획자로 활동하고 있다. 오픈 유니버스티, 테이트 갤러리, 내셔널 갤러리, 왕립 예술학교와 쿠토 인스티튜트 오브 아트에서 일했다. 《RA 매거진》《아트 먼슬리》《모던 페인터》《쥬이지 쿼털리》 등에 글을 기고했고, 지은 책으로는 『근대 미술의 이해』(1991) 『누드』(1992) 『샤갈』(1998) 등이 있다.

거장의 미술작품은 사람을 압도하는 예술적 감동을 안겨주는 것부터 이해할 수 없을 만큼의 난해함으로 작품세계로의 범접 자체를 거부하는 작품(물론, 실제로는 보는 사람들이 거부하는 것일 테지만)까지 다양하다. 물론 대개의 예술작품은 보는 이의 마음에 정서적 감동을 주고 마음의 양식을 주는 것이지만, 언젠가부터 이들 예술작품은 우리의 생활 속에 스며들기보다는 어느 정도 거리가 있어온 것도 사실이다. 바꿔 말하면, 교육을 받고 교양을 갖춘 상류층이나 예술을 아는 사람들에게만 그 기회가 열려 있는 듯한 느낌을 주어왔던 것이다.

하지만, 실제로 이들 예술작품들은 소위 있는 사람들이나 가방끈이 긴 사람들을 위해 존재한 것은 아니었다.(물론 일부 그림들은 왕이나 귀족의 요청으로 인해 그려지고 그들의 개인 소유가 된 적도 있다.) 그것은 작가의 예술적 욕구로 인해 창조되고, 작품을 보고 싶어하는 모든 이들에게 보여지기 위해 있었던 것이다. 예술을 멀리하기 시작한 것은 작가나 일부 소유욕이 강한 수집가에 의해서라기보다는 시대가 서서히 변화하면서 생겨난 결과였다.

값비싼 가치를 지닌 작품을 세상의 해로운 것들로부터 보존하기 위해서 예술 작품은 지속적으로 엄중한 관리와 감시를 받아야만 했고, 작품을 보기 위해서 비싼 대관료(물론, 일반인에게 저렴하게 공개된 적도 있었지만)를 지불하게 되면서부터 서서히 대중과의 거리가 생기기 시작했다. 마치, 누구와도 스스럼없이 지내던 평범한 한 소녀가 만인이 사랑하는 스타가 되면서 언론과 대중의 관심을 한몸에 받자 예전처럼 평범하게 살 수 없었던 것처럼 말이다.

관람의 장벽이 점점 높아지자, 작품이 지닌 가치만큼 작품을 보고자 하는 이들 역시 그에 걸맞은 수준 혹은 사회적 지위를 요구하게 되었다. 이런 변화 속에 어느덧 순수 예술은 일반인들과 멀어지기 시작했고, 그 자리는 대중예술이라는 상대적으로 관람 장벽이 낮은 대안들이 차지하게 되었다.

모니카 봄 두첸의 『세계명화 비밀』은 이렇게 사람들에게서 조금씩 거리를 두면서 멀어져버린 순수 예술 작품 중 많은 이들이 한 번쯤은 들어봤을 법한, 하지만 실제로 본 적은 대부분 없으리라 여겨지는 여덟 점의 걸작에 대한 숨겨진 뒷이야기를 통해 오랫동안 잊고 지내왔던 명작 예술들과 일반인들의 거리를 좁히려 한 책이다.

그녀의 책을 여는 순간, 우리는 책을 펼친 것이 아니라 이 시대의 걸작들이 전시되어 있는 박물관 또는 미술 전람회에 들어온 것 같은 착각을 받는다. 저자는 마치 예술품을 보러온 일반인들에게 예술품에 대한 가이드를 해주는 큐레이터처럼 작품에 대한 설명을 들려주기 시작한다. 그녀는 딱딱한 예술적 가치와 작품의 해설에 치중하기보다는 작품을 창조해낸 예술가들의 삶을 이야기한다. 예술가들이 살았던 시대, 그 속에서 이 걸작을 만들어내기 위해 그들이 경험했던 것들, 그리고 작품을 창조하는 중간 과정과 만들어지고 난 후 쏟아진 주변의 감탄 혹은 혹평…… 어느새 이야기는 작품 하나의 해설이 아닌, 작가가 살았던 시대와 그 시대의 다른 예술가들의 이야기로 이어진다.

여덟 점의 명작을 주제로 이야기가 이루어지긴 하지만, 그들에게 영향을 끼쳤던 동시대의 작품이나 그들이 창조했던 또다른 걸작들, 단순한 스케치나 소묘부터 그들이 영향을 준 후대작가의 그림까지, 전람회는 여덟 점밖에 전시되지 않았을 거라 생각했던 독자들의 예상을 뒤엎고 다양한 작가들의 작품들로 가득한 풍성한 전람회의 모습을 보여준다.

작가의 지식과 경험에 근거하여 작품에 대한 해설이 이루어지지만 수많은 예술가들과 비평가들의 이야기 역시 인용되면서 작가의 이야기에 탄탄한 근거가 되어준다. 지금에 와서는 걸작이라는 칭송을 받는 이 작품들이, 만들어지던 당시에는 노골적인 비난과 멸시의 대상이 되었다는 이야기는 이미 고흐나 피카소, 잭슨 폴록과 같은 괴짜 화가들의 에피소드를 통해 귀동냥으로 들어왔던 이야기이지만 이 책에서는 구체적이고 생생하여 흥미롭기까지 하다.

예술가의 생활과, 작품이 제작되기까지의 비화, 예술사의 흐름을 모두 아우르면서도 장단의 조절에 성공한 그녀의 필력은 예술작품에 대한 이야기임에도 불구하고 읽기가 쉽고 또한 그 깊이가 훼손되지 않고 있다. 예술에 문외한인 내가 읽기에도 무난한 수준이었으니. 단지 여덟 작품에 대한 이야기 이외에 더이상의 후속작에 대한 이야기가 없다는 것이 아쉬울 뿐이다. 같은 출판사에서 출간된 후속작들은 그녀의 저서와는 별개의 것들이다.

전시회나 순수 예술이 자신과는 거리가 먼 것이라 생각했던 일반인들에게 예술의 참맛을 조금이나마 맛보게 해주는 멋진 시식회와 같은 느낌이다. 게다가 근래에 갈수록 높아지는 책값을 고려할 때 엄청난 수의 예술작품의 컬러사진이 첨부된 책임에도 불구하고 저렴하다는 것 또한 예술로의 장벽을 낮춰주는 듯한 모양새이다.

:: 모니카 봄 두첸의 「세계명화 비밀」은 국내에서는 2002년에 초판되어 2006년 2월에 개정판이 발간되었다.

블로그 축제 파란상

〈타인의 삶〉- 일단, 산다

김서늬
http://blog.paran.com/a7nn8e

〈타인의 삶〉
플로리안 헨켈 폰 도너스마르크 감독 | 울리쉬 뮤흐, 마르티나 게덱 등 출연 | 드라마 | 2007)

베를린 장벽이 무너지기 5년 전, 나라와 자신의 신념을 맹목적으로 고수하던 냉혈인간인 비밀 경찰 비즐러는 동독 최고의 극작가 드라이만과 그의 애인이자 인기 여배우 크리스타를 감시하는 중대 임무를 맡는다. 그러나 시간이 지날수록 드라이만을 체포할 만한 단서는 찾을 수 없다. 비즐러는 오히려 드라이만과 크리스타의 삶으로 인해 감동받고 사랑을 느끼며 이전의 삶과는 달리 인간적인 모습으로 변화하기 시작하는데……

070330 상암CGV, 혼자

　개인을 무기력하게 하고 존재 이유와 정체성에 대해 고뇌하게 하는 사회는 나쁜 사회다. 총체적인 복지부동의 형국에서 모두 입을 다문 채 막다른 길에서 사랑과 예술이 가장 먼저 버림받는 사회는 나쁜 사회다.
　1989년 11월 9일. 비즐러가 개인의 편지를 검열하고 있을 때 베를린 장벽이 무너졌다. 나쁜 사회의 한 덩어리였던 개인들이 장벽을 깨부수며 자유에 환호하고 있을 때 비즐러가 가장 먼저 한 일은 기계처럼 움직이던 '검열'의 동작을 즉시 중단하고 방을 나가는 일이었다.
　그때나 지금이나 나 아닌 다른 이의 삶은 '타인의 삶'이다. 다른 것이 있다면 그 삶을 바라보는 인식의 차이일 것이다. 경직된 사회 안에서의 '타인의 삶'은 말 그대로 타인의 삶일 뿐이다. 나를 둘러싸고 있는 실 체계가 어떤 것이든 간에 'My World My space'에 그들은 흔적조차 없다. 그래서 타자와의 소통에서 만들어지는 사랑과 예술은 가장 먼저 쓸모없는 것으로 버려지고 좀체 생성되지 않는다. 하지만 지금 우리에게 '타인의 삶'은 또다른 나

의 삶이다. 얼마 전 현대인의 고독을 다룬 다큐멘터리를 봤다. 그들이 왜 애완동물에 집착하는지를 보여주는데 솔직히 무서웠다. 고독과 외로움은 현대인들에게 '죽음에 이르는 병'이었다. 더이상 인간은 혼자는 살아갈 수 없는 '호모 론리니스'가 되어버린 건 아닐까. 그래서인지 모든 것의 가치를 전복시키는 키워드는 사랑이 되었고 인간이 되었고 예술은 그 안에서 역동적인 춤을 춘다.

영화에서 일을 마치고 돌아온 비즐러가 저녁을 먹는 장면이 나왔을 때 나는 뭐라 말할 수 없는 답답함을 느꼈다. 티끌 하나 없는 흰 접시에 소량의 밥을 담고 그 위에 무언가 양념을 뿌린 것이 다였다. 나는 설마 하며 강아지 밥이라도 만들었나 잠깐 어리석은 생각도 했지만 막힌 사회에서 애완동물이라니, 게다가 비즐러에게 애완동물이라니 말도 안 되는 이야기였다. 나중에 비즐러의 직장 식당에서 여러 명이 밥 먹는 장면이 나오는데 그 사람들의 식사에도 상상력이 끼어들 여지란 전혀 없는 흠집 하나 없는 식사였다. 식사뿐만 아니라 사람들을 둘러싸고 있는 집이라든지 벽이라든지 문이라든지 방이라든지 그 어디에서도 개인이 꾸려가는 삶의 흔적을 찾을 수 없었다.

그런 환경에서 호모 사피엔스, 호모 루덴스들은 고민하고 괴로워하는 것을 일종의 책임이라고 생각하는지도 모르겠다. 주인공 극작가인 드라이만의 친구 폴이 그런 말을 한다.

"제발 지식인답게 행동해."

동독 정권에 협조적으로 보이는, 대놓고 저항하지 않는 드라이만에 대한 질책이었다. 지식인답게라…… 우리 영화 〈오래된 정원〉이 떠올랐다. 〈타인의 삶〉을 보면서 우리의 80년대를 많이 떠올렸었다. 〈오래된 정원〉에서도 주인공은 결국 '지식인답게' 자신의 개인적 삶과 사랑하는 여자를 저버린다. 만약 주인공이 자신의 삶과 사랑을 선택했다 하더라도 아무도 그 사람을 비난할 수 없으며 절대 그렇게 해서도 안 된다. 그래서 다시 한번 말하고 싶다. 소리쳐 외치고 싶다. 개인의 삶을 저버리게 하는 사회는 나쁜 사회다.

드라이만은 "혼자 있는 거, 글 못 쓰는 거 죽기보다 싫다"고 했었다. 드라이만의 연인 여배우 크리스타는 "살기 위해 별짓 다 하잖아"라고 말했다. 그래서 검열에도 걸리지 않는 희곡을 쓰고 할 말 안 할 말 가려하고 나라를 위한 일이란 걸 앞세우고 탐욕스러운 관리에게 몸도 팔고 알면서도 모른 체하고 용서가 없고 죽을 것 같은 괴로움을 참기 위해 마약도 하고. '살기 위해 별짓 다 하는' 사람들을 누가 욕하고 누가 비난할 수 있을까. 다만 안쓰러울 뿐이다. 다만 가엾어서 자꾸만 눈물이 났다.

우리가 자살을 타살로 기록하기 시작했을 때.

드라이만은 결국 웅크리고 있지만은 않았다. 그는 '행동하는 지식인'이 되기로 결심한 것이다. 동독에서 봤을 때 엄청나게 선동적이고 반동적인 드라이만의 개탄의 글이 서독 잡지에 권두 기사로 실렸는데 그 글에는 숫자에 집착하는 사회에서 유일하게 통계를 내지 않는 것이 바로 자살률이라고 했다. 자살은 '자발적 살인'이라고 표기된다. 드라이만은 타살로 기록되는 '타인의 삶'을 위해서 결국 자신의 위험을 무릅쓴다. 인간은 이래서 안 돼. 이것 봐, 결국은 정에 이끌리고 말잖아…… 이 대목에서 내가 이렇게 생각하고 한숨을 쉬었다면 나는 못된 인간일까. 하지만 나는 다른 사람들도 살기 위해 별짓 다 하잖아! 하고 외치던 크리스타의 흐느낌도 결국은 자신을 넘어서 다른 이의 삶을 생각하기 시작한 드라이만도 그저 가슴이 아팠을 뿐이다. 비즐러가 24시간 그들을 감시하며 그들의 반동적 행동을 모른 체 하고 그저 '평화로운 밤이었다'고 기록하는 바로 그런 마음이었을 뿐이다.

하지만 〈타인의 삶〉은 어쨌거나 비밀경찰 비즐러의 이야기였다. 웃지도 않고 흔들림이 없고 꾸미지 않는 비즐러의 뒷모습을 보며 펑펑 울면서 나는 삶에의 강한 애착으로 영화관의 좁은 좌석이 고통스러웠다. 영화 내내 한 번도 비즐러는 드라이만이나 크리스타처럼 괴로움에 눈물 흘리거나 몸부림치지 않는다. 딱 한 번, 드라이만과 크리스타가 살아가는 모습을 보고 돌아온 밤, 몸집 큰 창녀를 불러 급하게 관계를 하고 좀더 옆에 있어달라고 부탁한 것이 그가 보여준 가장 격렬한 모습이었다. 하지만 비즐러는 그 아무렇지도 않은 모습으로(일단 남들이 보기엔) 줄곧 살아간다. 임무를 맡았을 때도, 마음이 흔들렸을 때도, 누구보다 외로웠을 때도, 평생 편지 검열이나 해야 했을 때도, 베를린 장벽이 무너졌을 때도, 그리고 그 이후의 허탈해졌을지도 모르는 긴 자유의 시간에도. 타인은 내가 생각하는 것만큼 아무렇지

않은 게 아니다. 그렇게 살아가는 것이 얼마나 힘든지 매일 천 번씩 화내고 천 번씩 웃어대고 천 번씩 삐치고 천 번씩 기뻐하는 나 같은 인간들은 아마 영원히 모를지도 모르겠다. 높은 자살률 속에서 묵묵히 자신의 삶을 살아가는 그의 뒷모습이 그래서 더 가슴에 맺히나보다.

영화를 보고 난 후 역시 누구보다도 비즐러에게 정이 가는 건 어쩌면 나의 동정심일지도 모른다. 하지만 동정심이 뭐가 나쁜가. 나는 단지 모든 '타인의 삶'이 따뜻하기를 바랄 뿐이다.

p.s. 이 영화를 보고 나는 자꾸 김수철의 〈못다 핀 꽃 한 송이〉를 불렀다. 자꾸 자꾸 불러봤다.

언제 가셨는데 안오시나 한 잎 두고 가신 님아
가지 위에 눈물 적셔놓고 이는 바람소리 남겨놓고 앙상한 가지 위에
그 잎새는 한 잎 달빛마저 구름에 가려 외로움만 더해가네
밤새 새소리에 지쳐버린 한 잎마저 떨어지려나
먼 곳에 계셨어도 피우리라 못다 핀 꽃 한 송이 피우리라

언제 가셨는데 안 오시나 가시다가 잊으셨나

고운 꽃잎 비로 적셔놓고 긴긴 찬바람에 어이하리 앙상한 가지 위에 흐느끼는 잎새

꽃 한송이 피우려 홀로 안타까워 떨고 있나

함께 울어주던 새도 지쳐 어디론가 떠나간 뒤

님 떠난 그 자리에 두고 두고 못다 핀 꽃 한 송이 피우리라

— 김수철, 〈못다 핀 꽃 한 송이〉

성룡이 견인한 홍콩 영화의 역사

Mullu
http://neostar.net

 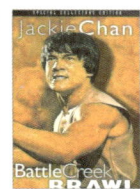 

  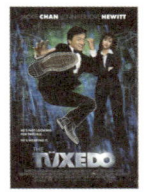

〈취권〉 원화평 감독 | 성룡 등 출연 | 코미디, 액션 | 1979
〈배틀크리크〉 로버트 클루즈 감독 | 성룡 등 출연 | 액션 | 1980
〈캐논볼〉 할 니드햄 감독 | 버트 레이놀즈, 성룡 등 출연 | 코미디, 액션 | 1981
〈폴리스 스토리〉 성룡 감독 | 성룡, 장만옥 등 출연 | 코미디, 액션 | 1985
〈대병소장〉 정성 감독 | 성룡, 왕리홍 등 출연 | 코미디, 액션 | 2009
〈턱시도〉 케빈 도노반 감독 | 성룡 등 출연 | 코미디, 액션 | 2002

홍콩 영화의 기둥을 세운 성룡

어릴 때 보았던 남루한 중국, 홍콩 영화와 지금 전 세계 영화 시장에서 큰 영역을 차지한 중국, 홍콩 영화들을 보면서 얼마나 단기간에 홍콩, 중국 영화 시장이 급성장했는가에 감탄을 금할 수 없다. 이 홍콩에서부터 시작된, 지금은 중국이 흡수해버린 영화 역사의 줄기들을 따라가다보면 그것을 견인하는 한 인물이 보이는데 바로 성룡, 재키 찬이다.

성룡이 데뷔할 당시는 한국 영화는 홍콩 영화 시장과 제작 환경이 서로 비슷하였고 한국에서 만들어지는 무협물에 홍콩 배우들이 출연하는 합작 방식으로 제작이 많이 이루어졌다. 성룡도 무명이었을 당시 홍콩과 한국의 무협 영화 등에 악역 내지는 단역으로 출연하면서 영화계에 입문하였다.

이소룡의 빈자리를 꿰차다.

홍콩을 무협 영화의 종주국으로 만든 한 명의 영웅은 이소룡, 브루스 리이다. 당시 이소룡은 홍콩 영화계를 대표하는 인물이었다. '홍콩 영화 = 브

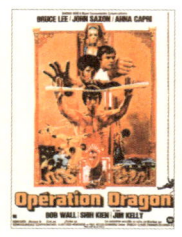

루스 리' 영화처럼 인식됐던 시기로 브루스 리를 흉내 내는 짝퉁 무협물이 한국과 홍콩에 범람하던 시기기도 했다. 당시 어린아이들은 이소룡 흉내 내며 놀기에 바빴다.

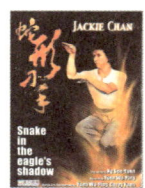

이소룡이 사망하고 나서도 한동안 홍콩 영화계는 이소룡의 후임자 찾기에만 몰두하면서 이소룡 비슷한 배우들이 출연하는 이소룡식 영화가 대세였고 이소룡의 사망과 함께 홍콩 영화도 활로를 찾지 못한 채 서서히 죽어가는 것처럼 느껴졌다.

그때, 혜성처럼 등장한 인물이 바로 성룡이었다. 심각하게 인상짓는 이소룡과는 차별화되는 가벼운 무협에 코믹을 섞은 새로운 스타일로 이소룡이 사라진 홍콩 영화계를 코믹 스타일의 쿵후로 건져올렸다.

〈사형도수〉로 시작, 후속작인 〈취권〉(1978) 은 한국 영화 사상 최초의 백만 관객을 동원한, 당시로서는 파격적인 대기록을 남긴 작품이다. 지금은 대한민국에서도 천만 관객을 동원하는 영화들이 나오는 시대이지만 당시 한국에서의 백만 관객은 영화인들에게는 넘을 수 없는 꿈의 숫자였다. 그야말로 구름같이 극장 앞에 난장판을 벌이고 줄을 서거나 암표를 사야 관람이 가능했다. 취권의 열풍이 대한민국을 휘감았고 그 이후 〈소권괴초〉 등 성룡의 영

내가 만나보고 싶은 블로거들의 이야기

화는 나오는 즉시 매진됐고, 홍콩 영화는 성룡을 중심으로 새 판이 짜이기 시작한다. 성룡이라는 이름은 흥행 불패 카드가 되어갔다.

무명 시절의 성룡

성룡은 1954년 홍콩의 한 가난한 집안에서 태어났으며 그가 태어났을 때, 그의 부모는 병원비 26달러가 없어 그를 의사에게 팔아버리려고 했다고 한다. 다행히 의사는 그 제안을 받아들이지 않았고 호주의 미국 대사관에 일자리를 얻은 성룡의 부모는 가족과 함께 호주로 이주했다. 열 살이 되던 해, 성룡은 홍콩으로 돌아와 10년 계약으로 의식주를 제공하는 곡예와 무술, 연기까지 가르치는 중국 오페라단에 들어갔다. 성룡의 아기자기한 코믹 액션은 이 어린 시절 곡예단에서 만들어진 것으로 성룡은 곡예단에서 교육을 마친 후 최초로 영화계에 입문, 이소룡의 〈정무문〉에 스턴트맨으로 참여하게 된다.

성룡이 유명해지고 난 후, 숨겨두었던(?) 그의 초창기 작품들이 성룡을 대대적으로 전면에 내세우며 재개봉되는 사태가 벌어지기도 했다. 이때의 성룡은 이소룡식 심각한 무협물에서 자신의 코믹 재능을 발휘하기 이전이기 때문에 성룡의 팬들로서는 심각한 분위기의 성룡 연기를 볼 수 있다.

성룡의 코믹 스타일 영화들이 한국을 비롯, 아시아권에서 대히트 하면서 영화에 출연한 다른 배우들도 함께 스타 대열에 오르기 시작한다. 원표, 홍금보 등, 성룡보다 훨씬 선배 격인 배우들이 성룡 영화로 인해 하나둘 세계적 스타 반열에 오르기 시작, 독자적인 주연망이 형성되기 시작하면서 홍콩 영화계는 한국 영화계를 제치고 아시아 선두 주자로 나서기 시작한다.

할리우드 진출, 첫 실패

성룡의 첫 할리우드 진출작, 〈배틀 크리크〉(1980). 성룡식 코믹을 배제한 액션물로 현지 흥행에서 대 참패를 했다. 할리우드에서 요구했던 브루스 리 스타일의 재현은 성룡에게 실패를 안겨준 셈이다.

흥행 불패, 나오는 즉시 매진되는 동양에서의 성룡의 인기에 할리우드가 성룡과 접촉하기 시작한다. 성룡을 주연으로 한 저예산 할리우드물 〈배틀 크리크〉는 성룡의 최초 할리우드 진출 무비였는데, 할리우드는 성룡에게 성룡의 방식이 아닌 브루스 리의 방식을 요구했다. 결국, 흥행에서 참패하게 되자 세계적인 톱스타들이 한꺼번에 나오는 버라이어티 코믹 대작 영화 〈캐논볼〉(1981)에 성룡을 다시 합류시켜 그의 코믹 스타일이 세계적으로 통할 수 있는지를 다시 시험해보게 된다. 이때 동양에서의 포스터는 성룡을 전면에 내세웠으나 현지 미국 포스터에는 버트 레이놀즈, 로저 무어, 파라 포셋 등 당대 최고의 할리우드 스타들에 밀려 포스터에는 보이지 않는다. 할리우드 대형 스타들 사이에서의 할리우드에서 요구하는 브루스 리 스타일의 연기에 성룡은 자신의 재능을 발휘할 부분이 없다는 것을 깨닫게 된다.

자신의 스타일로 헐리우드를 점령하다.

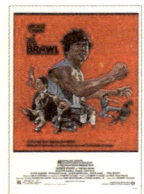

〈캐논볼〉에서도 그다지 주목받지 못하던 성룡은 자신이 직접 자신의 스타일로 헐리우드에 뒤지지 않는 대형 작품 〈프로젝트 A〉〈폴리스 스토리〉 등을 감독, 주연하며 커다란 흥행 성공과 더불어 자신의 영화로 전 세계인들에게 브루스 리가 아닌 성룡표 영화는 재밌다는 인정을 받게 된다.

또한, 파죽지세로 치고 올라가는 세계적인 성공으로 성룡은 그 후, 당당히 자신의 이름을 내건 블록버스터 영화들을 제작하기 시작한다.

홍콩 영화계와 어깨를 나란히 하던 국내 영화계에서 초라하게 유지되던 무협물은 사라지게 되었고 에로물과 멜로물이 한국 영화의 유일한 버팀목일 때, 홍콩 영화는 재밌다, 라는 인식을 전 세계에 심어주며 홍콩 영화계가 한국 영화계를 제치고 다른 차원으로 앞서 나가기 시작한 것은 순전히 성룡의 힘이라 볼 수 있다. 중간에 강시 등, 다른 가지들이 많이 나왔지만 결국 어떤 장르든지 간에 '홍콩 = 코믹영화'라는 큰 틀을 만든 것은 성룡이다.

홍콩 중국반환을 앞두고 탄생된 홍콩 느와르

홍콩이 중국에 반환된다는 역사적 사실 앞에 홍콩 영화계는 곧 종말이 다가오는 듯한 분위기를 연출해냈다. 성룡이 출연한 영화는 개봉과 함께 흥행이 보장되는 카드였으며 홍콩 영화의 발전과 더불어 한 해에도 수백 개씩 비슷한 홍콩 영화들이 봇물처럼 대량으로 쏟아져나오기 시작했다. 한탕하고 끝내자는 공장 시스템이 홍콩 영화계를 장악하였다. 영화계는 홍콩 마피아들과의 커넥션으로 배우들은 스스로 제목도 모르는 네다섯 편의 영화에 동시 출연하였고 유명 배우일 경우 비슷한 스토리를 가진 영화가 일 년에 수십 편 만들어졌다. 미래를 알 수 없는 암울함이 잘 나가는 홍콩 영화계를 막장으로 몰았고 반환을 앞두고는 스타들의 엑소더스 소동이 한동안 이어지기도 했다.

오우삼 감독의 〈영웅본색〉은 성룡식 홍콩 영화 일색인 홍콩 영화계에 또다른 방향을 제시한 명작이다. 주윤발이라는 걸쭉한 스타를 선두로 한껏 성장한 홍콩 영화계는 성룡 식의 영화에서 주류가 주윤발식 홍콩 느와르 장르로 대규모 옮겨가게 된다. 이때부터 성룡 식 코믹 액션은 "한물갔다"는 평들이 나오게 된다. 중국에 반환된 이후, 현재, 홍콩 영화인들은 중국 당국의 전폭적인 지지 하에 〈적벽대전〉〈공자〉 등과 같은 엄청난 규모의 블록버스터 역사물들을 만들고 있다.

대본을 읽지 못하는 성룡

성룡은 〈영웅본색〉이 홍콩 영화계를 대표하는 장르로 바뀐 이후 홍콩 영화보다는 대형 자본이 투자되는 할리우드 대작들을 직접 제작, 출연함으로써 세계적인 배우이자 감독임을 입증해나가고 있는데 재밌는 점은 젊은 시절부터 액션 스타로서 한길만 달려온 성룡이 아직까지 문맹이라는 사실이다. 즉, 수많은 각본과 제작, 연출, 출연을 하면서도 그는 대본을 보지 못한다는 것. 홍콩 영화일 때 성룡 대부분의 NG가 액션이었다면 할리우드에서의 NG는 거의가 영어 대사로 인해 생긴다. 그는 영화 〈턱시도〉의 엔딩 크레딧에서 자신이 마치 영어를 잘하는 것처럼 보인다며 웃는다.

연기파 배우로서의 변신을 시도하는 성룡

이제 성룡도 나이가 꽤 됐다. 조금 있으면 환갑을 눈앞에 두고 있다. 새로운 성룡 영화 한 편 보기가 예전 전성기 때처럼 쉽지가 않다. 젊을 때의 액션을 바라서도 안 되겠지만 전성기 때의 곡예단 액션을 버리고, 〈대병소장〉〈신

<u>주쿠 사건</u> 등을 통해 성룡은 연기파 배우로서 새로운 방향을 모색하게 된다. 관객들은 기존의 성룡 이미지를 탈피한 이런 작품들에서 실망감을 나타내고 있지만 나이가 찬 성룡은 젊을 때의 액션을 버리고 새로운 연기를 계속 시도할 것으로 보인다. 그리고 가장 성공한 중국 영화인으로서 재산 수천억을 사회에 기부하는 등, 사회적인 모범을 보이면서 여러 방면에서 다각적으로 중국 영화계에 공헌하고 있다.

근래에 나온 신작 〈대병소장〉 〈스파이 넥스트 도어〉. 과거 성룡의 모습을 기대하긴 힘들다. 성룡은 중년이 보여줄 수 있는 새로운 연기에 대한 시도를 계속 고심하고 있는 듯하다. 〈신주쿠 사건〉 등에서 연기파 배우로서의 변신을 꾀하고 있는데 한국의 팬들에게는 그것이 잘 받아들여지지 않는 것 같다.

새롭게 나오는 영화들에서 헬기에 매달리고 건물에서 뛰어내리는 성룡의 '몽키' 액션을 더이상은 볼 수 없지만 성룡이 어떤 모습이건 간에 영화에 계속 나와준다는 사실만으로도 성룡의 역사를 기억하는 올드 팬들은 반가울 뿐이다. 한국이 조금 앞서가던 시절에서 성룡이라는 한 배우가 등장해 그가 이룩해낸 장엄한 홍콩 영화 역사를 기억해보라, 지금의 거대한 홍콩 중국 영화의 기둥을 그가 세운 것임을 알 수 있다.

내 삶의 쉼표, YES24

회사 일이다, 레스토랑 일이다. 그 동안 마주치기도 힘들었던 윤구씨와 승아씨,
오늘은 오랜만에 처음 만났을 때처럼, 서로에게 선물할 책 한 권을 들고 덩덩과 은단으로 돌아갑니다.
한 권의 책으로 미뤄둔 사랑까지 전하는 이들에게 YES24는 또 하나의 쉼터입니다.

도서, 음악, 영화, 공연, e-러닝 서비스까지 YES24에서 당신 삶의 쉼표를 찾으세요.

대한민국 1등 인터넷서점   yes24.com

심사평

BOOK / 심사평

고단한 삶에 대한 참된 위로는
효용성에서 오는 게 아니다

박범신(소설가)
http://blog.yes24.com/document/2429949

이번에는 심사를 하는 일이 즐거웠다. 아니, 정확히 말하자면 예심을 넘어서 본심 대상이 된 스물한 편의 글을 읽는 게 즐겁고 뿌듯했다. 인터넷 블로그에 익숙하지 않아 그에 대한 나의 정보와 내공이 부족한 탓도 있었을 것이다. 인터넷 글쓰기가 시류에만 흐르거나 깊이가 없다는 식의 풍문은 사실이 아니었다. 글 솜씨도 유려했고, 문화에 대한 감수성도 훌륭했으며, 텍스트를 해석해내는 통찰력도 깊이가 있었다.

괴로운 일은 순위를 정해서 뽑는 일이었다. 독자로서 행복했으나 우열을 가리는 일은 고통스러웠다는 말이다. 그만큼 수준이 고루 높았다는 뜻이다. 이를테면 신대철의 시세계를 읽어낸 '**까치집을 위하여**'는 텍스트를 읽어내는 사려 깊고 정감 있는 시선은 물론이고 자신이 겪었던 젊은 날의 문학적 탐색 과정을 매우 유려한 감수성으로 고백하고 있으며, 우석훈의 경제관계 저서들을 읽어낸 '**탈포디즘으로 많은 것을 희망한다**'는 현실과 현실 너머를 아울러 보는 지적 통찰력이 넘치는 분석이 돋보였고, 나라야마 부시코의 영화에 대해 쓴 '**내 안의 야만성**'은 허세가 없는 정직한 문장과 텍스트에 내 삶을 이입해 끌어내는 자기 성찰의 시각이 좋았다. 영화 〈시〉에 대해 쓴 '**서정시가 사라진 시대의 서정시**'와, 바슐라르 『촛불의 미학』을 정서적으로 읽어낸 '**스스로 태워 세상을 밝히는 촛불은?**'도 인상적인 글이었고, 소설 『은교』를 진실과 허위의 관점에서 개관한 '**시시비비하다**'는 심사위원이 아니라 『은교』의 작가로서, 만나면 손을 잡고 싶을 만큼 군더더기가 없었다.

 대상으로 뽑은 '**시의 힘을 믿는다**'는 무한경쟁에 따른 반인간적 서열주의가 판치는 세상에서 우리가 갈망하는 참된 위로가 무엇인지를 '시의 힘'이라는 관점으로 드러내 보여준 점에 방점을 찍었다. 고단한 삶에 대한 참된 위로는 효용성에서 오는 게 아니라는 것을 글쓴이는 깊이 인식하고 있을 뿐 아니라, 감상을 적절히 조율한 설득력 있는 문장으로 고백하고 있다. 입상을 축하한다.

CINEMA | 심사평

감동을 주고 블로그가 무엇인지 알게 해준 글쓴이들에게 감사를 드린다

허진호(영화감독)
http://blog.yes24.com/document/2429915

블로그에 문외한인 내가 심사를 하면서 평가의 기준을 어디에 둘 것인가 잠시 고민했다. 그 고민은 후보작들을 읽으면서 바로 사라졌다. 분석하기 전에 어떤 글은 재밌게 읽혔고, 몇몇 글에선 마음이 움직였고, 또 어떤 글에선 삶을 바라보는 온도에 반해 혼자 술도 마셨다.

영화 부문 우수작 후보로 선정된 11편 중에서 7편을 골랐다.

봉다리커피님의 '**내 안의 야만성**'은 글쓴이의 위로받고 싶은 솔직한 마음이 느껴졌다. 나 또한 오래전에 보았던 〈나라야마 부시코〉를 다시 보고 위로받고 싶은 마음이 생겼다. '**사랑니와 우리 생애 최고의 순간, 배우 김정은의 페르소나 읽어보기**'는 문장력과 구성력이 돋보였고 전문성이 느껴졌다. '**서정시가 사라진 시대의 서정시**'는 이창동 감독의 어려운 질문을 단락별로 쉽게 풀어준 글이었다. '**영화 〈블랙〉을 보고 느끼는 벅찬 감동**'은 좋은 영화를 감상한 설레는 마음이 잘 표현된 글이다. '**이 고통은 진짜일까? 나의 고통을 묻다, 〈환상통)'은 한 편의 영화에서 자신의 문제의 해답을 찾는 솔직한 글쓰기에 공감할 수 있었다. 서간체로 쓰인 '**누추한 일상과 아름다운 세계, 그 이종의 차원 속으로**'는 단아한 문장으로 풀어 쓴 리뷰가 영화 〈시〉와 참 닮았다. 또 한 편의 영화 〈시〉에 관한 '**인생이 담긴 한 편의 감동적인 시, 2010**'은 모호한 주인공 미자의 마음을 잘 이해할 수 있는 좋은 글이었다.

영화 부문에서 대상 후보작을 내지 못한 것은 유감이다. 그 이유를 잠시 생각했는데 잘은 모르겠지만 영화에 대한 글쓰기가 책이나 음악 부문보단 형식적으로 닫혀 있다는 생각이 들었다. 그 틀을 벗어난 새로운 글들을 기대해본다.

대상 후보작으로 세 편을 선정했다. 유리턱님의 '**날 지켜줘서 고마워, 코리아 인디**'는 자신의 성장기를 함께 보낸 인디 음악에 대한 사랑이 진솔하게 느껴졌고 한 편의 짧은 청춘영화를 본 느낌까지 들었다. 마른풀님의 '**시의 힘을 믿는다**'는 위로가 되고 사랑이 되는 시의 힘을 힘 있는 글로 표현했다. 글을 읽고 나서 세상에 대한 내 삶의 온도가 높아짐을 느낀 좋은 글이었다. blueuiner님의 '**빛나는 선율에 감싸여**'는 현실과 이상의 거리에서 고민하는 자신의 이야기를 마치 일기를 쓰듯이 감성적으로 풀어내는 솔직함이 좋았다.

세 편에서 다뤄진 인디밴드나 시인이나 일본 음악가는 내가 잘 모르는 사람들이다. 하지만 글을 통해 그들의 이야기로 내게 감동을 주고 블로그가 무엇인지 알게 해준 글쓴이들에게 감사를 드린다.

MUSIC | 심사평

자신이 사랑하는 음악에 대해
글을 쓰신 모든 분들께 박수를 보냅니다

오지은(가수)

http://blog.yes24.com/document/2429861

이번 YES24 블로그 축제의 심사를 맡게 되면서 무언가를 평가한다는 일이 얼마나 어려운가에 대해 새삼 생각해보게 되었습니다. 저 또한 음악으로 줄을 세우는 것을 싫어하고(음악은 올림픽이 아니니까요!) 각자의 마음으로, 각자의 방식으로 만든 음악을 서로 비교할 수는 없다고 생각하고 있습니다만, 그래도 뽑기는 뽑아야 하기에 많은 고민 끝에 선정을 하였습니다(하지만 여전히 무엇이 더 낫고 모자라고는 근본적으로 없다고 생각합니다. 자신이 사랑하는 음악에 대해 글을 쓰신 모든 분들께 박수를 보냅니다).

'빛나는 선율에 감싸여' – 이 글을 읽었을 때 제가 마치 '그 방' 안에 들어가 있는 듯한 느낌을 받았습니다. 저에게도 분명 그런 시간이 있었습니다. 말씀하신 대로 블랙홀이 삼키는 대상은 자기 자신이고 그런 자신을 구제해주는 것이 바로 음악입니다. 아름다운 음악에 치유받는 순간을 잘 전해주셨습니다. 토쿠나가 히데아키의 음색이 들려오는 듯했습니다.

'**날 지켜줘서 고마워, 코리아 인디**' – 이 글은 정성과 에너지가 가득한 글이었습니다. 이런 말을 하기엔 조금 이르지만 그래도 안 할 수가 없네요. '아! 나도 이런 때가 있었는데!' 밤을 새워 음악을 듣고 모든 음악에 세포가 짜릿하게 반응하고, 마치 사랑을 하는 것처럼 음악에 앓던 시절. 그때로 절 되돌려주는 글이었습니다. 팔딱이는 마음처럼 팔딱이는 생생한 글이었습니다.

'**어기여 디여라**' – 사람은 항상 외롭습니다. 항상 친구가 필요합니다. 하지만 내가 누군가를 필요로 할 때 누가 꼭 있어주는 것은 아닙니다. 오히려 그렇지 못한 경우가 훨씬 많다고 생각합니다. 그럴 때 우리는 음악을 재생하고, 마치 친한 친구가 말없이 곁에 있어주는 것과 같은 큰 위로를 받습니다. 절망에 꺾일지라도 모든 순간을 노래하며 살아가고 싶다는 정신이 참 맑고 꿋꿋합니다.

'**김광석, 젊음을 노래하다**' – 이 글에 공감하실 분이 많을 것 같습니다. 김광석의 노래가 자신에게 주는 의미를 담담히 적어주셨는데, 그건 사실 우리 모두에게도 같은 의미일 것입니다. 청춘의 쓰라림, 그렇기 때문에 빛나는 순간을 노래한 김광석의 음악이기에 청춘의 안개 속에 막막하고 힘들어하는 사람들에게 큰 힘이 되지 않나 싶습니다. 그의 음악이 큰형처럼 스스로를 격려하고 보듬어준다는 말에 공감을 느꼈습니다.

'**김윤아 315360 그녀의 정원에 한 걸음 내딛다**' – 한 음악인을 오랫동안 좋아한다는 것, 그건 마치 굴곡이 있는 길을 가는 여정과 같은 것이 아닐까요. 그 음악이 없으면 안 될 것처럼 맹렬히 사랑하다가 어느 날 '아, 내가 그 사람 좋아했었던가?' 이렇게 멀어지기도 하고. 글쓴이와 김윤아의 음악은 그렇게 교차되고 멀어지기를 반복했습니다. 어떤 종류의 좋은 음악은 나중에서야 마음속에서 빛을 발합니다. 글쓴이는 김윤아의 신작을 다시 바라보게 됩니다. 어떤 음악인과 함께 늙어간다는 것은 그 음악인에게도, 듣는 사람에게도 축복입니다.

'**나의 대중음악 연대기**' – 어떤 사람의 취향을 통해서 세월의 흐름을 지켜보는 글은 항상 재미있습니다. 맞아, 맞아, 하고 고개를 끄덕이며 보게 됩니다. 짧은 다큐멘터리를 본 듯 시간 순서대로 노래들이 펼쳐집니다. 올리비아 뉴튼 존에서 전인권을 거쳐 소녀시대까지!(쓰고 보니 수미쌍관이군요) 음악에 대한 열정적 사랑을 여전히 가지고 계신 분들께 음악을 전할 수 있는 창구가 더 많아졌으면 좋겠다는 개인적인 생각을 해봅니다.

'**스물한 살, 가시밭길을 걸어 선인장의 갑옷을 얻게 해준 노래**' – 유일한 힙합 리뷰입니다. 그래서 그런지 글의 색이 독특해서 즐겁게 읽었습니다. 플로우가 느껴진다고 할까! 스스로를 항상 중간이며 평범하다고 생각하는 사람이 에미넴의 〈lose yourself〉라는 한 곡의 노래에 깨달음을 얻고, 인생의 중요한 순간마다 그 노래를 떠올리며 다시 이를 악물게 됩니다. 글쓴이의 인생이 솔직하고 뜨겁게 글에 녹아 있습니다.

대상작 '**시의 힘을 믿는다**' – 저는 사실 시를 잘 읽지 않습니다. 소설과는 다르게 시는 저와 친해지기 힘든 유의 문학이라고 생각해왔습니다. 그러다 어느 날 제가 쓰는 가사 또한 넓게 보면 시의 분류로 들어간다는 말을 듣고 깜짝 놀랐습니다. 나는 시를 좋아하지 않는 것이 아니었구나! 그리고 다시 시의 힘에 대해서 생각해보게 되었습니다. 이 글은 이야기합니다. 시는 현실이고, 삶이고, 사랑이라고. 많은 것을 배우게 된 글이었습니다.

일러두기

『내 삶의 쉼표』에 소개된 도서 및 작가, 음반 및 음악인, 영화 및 영화인 소개는 YES24에 구축되어 있는 자료를 주 바탕으로 하였습니다. 더불어 도서의 경우에는 해당 출판사, 음반의 경우에는 해당 음반사, 영화의 경우에는 해당 영화사의 홈페이지에서 각각 홍보용 사진 자료를 참고한 바 있음을 밝힙니다.

• 문경환 교수님은 YES24블로그를 통해 책 읽어주는 아빠, 푸르마니로 오늘도 아이와 더불어 한 권의 쉼표를 나누고 있
• 푸르마니님의 블로그 : http://blog.yes24.com/

내삶의쉼표, YES24

강의할 때만큼은 누구보다 열정적인 문경환 교수님, 하지만 집으로 발걸음을 옮길 땐 책 읽어주는 아빠, 푸르마니로 돌아옵니다. 좋은 책을 누구보다 먼저 아이에게 읽히고픈 마음에 가슴이 설레는 오늘, YES24는 아빠의 마음에 작은 오아시스입니다.

도서, 음악, 영화, 공연, e-러닝 서비스까지 YES24에서 당신 삶의 쉼표를 찾으세요.

대한민국 1등 인터넷서점   YES24.COM